国家卫生健康委员会"十三五"规划教材

全国中医药高职高专教育教材

供医学美容技术等专业用

美容业经营与管理

第 3 版

主　编　申芳芳

副主编　迟淑清　杨荣斌　卢　萍

编　者　（以姓氏笔画为序）

于婧婷（四川中医药高等专科学校）

卢　萍（江西中医药高等专科学校）

申芳芳（山东中医药高等专科学校）

刘大旭（黑龙江中医药大学佳木斯学院）

杨荣斌（安徽中医药高等专科学校）

吴　梅（湖北中医药高等专科学校）

迟淑清（黑龙江中医药大学佳木斯学院）

陈秘密（湖南中医药高等专科学校）

易　铭（重庆三峡医药高等专科学校）

周晓宏（辽宁医药职业学院）

黄　峰（江西中医药高等专科学校）

人民卫生出版社

图书在版编目（CIP）数据

美容业经营与管理/申芳芳主编 . —3 版 . —北京：
人民卫生出版社，2019

ISBN 978-7-117-28837-8

Ⅰ.①美⋯ Ⅱ.①申⋯ Ⅲ.①美容 – 服务业 – 商业企
业管理 – 高等职业教育 – 教材 Ⅳ.①F719.9

中国版本图书馆 CIP 数据核字（2019）第 189049 号

| 人卫智网 | www.ipmph.com | 医学教育、学术、考试、健康，购书智慧智能综合服务平台 |
| 人卫官网 | www.pmph.com | 人卫官方资讯发布平台 |

美容业经营与管理
第 3 版

主　　编：申芳芳
出版发行：人民卫生出版社（中继线 010-59780011）
地　　址：北京市朝阳区潘家园南里 19 号
邮　　编：100021
E - mail：pmph @ pmph.com
购书热线：010-59787592　010-59787584　010-65264830
印　　刷：人卫印务（北京）有限公司
经　　销：新华书店
开　　本：787×1092　1/16　印张：13
字　　数：300 千字
版　　次：2010 年 6 月第 1 版　2019 年 9 月第 3 版
　　　　　2025 年 8 月第 3 版第 8 次印刷（总第 18 次印刷）
标准书号：ISBN 978-7-117-28837-8
定　　价：43.00 元

打击盗版举报电话：010-59787491　E-mail：WQ @ pmph.com
（凡属印装质量问题请与本社市场营销中心联系退换）

《美容业经营与管理》（第3版）数字增值服务编委会

主　编　申芳芳

副主编　迟淑清　杨荣斌　卢　萍

编　者　（以姓氏笔画为序）

于婧婷（四川中医药高等专科学校）

卢　萍（江西中医药高等专科学校）

申芳芳（山东中医药高等专科学校）

刘大旭（黑龙江中医药大学佳木斯学院）

杨荣斌（安徽中医药高等专科学校）

吴　梅（湖北中医药高等专科学校）

迟淑清（黑龙江中医药大学佳木斯学院）

陈秘密（湖南中医药高等专科学校）

易　铭（重庆三峡医药高等专科学校）

周晓宏（辽宁医药职业学院）

黄　峰（江西中医药高等专科学校）

修 订 说 明

为了更好地推进中医药职业教育教材建设,适应当前我国中医药职业教育教学改革发展的形势与中医药健康服务技术技能人才的要求,贯彻落实《国家中长期教育改革和发展规划纲要(2010—2020 年)》《医药卫生中长期人才发展规划(2011—2020 年)》《中医药发展战略规划纲要(2016—2030 年)》精神,做好新一轮中医药职业教育教材建设工作,人民卫生出版社在教育部、国家卫生健康委员会、国家中医药管理局的领导下,组织和规划了第四轮全国中医药高职高专教育、国家卫生健康委员会"十三五"规划教材的编写和修订工作。

本轮教材修订之时,正值《中华人民共和国中医药法》正式实施之际,中医药职业教育迎来发展大好的际遇。为做好新一轮教材出版工作,我们成立了第四届中医药高职高专教育教材建设指导委员会和各专业教材评审委员会,以指导和组织教材的编写和评审工作;按照公开、公平、公正的原则,在全国 1 400 余位专家和学者申报的基础上,经中医药高职高专教育教材建设指导委员会审定批准,聘任了教材主编、副主编和编委;确立了本轮教材的指导思想和编写要求,全面修订全国中医药高职高专教育第四轮规划教材,即中医学、中药学、针灸推拿、护理、医学美容技术、康复治疗技术 6 个专业 83 门教材。

第四轮全国中医药高职高专教育教材具有以下特色:

1.**定位准确,目标明确** 教材的深度和广度符合各专业培养目标的要求和特定学制、特定对象、特定层次的培养目标,力求体现"专科特色、技能特点、时代特征",既体现职业性,又体现其高等教育性,注意与本科教材、中专教材的区别,适应中医药职业人才培养要求和市场需求。

2.**谨守大纲,注重三基** 人卫版中医药高职高专教材始终坚持"以教学计划为基本依据"的原则,强调各教材编写大纲一定要符合高职高专相关专业的培养目标与要求,以培养目标为导向、职业岗位能力需求为前提、综合职业能力培养为根本,同时注重基本理论、基本知识和基本技能的培养和全面素质的提高。

3.**重点考点,突出体现** 教材紧扣中医药职业教育教学活动和知识结构,以解决目前各高职高专院校教材使用中的突出问题为出发点和落脚点,体现职业教育对人才的要求,突出教学重点和执业考点。

4.**规划科学,详略得当** 全套教材严格界定职业教育教材与本科教材、毕业后教育教材的知识范畴,严格把握教材内容的深度、广度和侧重点,突出应用型、技能型教育内容。基础课教材内容服务于专业课教材,以"必须、够用"为度,强调基本技能的培养;专业课教材紧密围绕专业培养目标的需要进行选材。

5. 体例设计，服务学生　本套教材的结构设置、编写风格等坚持创新，体现以学生为中心的编写理念，以实现和满足学生的发展为需求。根据上一版教材体例设计在教学中的反馈意见，将"学习要点""知识链接""复习思考题"作为必设模块，"知识拓展""病案分析(案例分析)""课堂讨论""操作要点"作为选设模块，以明确学生学习的目的性和主动性，增强教材的可读性，提高学生分析问题、解决问题的能力。

6. 强调实用，避免脱节　贯彻现代职业教育理念。体现"以就业为导向，以能力为本位，以发展技能为核心"的职业教育理念。突出技能培养，提倡"做中学、学中做"的"理实一体化"思想，突出应用型、技能型教育内容。避免理论与实际脱节、教育与实践脱节、人才培养与社会需求脱节的倾向。

7. 针对岗位，学考结合　本套教材编写按照职业教育培养目标，将国家职业技能的相关标准和要求融入教材中。充分考虑学生考取相关职业资格证书、岗位证书的需要，与职业岗位证书相关的教材，其内容和实训项目的选取涵盖相关的考试内容，做到学考结合，体现了职业教育的特点。

8. 纸数融合，坚持创新　新版教材最大的亮点就是建设纸质教材和数字增值服务融合的教材服务体系。书中设有自主学习二维码，通过扫码，学生可对本套教材的数字增值服务内容进行自主学习，实现与教学要求匹配、与岗位需求对接、与执业考试接轨，打造优质、生动、立体的学习内容。教材编写充分体现与时代融合、与现代科技融合、与现代医学融合的特色和理念，适度增加新进展、新技术、新方法，充分培养学生的探索精神、创新精神；同时，将移动互联、网络增值、慕课、翻转课堂等新的教学理念和教学技术、学习方式融入教材建设之中，开发多媒体教材、数字教材等新媒体形式教材。

人民卫生出版社医药卫生规划教材经过长时间的实践与积累，其中的优良传统在本轮修订中得到了很好的传承。在中医药高职高专教育教材建设指导委员会和各专业教材评审委员会指导下，经过调研会议、论证会议、主编人会议、各专业编写会议、审定稿会议，确保了教材的科学性、先进性和实用性。参编本套教材的近1 000位专家，来自全国40余所院校，从事高职高专教育工作多年，业务精纯，见解独到。谨此，向有关单位和个人表示衷心的感谢！希望各院校在教材使用中，在改革的进程中，及时提出宝贵意见或建议，以便不断修订和完善，为下一轮教材的修订工作奠定坚实的基础。

人民卫生出版社有限公司

2018 年 4 月

全国中医药高职高专院校第四轮
规划教材书目

教材序号	教材名称	主编		适用专业
1	大学语文(第4版)	孙 洁		中医学、针灸推拿、中医骨伤、护理等专业
2	中医诊断学(第4版)	马维平		中医学、针灸推拿、中医骨伤、中医美容等专业
3	中医基础理论(第4版)*	陈 刚	徐宜兵	中医学、针灸推拿、中医骨伤、护理等专业
4	生理学(第4版)*	郭争鸣	唐晓伟	中医学、中医骨伤、针灸推拿、护理等专业
5	病理学(第4版)	苑光军	张宏泉	中医学、护理、针灸推拿、康复治疗技术等专业
6	人体解剖学(第4版)	陈晓杰	孟繁伟	中医学、针灸推拿、中医骨伤、护理等专业
7	免疫学与病原生物学(第4版)	刘文辉	田维珍	中医学、针灸推拿、中医骨伤、护理等专业
8	诊断学基础(第4版)	李广元	周艳丽	中医学、针灸推拿、中医骨伤、护理等专业
9	药理学(第4版)	侯 晞		中医学、针灸推拿、中医骨伤、护理等专业
10	中医内科学(第4版)*	陈建章		中医学、针灸推拿、中医骨伤、护理等专业
11	中医外科学(第4版)*	尹跃兵		中医学、针灸推拿、中医骨伤、护理等专业
12	中医妇科学(第4版)	盛 红		中医学、针灸推拿、中医骨伤、护理等专业
13	中医儿科学(第4版)*	聂绍通		中医学、针灸推拿、中医骨伤、护理等专业
14	中医伤科学(第4版)	方家选		中医学、针灸推拿、中医骨伤、护理、康复治疗技术专业
15	中药学(第4版)	杨德全		中医学、中药学、针灸推拿、中医骨伤、康复治疗技术等专业
16	方剂学(第4版)*	王义祁		中医学、针灸推拿、中医骨伤、康复治疗技术、护理等专业

续表

教材序号	教材名称	主编	适用专业
17	针灸学（第4版）	汪安宁　易志龙	中医学、针灸推拿、中医骨伤、康复治疗技术等专业
18	推拿学（第4版）	郭翔	中医学、针灸推拿、中医骨伤、护理等专业
19	医学心理学（第4版）	孙萍　朱玲	中医学、针灸推拿、中医骨伤、护理等专业
20	西医内科学（第4版）*	许幼晖	中医学、针灸推拿、中医骨伤、护理等专业
21	西医外科学（第4版）	朱云根　陈京来	中医学、针灸推拿、中医骨伤、护理等专业
22	西医妇产科学（第4版）	冯玲　黄会霞	中医学、针灸推拿、中医骨伤、护理等专业
23	西医儿科学（第4版）	王龙梅	中医学、针灸推拿、中医骨伤、护理等专业
24	传染病学（第3版）	陈艳成	中医学、针灸推拿、中医骨伤、护理等专业
25	预防医学（第2版）	吴娟　张立祥	中医学、针灸推拿、中医骨伤、护理等专业
1	中医学基础概要（第4版）	范俊德　徐迎涛	中药学、中药制药技术、医学美容技术、康复治疗技术、中医养生保健等专业
2	中药药理与应用（第4版）	冯彬彬	中药学、中药制药技术等专业
3	中药药剂学（第4版）	胡志方　易生富	中药学、中药制药技术等专业
4	中药炮制技术（第4版）	刘波	中药学、中药制药技术等专业
5	中药鉴定技术（第4版）	张钦德	中药学、中药制药技术、中药生产与加工、药学等专业
6	中药化学技术（第4版）	吕华瑛　王英	中药学、中药制药技术等专业
7	中药方剂学（第4版）	马波　黄敬文	中药学、中药制药技术等专业
8	有机化学（第4版）*	王志江　陈东林	中药学、中药制药技术、药学等专业
9	药用植物栽培技术（第3版）*	宋丽艳　汪荣斌	中药学、中药制药技术、中药生产与加工等专业
10	药用植物学（第4版）*	郑小吉　金虹	中药学、中药制药技术、中药生产与加工等专业
11	药事管理与法规（第3版）	周铁文	中药学、中药制药技术、药学等专业
12	无机化学（第4版）	冯务群	中药学、中药制药技术、药学等专业
13	人体解剖生理学（第4版）	刘斌	中药学、中药制药技术、药学等专业
14	分析化学（第4版）	陈哲洪　鲍羽	中药学、中药制药技术、药学等专业
15	中药储存与养护技术（第2版）	沈力	中药学、中药制药技术等专业

续表

教材序号	教材名称	主编	适用专业
1	中医护理(第3版)*	王　文	护理专业
2	内科护理(第3版)	刘　杰　吕云玲	护理专业
3	外科护理(第3版)	江跃华	护理、助产类专业
4	妇产科护理(第3版)	林　萍	护理、助产类专业
5	儿科护理(第3版)	艾学云	护理、助产类专业
6	社区护理(第3版)	张先庚	护理专业
7	急救护理(第3版)	李延玲	护理专业
8	老年护理(第3版)	唐凤平　郝　刚	护理专业
9	精神科护理(第3版)	井霖源	护理、助产专业
10	健康评估(第3版)	刘惠莲　滕艺萍	护理、助产专业
11	眼耳鼻咽喉口腔科护理(第3版)	范　真	护理专业
12	基础护理技术(第3版)	张少羽	护理、助产专业
13	护士人文修养(第3版)	胡爱明	护理专业
14	护理药理学(第3版)*	姜国贤	护理专业
15	护理学导论(第3版)	陈香娟　曾晓英	护理、助产专业
16	传染病护理(第3版)	王美芝	护理专业
17	康复护理(第2版)	黄学英	护理专业
1	针灸治疗(第4版)	刘宝林	针灸推拿专业
2	针法灸法(第4版)*	刘　茜	针灸推拿专业
3	小儿推拿(第4版)*	刘世红	针灸推拿专业
4	推拿治疗(第4版)	梅利民	针灸推拿专业
5	推拿手法(第4版)	那继文	针灸推拿专业
6	经络与腧穴(第4版)*	王德敬	针灸推拿专业
1	医学美学(第3版)	周红娟	医学美容技术等专业
2	美容辨证调护技术(第3版)	陈美仁	医学美容技术等专业
3	美容中药方剂学(第3版)*	黄丽萍　姜　醒	医学美容技术等专业

续表

教材序号	教材名称	主编	适用专业
4	美容业经营与管理(第3版)	申芳芳	医学美容技术等专业
5	美容心理学(第3版)*	陈 敏 汪启荣	医学美容技术等专业
6	美容外科学概论(第3版)	贾小丽	医学美容技术等专业
7	美容实用技术(第3版)	张丽宏	医学美容技术等专业
8	美容皮肤科学(第3版)	陈丽娟	医学美容技术等专业
9	美容礼仪与人际沟通(第3版)	位汶军 夏 曼	医学美容技术等专业
10	美容解剖学与组织学(第3版)	刘荣志	医学美容技术等专业
11	美容保健技术(第3版)	陈景华	医学美容技术等专业
12	化妆品与调配技术(第3版)	谷建梅	医学美容技术等专业
1	康复评定(第3版)	孙 权 梁 娟	康复治疗技术等专业
2	物理治疗技术(第3版)	林成杰	康复治疗技术等专业
3	作业治疗技术(第3版)	吴淑娥	康复治疗技术等专业
4	言语治疗技术(第3版)	田 莉	康复治疗技术等专业
5	中医养生康复技术(第3版)	王德瑜 邓 沂	康复治疗技术等专业
6	临床康复学(第3版)	邓 倩	康复治疗技术等专业
7	临床医学概要(第3版)	周建军 符逢春	康复治疗技术等专业
8	康复医学导论(第3版)	谭 工	康复治疗技术等专业

* 为"十二五"职业教育国家规划教材

第四届全国中医药高职高专教育教材建设指导委员会

第四届全国中医药高职高专医学美容技术专业教材评审委员会

前　言

　　为了更好地贯彻落实《国家职业教育改革实施方案》和《医药卫生中长期人才发展规划（2011—2020年）》，推动中医药高职高专教育的发展，培养中医药类高素质技术技能人才，在总结汲取前一版教材成功经验的基础上，在全国中医药高职高专教育教材建设指导委员会的组织规划下，按照全国中医药高职高专院校各专业的培养目标，确立本课程的教学内容并编写了本教材。

　　美容业经营与管理是以美容企业为主体，以现代企业管理理论、营销理论为指导，以美容顾客需求为中心，融管理学、经济学、美学、社会学和医学等相关知识为一体，结合美容企业经营管理实践，研究和探讨市场经济条件下美容企业经营与管理方法的一门学科。旨在让学生通过学习，了解国内外美容行业的总体发展概况及发展趋势，根据美容市场的发展变化选择灵活多样的经营管理方式，在国家政策允许范围内设计经营范围和服务项目，增强学生职业岗位的适应能力。本次再版，汲取以往教材的编写经验，依据"基于职业分析，构建课程体系；基于工作体系，重构教学内容；基于行动导向，改革教学模式"的课程建设模式，按照"职业岗位能力→工作岗位→工作任务"的思路，强调教材的实用性，突出教材的专业特色。本次再版全书内容共7章，包括概论、美容企业开办、美容企业市场营销、美容企业人力资源管理、美容企业质量管理、美容企业财务管理、美容企业文化与企业形象管理等内容。书中穿插了相关的知识链接、知识拓展和案例分析，每章前附有导学，章后附有课堂互动和复习思考题。教材主要供高职高专三年制医学美容技术专业使用，也可作为临床美容技术人员继续教育、岗位人员培训及各类美容机构工作人员的参考用书。

　　本书在编写过程中，得到了人民卫生出版社和各参编学校领导及教师们的大力协助。各位编者高度负责，不遗余力、博采众长，在翻阅大量有关资料基础上，数易其稿，在繁忙的工作之余，完成了编写任务。编写中我们参阅了大量国内外有关美容业经营与管理的书刊和资料，借鉴并吸收了专业学者的部分成果，在此表示衷心的感谢！希望此书能得到广大师生的支持和厚爱。由于时间仓促，如发现存有不足之处，恳请广大师生和读者提出宝贵意见，以便进一步修订和完善。

《美容业经营与管理》编委会
2019年2月

目 录

第一章

概　　论

课件
01章PPT

扫一扫
知重点

> **学习要点**
>
> 　　美容业的特点；美容业的分类；美容业的作用；我国美容业的发展现状及发展趋势；企业的含义与基本条件；美容企业的特点及分类；企业经营与管理的关系；企业经营与管理的职能。

　　生产同类产品或具有相同过程或提供同类劳动服务划分的经济活动类别称为行业，如饮食行业、服装行业、机械行业、美容行业等。美容行业是一个集生产、销售、服务于一体的行业，在这个行业中，服务占主导地位。

第一节　美容业概述

一、美容业的特点

　　我国的美容文化起源很早，根据记载，在我国殷商时期，人们已用燕地红蓝花叶捣汁凝成脂来饰面；春秋时期，周郑之女用白粉敷面，用青黑颜料画眉；汉代以后，开始出现妆点、扮妆、妆饰等字词；唐代时期，出现了面膜美容。

　　美容行业是创造美和欣赏美的行业，产业链终端是美容服务业。伴随着改革开放发展起来的中国美容行业，经过近40年的发展壮大，已经初具规模，并且显示出强劲的发展势头和美好的发展前景。概括起来，我国的美容业主要有下述几个方面的特点。

(一) 民营资本占主体

　　我国的美容业整体属于小投资、大市场型服务业，民营资本占据主体，依赖市场化运作，主体经济为民营属性，按照市场机制由自发到自觉地配置资源，整个行业处于完全市场竞争状态。

(二) 产业发展稳定

　　近年来，我国美容业的发展已步入快速成长期，已经形成包括美容、美发、化妆品、美容器械、教育培训、专业媒体、专业会展和市场营销等多领域、综合性服务业，产业发展明晰，带动性强，经济运行稳定。

　　有调查显示，我国的美容美发机构主要集中在城市(包括乡镇)，管理模式以家族式占主导地位,经营方式正由单一走向综合,形式也日趋多样化。目前,全国约有 20 余家美容美发专业媒体,行业每年约有 110 余场美容美发专业展会,化妆品营销已经形成日化线、专业线、专卖店、药店、超市、电视销售、网上销售和直销等多种途径的销售通道。

(三) 自主创业特色

我国美容业是一个以女性就业为优势的行业,具有自主择业、自我发展的创业特色,大量吸纳城镇转移劳动力和待业者,是就业和创业发展的良好通道。美容业因服务方式一对一、多对一,故在吸纳员工方面具有延展性特点,行业进入门槛低、创业成本低、维持收入稳定、发展前景好,所以,具有很强的创业发展优势。

(四) 教育培训支撑行业发展

我国美容业通过引入韩国、日本等国家和地区的理念、教育、技术、产品以及服务方式,迅速发展起来。民间资本推动行业发展了各类培训和服务机构,劳动部门也设立了美容美发类国家职业资格证,各类教育培训机构为美容行业培养出大批具有专业理论和技能的美容师,使其成为中国美容业的主体。但目前美容行业从业者接受教育程度偏低,与人体卫生相关的服务性质要求有所差距,教育培训体制与行业发展要求不相适应,与国外美容专业教育、后续培训,特别是学历教育有较大差距。

(五) 美容服务成为消费热点

有调查显示,80% 消费者对普通美容美发服务价格持接受态度,办卡消费成为主要美容服务方式之一(办理月卡的消费者占 19.28%,办理年卡的消费者占 23.08%),年龄段主要集中在 20~50 岁(占 81.04%),大专以上学历约占 45.86%,社会地位较高和职业相对稳定人员是主要消费群体(占 93.12%),农民及农民工约占 6.88%。目前,随着农民生活水平的提高,广大农村居民的美容消费已开始显现一定的势头。

(六) 行业发展环境逐步改善

美容业是完全市场竞争的成长型产业,产业延伸广阔,内涵丰富,供求弹性较大,发展前景广阔。多年来,我国的美容业经过自主发展,从过去的自发状态到现在的成长期自觉状态,从无到有、从有到今飞速发展的阶段,已经成为我国居民继房地产、汽车、旅游之后的又一消费热点,行业发展环境正逐步得到改善,在创造社会精神文明、解决全国就业、增加新的经济增长点、交纳税收等方面,发挥了重要作用。

随着我国居民收入尤其是乡村居民收入的快速增加,美容市场潜力巨大。为促进行业长远快速的发展,树立行业新形象、以信誉提升消费潜力,为我国居民的生活增添更多美丽和健康,已成为美容行业发展的必然选择和趋势。

二、美容业的分类

目前,按照美容项目的操作要求和经营范围来说,美容业主要分为生活美容和医学美容两大类。

(一) 生活美容

生活美容是指运用化妆品、保健品和非医疗器械等非医疗性手段,对人体所进行的诸如皮肤护理、按摩等带有保养或保健性的非侵入性美容护理。生活美容主要是针对面部及皮肤保养、预防皮肤老化,在个人原有基础上进行的美化修饰,包括美容知识咨询与指导、皮肤护理、化妆修饰、形象设计和美体等美容服务项目。如:面部保养、美颈、美腿、化妆等。

生活美容对美容师的要求不是很高,只要掌握了基本的美容专业知识,在获得有关部门认可的资格证书后便可上岗。在我国美容业发展前期,生活美容主导着美容市场,美容院开展的服务项目,包括美容产品的开发几乎都是围绕"生活美容"而进行的,在现有的众多美容项目中,生活美容占据主导地位。

(二) 医学美容

医学美容是指运用手术、药物、医疗器械,以及其他具有创伤性或者侵入性的医学技术方法,对人的容貌和人体各部位形态进行修复或再塑,是以应用为特征的医学新学科。医学美容是医学、美学与美容技艺三者相结合的产物,由多种临床与非临床知识相互交织而成,主要包括重睑形成术、假体植入术、药物及手术减肥术等项目。

医学美容对操作人员的要求比较高,想在参加一两期培训后就掌握医学美容必备的医学理论知识及相关操作技术是根本不可能的。医学美容是现代医学的组成部分,必须遵循《中华人民共和国执业医师法》和《医疗机构管理条例》,执行《医疗机构基本标准》,在经过卫生行政部门执业登记、领取《医疗机构执业许可证》后方可开展,并要接受卫生行政部门的监督管理。

近几年,国内的医学美容显示出强劲的发展势头。随着中医学的推陈出新和现代科技的发展应用,标本兼治的医学美容经过科学化、系统化和标准化改进后,为更多的人所认可,并成为美容界的另一种时尚。但是,医学固有的局限性也注定医学美容短期内难以在美容领域中形成完整理念,而且医学美容手段尚未完善,美容效果难以明确、量化,美容产品的生产规模与工艺相对滞后,从业人员素质低等诸多原因,也决定了医学美容需要走的路还很长。

(三) 生活美容与医学美容的区别

界定与规范生活美容与医学美容的管理,是美容行业发展的需要,是国家对美容行业保护和社会对美容业认可的需要,也是制定市场准入制度和遵循规则的需要。规范生活美容与医学美容是教育培训和专业技术科学发展的必然结果,表1-1详细地表述了生活美容和医学美容的根本区别。

表 1-1 生活美容与医学美容的区别

内容	生活美容	医学美容
主要管理部门	工商管理部门	卫生行政部门
营业许可	工商营业执照	营利性医疗机构许可证
经营场所	美容、美体中心等	美容医疗机构等
美容时间	长期	阶段性
美容手段	表皮以上按摩、涂擦、洗泡	真皮以下手术整形、组织改变
从业者受教育程度	培训或带徒	正规高等教育
从业人员职业资格	具有国家美容师职业资格	具有医学技术相关资格

我国政府十分重视医疗美容业的管理,早在 1994 年卫生部在《关于下发〈医疗机构诊疗科目名录〉》的文件中就将"医疗美容科"列为综合性医院的一级临床科室。在《医疗机构基本标准》中,对综合性医院医疗美容科、美容医院、医疗美容门诊部、医疗

美容诊所等医疗美容机构的基本标准也作了明确规定。针对美容市场混乱无序的情况,卫生部门在 20 世纪 90 年代初就组织有关专家着手开展医疗美容管理立法的调研和论证,并于 1996 年 7 月 15 日向全国人大常委会呈送了《关于美容立法情况的报告》,随后组织中华医学会的有关专家开始《医疗美容服务管理办法》及相关配套文件的起草。为了遏制美容毁容案件的发生,2000 年卫生部发布了《关于加强美容服务管理的通知》,进一步明确了生活美容与医疗美容的界限,强调医疗美容服务必须遵循《中华人民共和国执业医师法》《医疗机构管理条例》,执行《医疗机构基本标准》,在经过卫生行政部门执业登记、领取《医疗机构执业许可证》后方可开展,并接受卫生行政部门的监督管理。重申任何单位和个人,未经许可且未获得《医疗机构执业许可证》,不得开展诸如重睑形成术、假体植入术等医疗美容项目。2002 年初,卫生部以 19 号令发布了《医疗美容服务管理办法》,并于 2002 年 5 月 1 日起施行。随着办法的发布,与之配套的《医疗美容机构与医疗美容科(室)基本标准》《医疗美容项目分级管理目录》和《医疗美容技术操作规程》等文件也陆续出台。

三、美容业的作用

美容行业担负着引导消费、促进生产、繁荣经济、活跃市场的重任,能满足广大消费者对自身形象不断完美的需要,与其他服务性行业共同在国民经济中起着举足轻重的作用。

(一) 活跃市场

随着人们收入增加和国家的对外开放,生活观念、生活方式在不断地发生着变化,人们的思想境界、文化修养、交际能力也在进一步提高。广大消费者不仅意识到外表形象的重要性,也认识到了外表的整洁美丽是自身交际礼仪的需要。

美容行业能够提高人们的生活质量,满足消费者丰富多样的心理需求,在提供优质技艺和优良服务的基础上,不断地满足社会上越来越复杂的个性化消费需求。

(二) 创造就业机会

美容企业多属于中小型企业,小型企业的繁荣兴旺是发达国家的共同特征。在 20 世纪 80 年代,美国新出现的 2 200 种就业岗位中,90% 由 50 人以内的小型企业提供。

当前我国美容企业正纷纷崛起,提供了大量的就业岗位,可见美容行业在我国市场经济需求中占有举足轻重的地位。近年来,随着《个人独资企业法》的颁布,为满足经济转型时期对扩大就业的需求,小型企业的数量及规模还将进一步扩大。可见,美容行业有着灿烂的发展前景。

(三) 促进第三产业发展

美容企业的"生产"大多不被机器异化、不为环境控制、不受资源限制,能达到环保,且可持续发展。同时,企业吸纳了大量的农村剩余劳动力,为农业产业结构升级和机械化水平的提高奠定了基础。美容产品和相关水电房产等配套资源和设施的消耗,也促进了第二产业的发展,而美容企业本身创造的财富还增加了第三产业产值比重,有助于优化我国的国民经济产业结构,更是我国实现可持续发展的重要内容和保证。

(四) 促进国际交流

近年来,亚太地区如日本、新加坡等国家多次举行美容大赛,大赛不仅增进了各国选手的友谊,也交流了美容技艺。在比赛中,我国选手屡屡获奖,说明我国美容业正在向国际标准或水平靠拢。

四、我国美容业的发展现状

近年来,我国美容业在提升人民生活品质、扩大服务消费及社会就业等方面,发挥着重要的作用,总体呈现快速发展趋势。在《中国美容美发行业发展报告 2017》中显示,截至 2016 年年底,专业美容企业(含美甲、美体)数量为 14.9 万家,从业人员 76.7 万人,营业额为 1 755.4 亿元。近年来,美容美发行业逐步向便利化、精细化、品质化方向发展,转型升级过程加速,随着竞争越发激烈,去同质化经营成为诸多企业的发展战略。消费者更加青睐个性化、时尚化的专属产品和服务,消费者对企业品牌的认知度不断提升。随着经济全球化进程,我国美容业将迎来更多的发展机遇。

(一)我国美容业的发展环境

1. 国家相关政策支持 近期的国家发展与改革相关政策表明,我国经济正处在社会消费释放的历史拐点。国家社会经济运行形势表明:加快调整经济结构、转变经济发展方式,使经济持续健康发展,必须建立在扩大内需的基础上,抓好"三农"工作,推动城乡一体化发展,以继续坚持深入改革,提高经济增长质量和效益为中心,实现经济发展稳中求进。城镇化的提出为整体发展提出新的经济增长机会,在世界经济低迷的背景下,我国经济发展的支撑更加集中在内需上。随着国家相关政策的不断完善,分配制度的改革将进一步提高人民群众的收入水平和生活水平。国家城镇化建设的稳步快速推进,使更多的城乡居民将分享改革带来的益处。因此,居民消费水平的提升将呈现快速发展的势头,这对释放和升级城乡居民消费都将带来更大的推动作用。随着人们收入尤其是乡村居民收入的快速增加,美容化妆品的市场潜力巨大。

近年来,"美丽中国"成为社会各界关注的新词,反映了人们对生活环境和生活品质的追求。"美丽中国"的概念延伸折射出的信息不仅停留在生态文明建设上,在生活精神文明建设中同样需要。作为美化人们生活和健康的美容行业将越来越趋向于规范化,树立行业美丽形象,以信誉提升消费潜力,将成为美容行业发展的必然趋势。

2. 经济发展与消费环境 受国际和国内经济环境影响,中国的社会消费结构正处于调整过程,服务业成为未来投资焦点,更多新消费群体开始重视精神、文化、娱乐的升级趋势,美容行业也将出现消费结构的进一步调整,非理性高端消费将受到一定程度的抑制。健康元素深入美容保健消费领域,美容行业进一步促进健康行业,实现转型发展。

3. 网购消费者全方位增长 新的商业消费模式将影响美容行业的品牌竞争和发展,电子商务的爆发式增长,改变了人们消费的传统习惯。数据显示,与传统渠道化妆品消费者相比,网购化妆品的消费者埋单能力更强。

目前,国家经济发展的大环境总体趋于稳定并在逐步走出调整期,保证了美容行业仍然会继续增长的大趋势。国家关于加快城镇化建设、扩大内需引领经济的大方针及增加居民收入的改革方向,给服务行业消费升级带来巨大的市场空间,而新型区域市场的形成、新型消费方式的兴起,给各个行业的发展带来新的机遇。外部大环境的相对稳定,有利于美容行业及美容企业在新环境下的内部整合与竞争。

(二)影响我国美容市场发展的因素

1. 消费者缺乏美容科学认识 随着人们思想、价值观念的变化,美容也成为一种新的时尚,但许多求美者对美容缺乏科学的认识与了解,有的甚至连基本的美容常识都不懂,意识不到美容后的风险或对自己缺乏正确的认识,盲从美容潮流,或对美容手术期望值过高。

2. 美容行业管理不规范 目前,我国美容业管理不规范现象比较严重,一些美容院超范围经营,如生活美容院擅自从事医疗美容项目。

3. 广告片面夸大美容效果 有些美容院或整形美容机构为了吸引顾客,不惜采用虚假的广告词,片面夸大美容产品或美容手术的美容效果,使许多爱美者上当受骗;某些美容院挖空心思在高科技、新技术上做文章,误导消费者,如1996年轰动全国的某美容毁容案,用所谓的新技术"自体活细胞移植隆胸术"造成消费者毁容。

4. 美容项目科技含量低 "科技是第一生产力",在知识经济时代,一个没有科学技术作为依托的行业将是缺乏生命力的行业。纵观我国美容业近年的发展,除有限的产品和设备引进外,自己的研究成果和专利技术寥寥无几。多数美容院只有少数几种仪器设备,如简单的喷雾机、超声波仪等,仅靠眼观手摸给顾客进行皮肤诊断,而有的美容院仍手工操作管理顾客资料。

科技是美容行业的生产力,高科技的投入对于美容产品的开发、研究的重要性有目共睹。可以说,每个大品牌的化妆品,都有其独立的实验室,实验室在某种程度来说,决定了化妆品品牌的生命力和产品线。

5. 美容投诉事件频繁发生 近年来,美容服务投诉突出,损害消费者情况严重,成为全国十大投诉热点之一。根据全国消协组织受理投诉情况统计,在2018年上半年全国服务类投诉中,投诉量居前五位的分别为:远程购物、网络接入服务、经营性互联网服务、移动电话服务和美容美发服务,其中美容美发服务投诉占总投诉量的8.03%,比2017年同期增长了29.4%。

6. 美容企业管理家族化 家族化管理是许多民营企业发展壮大的必经之路,但这种相对落后的管理模式的缺点显而易见,先进的、科学的管理模式对于企业的发展是必不可少的。目前,市面上许多美容企业尤其中医美容,多是一人拥有技术或某种产品配方,便可以手工作坊起家,有一定资金积累后,实行管理家族化,形成血缘纽带,造成企业管理效率低下,抑制美容企业的发展速度。

7. 专业线市场价格不透明 美容市场包括产品价格和服务价格,直接面向消费者,是美容院的命脉所系。但目前,同样的服务内容和产品在不同的美容院价格相差可达数倍甚至数十倍。一次普通的皮肤护理,价格可由几十元至上千元不等,一个小时就可完成的新娘妆,不同美容院之间的差价高达上百元。另外,许多生产企业给产品定价过程中,存在成本利润比例失调,当产品经过销售环节后,到了终端市场,价格已无合理性可言。这种不透明的价格体系和流通操作,给市场造成一种不信任感,给消费者心理蒙上阴影,严重影响了美容业的正常发展。

8. 从业人员素质低下 美容行业从业者的素质包括文化素质和专业技能两个方面。目前我国美容院从业者素质参差不齐,有关部门统计数字显示,全国从事美容行业的人员中,小学和初中学历占20%~40%,高中、中专学历占40%~60%,大专以上学历不到20%。文化知识的匮乏直接影响从业者对职业道德和专业技术的理解与应用。

（三）我国美容业现存的问题

30 多年的时间,我国的美容业从观念到形态经历了翻天覆地的变化,美容行业已成为越来越热门的职业。目前,全国各类美容服务机构所使用和推广的美容技术五花八门,其中还掺杂着一定数量的伪科学、伪劣技术服务项目,而且各机构、各店面自行其是、自创标准。许多美容企业受短期暴利思想影响,大搞"概念"战,如:"基因美容""生物美容""纳米美容"等名目繁多;"食疗""醋疗""水疗""热疗""远红外疗""光子嫩肤"等新名词、新方法层出不穷。从 20 世纪 80 年代中期发展至今,美容业始终是自行发展,没有统一的管理机构,不利于行业可持续发展的要求。

就目前而言,美容业尽管在整体上还处于发展阶段,与发达国家相比还有较大差距,但它已处于市场发展较快的增长时期,并已经发展成为一个完全竞争的成长型产业。统计数字显示,近年来的新开店数就占了总数的 78%,营业收入的增长幅度达到 15% 以上,明显地高于全国 GDP 增长速度及第三产业增长速度,无论是 GDP 还是第三产业或就业人数,均呈增长态势。上述发展态势表明:美容业属于朝阳产业,产业的延伸内涵丰富,供求的弹性空间较大。从另一方面看,美容业是投入少、进入门槛低、民营资本占绝对优势的新兴服务产业,它将是国家下一步启动和激励民间投资的重要领域之一。

由于起步较晚,发展速度较快,目前美容业市场尚处于不规范、不成熟的发展阶段,美容企业尚未形成规模,从业人员素质参差不齐。我国美容业现存的主要问题包括如下几个方面。

1. 服务问题

（1）素质方面:美国、法国、日本及韩国等美容业较发达的国家,高中毕业后方可就读美容学校。在美国,必须具备医学、卫生护理等相关方面知识方可学习美容,在进行 1~2 年的正规美容知识学习后可从事美容师职业,因此,美容师整体素质高。在我国,目前就读美容学校的学生,以初中以下学历为多,且美容学校良莠不齐,教材缺乏,多数美容学校仅进行短期的技能培训,有关部门和美容学校发放美容师资质证书不严谨,造成我国美容师整体素质偏低。

（2）技术方面:相当多的美容企业缺乏正规技术培训,美容师整体文化程度低,持美容师证上岗的比例甚少,美容企业很难保证通过技术来达到服务质量,因此,毁容现象时有发生。由于技术含量低,投入资金少,任何外行的人都可以跨入门槛低的美容院,造成美容院经营管理不规范,缺乏专业的美容知识与技术培训。因此,美容院事故不断,投诉索赔事件时有发生。

（3）产品方面:许多美容企业抱有急功近利的心理,为了获取暴利,不惜销售通过地下渠道购进的劣质价廉产品;为了留住顾客,有的美容机构甚至想方设法引进所谓功效性美白、祛斑、丰胸、纤腰等具有强烈副作用类产品,有些产品成分按国家规定的标准严重超标,长期使用将对顾客身体造成损害;部分化妆品企业缺乏高素质的营销队伍及技术指导,无法及时地向美容院提供完善的技术支持,影响美容院的服务质量。

2. 价格问题 美容院的盈利来自于产品销售与技术服务两个方面。产品销售方面,美容院产品价格处于一个不透明的状态,产品价格严重失真,超过了产品的应有价值。如一套美白保湿产品,厂方规定 500 元左右中档价格标准零售,按 2 折供货给美容院,但美容院可按 900 元或更高价格出售。技术服务方面,美容服务项目收费缺乏价格标准,有关部门调查,在广州、深圳等市场竞争激烈的地区,当面部基础护理的单次价格已低至 20 元左右时,上海、北京地区,同类项目的单次价格却高达 120 元左右。

3. 信誉问题　美容行业的信誉问题主要来自服务质量与服务承诺的不对称,造成了行业信誉缺失。大多数美容机构在经营方面为了吸引顾客的消费兴趣,不切实际,随意承诺美容功效,以至于无法达到预期目的,使顾客消费权益受到侵害,甚至演变成欺诈性消费。某些美容院的信誉问题主要来自于服务质量与服务承诺不对称,造成信誉缺失而无法经营。

4. 经营问题　混淆了医学美容与生活美容的界限,将美容院定位在"亚医院"是目前整个美容业的一个普遍现象。原国家卫生部颁发实施的《医疗美容服务管理办法》中明确规定医学美容属于医疗行为,只能在医疗机构由执业医师进行,包括吸脂、隆胸、祛皱等项目在内的美容手术只有在医疗美容机构才可进行。有些美容院表面上只做生活美容,但在实际开办的项目中,却包含了部分上述医疗美容手术。有些美容院利用已退休的医学专家之名,甚至让人冒充名医,完全不顾顾客的人身安全,毁容事件的层出不穷与某些美容院超范围经营有着直接的关系。

长期以来,许多美容企业将生活美容和医学美容混为一谈,以招揽顾客、谋取利润,置消费者利益于不顾。原国家卫生部在《关于加强美容服务管理的通知》中曾明确指出:生活美容和医学美容是两类性质完全不同的美容技术,未经有关部门的同意,任何美容院都不得擅自进行医学美容服务项目。

5. 宣传问题　有些美容机构过分夸大美容效果,如"三天祛斑""七天减肥""十分钟美白"等,以虚假信息诱导顾客消费,达到获取暴利的目的;某些美容项目,过度炒作科技概念,如基因美白、生物美白、纳米技术、羊胎素等;或炒作人们不明白的东西,如烫发中的陶瓷烫、筷子烫、离子烫、玉米烫、宇宙烫等。泛滥的概念炒作,致使真正有科技含量的好产品,消费者也不给予认同。

五、我国美容业的发展趋势

(一) 我国美容业的总体发展趋势

1. 美容与医学结合更加密切　很多人将美容视为一件很平常的事,很少有人将其与医学联系在一起。其实,化妆品的生产本身就包含着医学成分,而美容师操作技术与医生治疗技术相结合的医学美容,已有效地解决了许多长期困扰顾客的美观问题。可见,医学美容在未来将会得到更广泛、更深入的发展,对整个美容业的发展也会产生深远的影响。

2. 导入心理美容　美容技术是通过以人与人交往而达到为顾客服务的工作,在掌握优异的业务技能外,很重要的一点就是要学习服务心理学,熟悉服务对象,体察顾客心理,了解顾客思想活动。当顾客被皮肤或发质等问题困扰时,其内心必定烦躁不安,担心影响自己的美观,在寻求皮肤护理时,会对美容效果寄予非常大的期望,但同时又会对美容师的技艺心存疑虑。此时,美容师如果能适时与顾客交谈,不断灌输一些正确的美容观念,就有可能让顾客重新树立信心,放心接受美容技术服务。可见,美容企业在提供各种美容技术服务外,可适时对顾客进行心理疏导。

3. 整合性服务 美容企业将整合各项服务设施,使顾客上门一次就能满足各种需求,迎合现代人高效、快捷的消费要求,向着整体组合的方向发展。顾客不但对美容师的技术和服务有一定要求,而且对美容企业的设备、营造的氛围也颇为讲究,并希望能够得到有关消费的资讯,如:新潮的服饰、流行的妆容、热卖的化妆品、时尚的休闲方式等高附加值的服务。

可见,健全的美容企业应该设有美容美发、心理咨询、形象设计、健身、娱乐、购物及餐饮等多种服务项目。

4. 专门店式经营 美容市场和消费对象的细分向专门店式的美容企业发出了信号,美体、美甲等项目以及各种配套设施,也给各类型服务的专门店创造了市场和空间。如:美甲店和美体中心从脸部护理中剥离;生产和销售专为男性和老年人设计的美容产品等。由于男性的皮脂分泌旺盛,多数人缺乏正确的清洁保养知识,对于护肤的需求相当大,因此,男士护肤的前景十分看好。

5. 连锁经营 美容企业连锁经营具有顽强的生命力和迅速的扩张力,大型的美容连锁店,无论是规模、组织、财力、人员等各方面都比小型美容院优越,且可以强势的广告宣传增强竞争实力。在美容业中推广和实行连锁经营理念,能提供优质产品和服务,形成良好口碑和品牌经营运作模式,连锁经营将是美容行业未来发展的主流。

6. 直销介入冲击美容市场 最近几年,我国吹起一股直销风,某些直销公司采取化整为零的方式,推出各种美容用品,顾客只需打个电话,产品就会直接送上门,这对美容企业而言,无疑是空前的挑战。因此,美容企业应适时改变经营方式,以减小因直销带来的冲击。

7. 经营管理电脑化 电脑化经营比人工操作更准确、更迅速。电脑在美容企业的用处越来越大,如:顾客的预约登记、客户资料追踪、进货款项处理、员工薪金、商品销售情况等,都由电脑进行处理和管理,通过电脑分析,可以找到管理上的漏洞,降低经营风险,提升美容企业形象。而且,美容师在诊断肤质、选择保养类型时若利用电脑分析,不但工作起来得心应手,而且可增加顾客的信任感。

8. "美丽工程"式营销 要实现美容行业利益的最大化,可引入"全面美丽"概念,创造"美丽工程"系列服务。将美容服务的空间和范围延伸,使美容拓展为容貌美、身材美(包括美腰、美腿、美臀、美胸等)、色彩美(包括行为、色彩搭配、服饰、发型、个性搭配)等美丽工程。这种营销模式已经将"美丽"扩展到全身美及由此带来的气质、文化提升等内在美。

美容企业应时刻为自己"充电",导入新的经营理念和经营方式,把握未来发展趋势,推出新的美容服务项目来吸引顾客,如此才能在充满机遇与挑战的时代屹立潮头,充分掌握制胜的武器。

(二)未来我国美容市场发展预测

1. 监督和管理日趋完善 国家有关部门对美容行业的监督和管理将日趋完善,国家质量监督检验检疫总局公布的《进出口化妆品检验检疫监督管理办法》于 2012年 2月 1日施行。2012 年 11月开始实施的《单用途商业预付卡管理办法(试行)》中,对包括美容在内的商业及服务业企业的预付费卡进行了制度约束和规范,防范消费纠纷和侵权事件的发生。国家工商部门对于美容生产企业及美容服务业内经营行为的监督和检查将更加严厉,防止美容市场混乱和经营资质跨界等问题引起的消费事故和纠纷的发生。

2. 美容专业线市场化发展　随着国家各级行政管理部门的治理以及消费者的理性消费,医疗美容与生活美容的区分将逐步清晰,美容机构的专业资质准入成为将来行业管理的方向,促使医疗美容业向资质专业化、品牌化竞争发展和延伸。近年来的针剂注射类产品引起的质量事故和工商查处案件,已经暴露出医疗美容相关领域的一些严重问题。随着行业消费和竞争升级,规模大但模式落伍的美容企业或传统经营模式的美容院面临转型。市场竞争已经是企业综合素质的竞争,企业应思考如何创新。随着国家经济区域调控的逐级深化和城镇化普及速度的加快,部分落后区域消费水平提升和消费意识的觉醒,美容院专业线投资机会逐步向欠发达地区转移,美容专业线市场不断扩大。

3. 美容产业链整合变化　供应商、渠道商、店商等产业链整合发生变化,美容品牌的连锁门店并购与托管有可能成为区域扩张的重要手段,美容专业线行业整合趋势明显。高端抗衰、中医养生、美胸、私人定制、医学整形等将推动高端美容进入奢侈品的个性化订制时代。健康养生消费和需求在美容业中的比重将不断增加,将与美容消费逐渐成为美容院重要的基本服务。

4. 传统营销到电子商业模式的转变　品牌网络化传播时代,美容专业市场应树立有影响力的品牌,网络资源和网络化运营将成为重要的选择。网络品牌宣传推广关键词搜索、搜索影响、视频传播、网络营销推广、口碑优化等一系列整合传播手段,为美容企业的品牌传播带来更好的效果。但网络传播也是一把双刃剑,负面消息借助网络传播迅速,因此,重视信誉和口碑将成为美容业树立优质品牌的前提条件。

5. 高科技医学美容高增长　非手术项目呈微量下降趋势,美容业终端服务技术整合、供应商与大型连锁间的博弈将进一步加强,使部分厂家重新调整其市场定位。

总之,我国美容专业线行业将保持稳步发展态势,与此同时,行业将处于一个创新和竞争转型的时期,行业消费环境、经营环境的变化将促使企业经营心态发生变化,对产品项目定位发生重要变化,对创新商业模式具有更浓厚的兴趣。

知识链接

不同性格消费者的需求特点

习惯型:偏爱、信任某些熟悉品牌,购买时注意力集中,定向性强,反复购买。

理智型:不易受广告等外来因素影响,购物时头脑冷静,注重对商品的了解和比较。

冲动型:容易受商品外形、包装或促销的刺激,购买前并没有明确目标,商品评价以直观为主。

想象型:感情丰富,善于联想,重视商品造型、包装及命名,以自己丰富的想象力去联想产品的意义。

时髦型:易受相关群体、流行时尚影响,以标新立异、赶时髦为荣,购物注重引人注意或显示身份和个性。

节俭型:对商品价格敏感,力求以较少的钱买较多商品,购物时精打细算、讨价还价。

第二节　企业与美容企业

一、企业的含义与基本条件

企业是指以盈利为目的,运用各种生产要素,如土地、劳动力、资本、技术和企业家才能等,向市场提供商品或服务,实行自主经营、自负盈亏、独立核算的具有法人资格的社会经济组织。企业包括三类基本组织形式:独资企业、合伙企业和公司,公司制企业是现代企业中最主要、最典型的组织形式。

企业作为满足社会需求进行自主经营、独立核算获取利润,并有法人资格的经济单位,应同时具备五个基本条件。

(一) 法人地位

国家在法律上承认企业在经营上的独立性,保护企业的正当权利和经济利益,同时也要求企业对自身经济活动的正当性和后果负责。法人地位是社会主义市场经济条件下参与市场竞争的基本条件,对于调动经营积极性,扩大自主权,建立现代企业制度有着十分重要的作用。

企业应向行政管理机关申请登记,经该机关以及卫生防疫、消防、税务等部门审查批准,才能取得行业经营执照,成为合法的经济组织。

(二) 独立经营

只有具备经营独立和自主经营权,企业才能根据市场变化情况选择灵活多样的经营方式,并进行自我改造和自我发展,在国家政策允许范围内确定经营范围和服务价格,发挥经济实体的作用,增强市场竞争能力,更好地为消费者服务。

(三) 物质保证

拥有一定的生产资料、资金和劳动力,并享有其支配权和使用权,是企业作为独立经营活动的必要条件,也是实现企业独立经营的物质保证。

(四) 独立核算、自负盈亏

企业在经营过程中,要对耗费的人力劳动和物力劳动进行合理计算和严格控制,分析研究投入和产出的效果,对自己的经营成果负责任,以收入抵补支出,取得最佳的经济效益。盈利是企业和非企业的重要区别之一。

(五) 完整组织

企业的建立和存在,应有一个符合本企业的完整有效的组织机构,经过科学合理的分工及密切协作,以保证美容企业经营活动协调、连续、正常地进行,创造出新的更大的经营能力。

以上五个条件是衡量一个有着完整意义独立经营企业的标准,也是美容企业必须具备的基本条件。

二、美容企业的特点

我国初期的美容企业只是一些零星的美容院,如几张美容床、几位美容师,学着国外流传进来的简单美容手法,用一些单调甚至粗糙的美容产品,项目简单、格调单调。随着美容行业的快速发展,作为直接与消费者接触并提供美容服务的经济实体,美容企业有着本行业独特的表现。

(一) 技术性和艺术性

在为消费者提供高超技术和优良服务的过程中,美容行业除需要一定的工具设备外,主要依靠手工操作来完成,如化妆美容,用化妆品的不同色彩来修饰面部,突出面部优点,掩饰不足;护肤美容,以按摩等手法护理皮肤,促进皮肤弹性,减少皱纹等。

美容技术操作追求和塑造"美",不断地将"美"渗透到人们的日常生活、学习、工作和娱乐当中,成为生活中不可分割的一部分。随着社会进步及生活水平的提高,人们的审美观念也在不断地发生变化,这就要求美容业在技艺精益求精的同时,更要不断推陈出新,增加新的行业服务项目。

(二) 服务直接性

一般商品生产企业的产品生产销售不在同一时间、同一地点进行,生产者和消费者不直接接触,而是经过流通过程将商品提供给消费者。美容企业则不同,而是直接为消费者提供产品和服务,而且在同一时间、同一地点完成服务过程,与消费者面对面。因此,美容业对服务人员的形象、举止、言谈、服务态度、技艺水平及人员素质等方面,有着更高、更直接的要求。

(三) 网点分散性

美容业面向整个社会,以方便群众、满足消费需要为目的,具有网点分散性特点。

美容业直接关系到人们的生活和切身利益,无论在城市还是农村,在闹市区还是新开辟的新村小区,都需要有不同层次的美容企业网点分布,以便更好地为广大人民群众服务,满足人们生理和心理的各种消费需求。

(四) 知识综合性

随着时代的发展,美容学科与皮肤科学、化妆品学、色彩学、美学、营养学结合,集发型设计、脸部化妆、服饰设计于一体,逐渐形成了整体造型、美化生活、促进健康服务的新美容体系。

三、美容企业的分类

(一) 按经营范围和服务项目分类

1. 专业经营美容企业　专业经营是指经营某一类有特定需要的美容服务项目。服务项目专一,多配置较强的技术力量进行"精耕细作",以提高美容服务质量。如:专营美容、专营瘦身及专营造型艺术等。

2. 综合经营美容企业　综合经营美容企业品种齐全,规模较大,技术力量雄厚,在社会上享有一定的信誉,大多兼营其他多种特色服务,能满足消费者多方面的美容消费需求。如:换肤、瘦身等。

(二) 按规模大小分类

1. 小微型美容企业　多提供一般性的美容服务项目,在职工作人员少于 100 人。

2. 中型美容企业　多提供中等层次的美容服务项目。在职工作人员 100~300 人,美容服务项目比较齐全,美容设施也比较先进。

3. 大型美容企业　多提供高等层次的美容服务项目。在职工作人员 300 人以上,美容服务项目齐全,美容设施先进。

第三节　美容企业经营与管理概述

合理确定企业的经营形式和管理体制是任何一家企业都需要解决的重要问题,美容企业也不例外,在市场竞争日益激烈的今天,企业经营与管理的有效性,决定了企业发展的前景与趋势。美容业经营与管理是对美容企业所拥有的人力资源、财力资源、物资资源和信息资源进行有效地计划、组织、指挥、控制和创新,用最有效的方法去实现目标,提高服务质量和效率,以达到美容企业最佳经济效益。

一、经营与管理的概念与关系

(一) 经营与管理的概念

1. 经营　经营是指企业以市场为对象,以商品生产和商品交换为手段,为实现企业目标,使企业的生产技术经济活动与企业的外部环境达成动态均衡的一系列有组织的活动。

2. 管理　管理是企业为了达到某一共同目标,在企业内进行有意识有组织的指挥、协调和创新的活动。在实现企业管理过程中,要根据管理活动的客观规律性,有效地运用企业管理职能、方法和原理,以保证企业管理活动的顺利进行。

(二) 经营与管理的关系

经营与管理是两个工作范畴,虽然两者之间有着质的不同,但必须相互配合,才能产生实际作用。企业如果没有经营,就不存在管理。

1. 经营与管理的区别　经营与管理的区别主要表现在以下方面:

(1) 属性不同:经营是商品经济的产物,只适用于企业;管理是劳动社会化的产物,适用于一切组织中。

(2) 方向不同:经营以提高经济效益为目标,管理则旨在提高作业效率;经营随市场变化始终动态变化,管理则随企业经营发展阶段变化而变化,相对稳定。

(3) 职能不同:经营解决企业的方向问题、市场问题、战略问题、效益问题,其指标是效益;管理解决企业的秩序问题、纪律问题、积极性问题、效率问题,其指标是效率。

(4) 对象、目的、原理与文化不同:经营更加趋向于艺术,而管理则趋向于科学。

2. 经营与管理的联系　经营与管理的联系主要表现在以下方面:

(1) 经营与管理都要有决策:经营决策是经济决策,直接追求最大投入产出比;管理决策不是经济决策,间接追求最大投入产出比。

(2) 经营是管理职能的延伸与发展,两者不可分割:企业管理职能延伸到研究市场需要,开发适宜产品,制定市场策略,使管理发展为经营管理,由以生产为中心转变为以交换和流通过程为中心。经营决定着管理,管理服务于经营;没有正确的经营指导,管理会失去方向;没有科学的管理方法,经营就会失败。

二、企业经营与管理的职能

企业经营与管理的职能包括五个方面内容,即战略职能、决策职能、开发职能、财务职能和公共关系职能。

1. 战略职能　战略职能是经营与管理的首要职能。美容企业面对一个非常复杂的经营环境,想要长期稳定的生存与发展,就必须高瞻远瞩,审时度势,随机应变,战略职能包括经营环境分析、制定战略目标、选择战略重点、制定战略方针对策、制定战略实施规则等。

2. 决策职能 决策职能是经营与管理的中心内容。经营与管理的优劣与成败,完全取决于决策职能,决策正确,美容企业的优势能得到充分发挥,否则,决策失误将使美容企业长期陷于困境之中。

3. 开发职能 开发职能的重点应在产品开发、市场开发、能力开发。美容企业要在激烈的美容市场竞争中稳操胜券,就必须拥有一流的人才、一流的技术,才能制造一流的产品,创造出一流的市场竞争力。

4. 财务职能 财务职能是企业经营管理的物质基础。主要是指资金的筹措、运用与增值,包括资金筹措职能、资金运用职能、增值价值分配职能以及经营分析职能。美容企业的战略职能、决策职能只有通过财务职能才能做出最终评价。

5. 公共关系职能 美容企业必须要同赖以生存的社会经济系统的诸环节保持协调,包括与投资者的关系、与往来厂商的关系、与竞争者的关系、与客户的关系、与职工的关系、与地区社会居民的关系、与公共团体的关系及与政府机关的关系等。

（申芳芳）

扫一扫
测一测

复习思考题

1. 美容企业有哪些特点?
2. 企业经营与管理的职能有哪些?

第二章

美容企业开办

课件
02章PPT

扫一扫
知重点

学习要点

美容企业开业前企划重点;美容市场调查;店址选择依据;美容院整体形象设计;企业战略管理的特征及过程;美容企业战略管理;美容企业连锁经营战略。

随着社会环境和消费形态的不断改变,消费者对"面子"问题提出了多样化、个性化的要求。经营者应从消费者的角度出发,进行准确的经营定位与特色经营,开办各种不同风格的美容院。

第一节　美容企业开业企划

美容企业包括美容院、美容化妆品公司、医疗美容门诊等。美容企业的日常工作一般包括经营、管理和服务三个方面,三者相互依存,自成体系。经营是对外的,是企业追求从外部获取资源和获得利润,追求的是效益;管理是对内的,重点是对内部资源的整合和建立秩序,追求的是效率。美容企业经营系统的活动主要是通过产品、服务项目与客户的交换而实现收益。美容企业的管理系统是针对员工和顾客等管理对象,为达到一定组织目标,由具有管理职能和内在联系的企业机构、制度、设置的过程及方法所构成的完整体系。美容企业的服务又分前台和后台服务,前台服务系统负责与客人直接接触,后台服务系统保证前台工作的顺利进行,没有前台服务系统和后台服务系统的相互配合,美容企业的服务工作无法顺利完成。

一、开业前企划

开业前的企划工作是成功创办美容企业的关键,完善的企划可以修补开业准备的漏洞和弊端,是"有计划经营"和成功发展的一块基石。面对类型繁多的美容企业,开业者应根据自己的资金实力、技术水平、实际条件进行定位和策划,充分展现各自的经营风格。

(一) 经营定位

企划开始首先要进行经营定位,经营者要实事求是地根据经营意图和自身条件进行准确定位,结合个人经济与抗风险能力,确定美容机构规模的大小。

1. 店名定位和经营定位

(1) 店名定位:确定专业店,还是综合店,如招牌写法、门面装饰等。

(2) 经营定位:包括目标客户定位、产品定位、价格定位、渠道定位、服务定位、规模定位等。

2. 组织机构设置　　以美容院为例,一定规模的美容院在人员配备上都应该是严密有序的,要按照少而精的原则来配置人员。大型美容院组织机构较为复杂,如图2-1;小型美容院较为简单。开店之初,不宜直接设置大型美容院组织机构。

(1) 管理人员:如董事长下的总经理负责制,可设总经理、办公人员、财务收银员等,根据规模大小确定是否需设副经理,如属联合体则可设店主任、领班等。

(2) 技术人员:包括美容师、美容导师、水电工、仪器维修工等。

(3) 采购人员:根据美容院的大小来定,如规模较小,可由经理、副经理或高级美容师兼职。

(4) 后勤人员:主要包括卫生清洁工、保安人员、膳食供应人员等。

(5) 其他人员:如广告企划可委托广告公司,也可由办公人员或技术人员兼任。

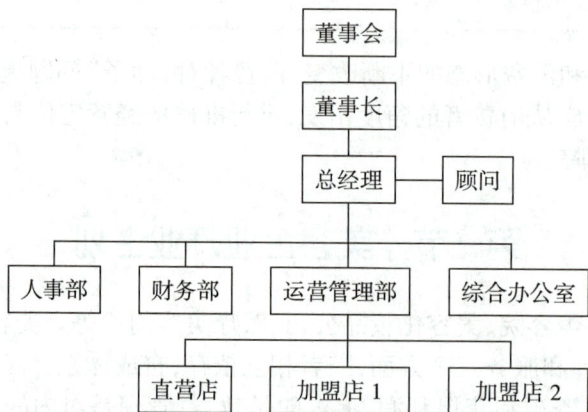

图 2-1　某大型美容院的组织机构图

小型美容企业业务量小、管理简单,成本不宜过高。在美容院中,通常店长要身兼多职,或者将财务、采购等部分工作内容外包,由第三方专业人士来完成。如店长兼董事长、总经理、美容师、采购员等;报税和会计等专业性较强的工作,可委托财务公司帮忙完成;采购工作外包给上游供货商或协会内部的采购联盟,可避免因为采购量小使得供货成本增加。在美容化妆品公司中,美容导师可以身兼培训讲师、业务经理、售后顾问等数职。

美容企业设置正确的组织架构可以节约资金;其次,组织机构的确立可以让每个员工明确自己的工作任务和岗位职责;最后,组织机构的设置可以让美容院的员工明晰自己的晋升通道。只有让员工知道自己的能力还可以再提升、还有很大的发展空间,才能调动员工的积极性和培养对企业的忠诚度。

美容师岗位提升

一般来说,一家中型美容院的美容师可以向上晋升为顾问,顾问可以晋升为店长。美容师的岗位职责主要是负责向客人提供专业、娴熟的美容服务,完成自身的销售任务、培训任务,配合顾问工作等。出色的美容师可以晋升为顾问,顾问要熟识公司的产品知识及项目特点,为顾客建立客户个人档案并详细分析客人皮肤和身体情况,为客人设计护理流程,针对美容师的反馈及客人的护理项目、购买产品记录等进行销售,销售中要以顾客的需求为出发点,提供真诚热情的服务。美容顾问还要根据店长下达的工作任务制订工作计划,带领美容师团队完成业绩及各项培训任务。优秀的美容顾问有机会晋升为店长,店长既是管理者,又是技术指导者,有的甚至还担负着决策者的重任。店长要在实际工作中对美容院工作做出总体规划和要求,又要协调各部门的工作,并激发所有员工的工作热情,美容院店长可以说是一所美容院的灵魂,通过其富有个性的领导,赋予美容院生命力。

(二) 企划重点

美容化妆品公司的企划重点主要是考虑企业选址时交通的便利性,内部装修装饰时也应考虑组织会议和培训的功能性,而美容院及医疗美容门诊的企划重点则涉及更多方面,如:

1. 顾客群　包括顾客层次及市场区分,美容顾客的年龄段多为15~55岁,高档美容顾客群多为职业女性或高收入的家庭。通过分析,大致规划出美容院区域内的顾客群,在此基础上定位适合的产品及合理的收费标准。

美容顾客的年龄、性格、文化水平、个人修养、审美观等不同,理性消费状态及对美容要求的偏重也会不同。美容院应因人而异,分析顾客的心理特点及需求,赢得顾客的认可与信任,为美容院创造经济效益。如需求性心理的顾客,消费时讲求实惠、实在,注重美容的实效,对整个美容过程都很在意,求稳且希望美容师操作细致而繁琐,认为操作时间长的效果好。在接待此类顾客时,美容师应耐心细致地介绍、讲解美容院的基本情况,真实客观地讲解院内的美容设施、技术水平、项目特色以及美容护肤产品的效果、服务费用、各项美容安全保障和便利顾客的实惠条件,不能急于让顾客接受服务,可向顾客提供具有一定说服力、美容效果非常成功的典型事例及资料,让顾客坚定作美容的决心,踏实安心地接受美容服务。

女性消费角色分析

15~25岁:多为婚前单身阶段,属"自我"阶段,生活充满阳光,一切都是美丽的。这一阶段多首选美容护理。

25~30岁:多为婚后阶段,美丽的容貌在一天天失色,需要在忙碌的婚姻生活中抽出时间来保养肌肤,以使美丽常驻。这一阶段多首选美白保湿。

25~35岁：多为生育后的女性，兼有母亲、妻子、儿媳多重角色，是女性一生中负重最大的时期。尤其产后女性，身心疲惫，处于人生中最薄弱的一环。这一阶段多首选美白祛斑。

30~55岁：由于工作、家庭生活压力不断加剧，身心疲惫，身体、容貌在一天天地改变，迫切需要重拾自我，身体、容貌肌肤保养非常重要。这一阶段多选美白祛斑以及身体保养、丰胸减肥等。

2. 产品与定价　根据顾客群的特点选择美容产品，产品定价既要考虑到终端消费，又要考虑到长期发展。定价时应考虑成本、市场、重复消费、同行业竞争对手及持续发展等因素，定价过高会失掉一部分低收入消费者，定价过低又有可能出现作茧自缚。

可进行分阶段定价，如早期消费者可给予适当优惠，根据顾客群的发展情况再适当调整项目定价，但应对前阶段顾客仍维持原价。根据美容院实际情况制订各种类型护肤价目，并网罗详细资料，如护理项目名称、疗程内容、材料类别、产品用量、护理时间等，使顾客安心消费，显现美容院的专业水准。

3. 服务流程　制订标准的服务流程，图2-2为某美容机构服务流程图。标准服

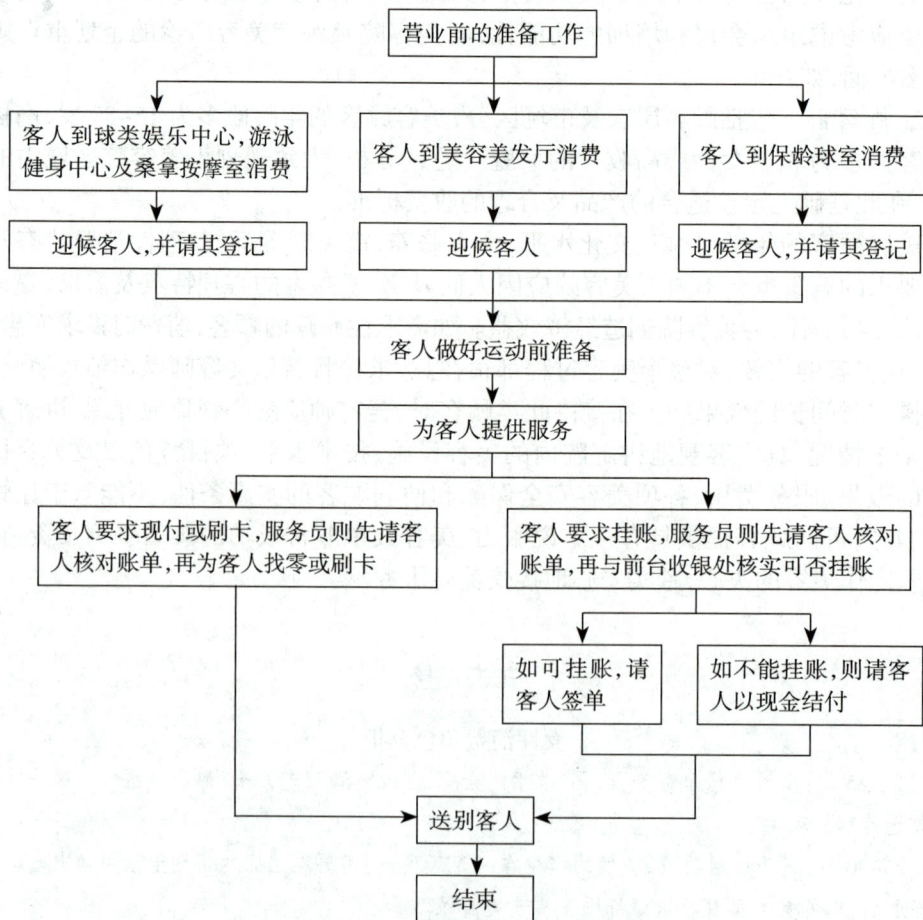

图 2-2　某综合美容机构服务流程图

务流程包括硬件和软件两方面,硬件即空间设计的配合,软件需多方面设想后方可确定。如在柜台和顾客沟通→说明方式和解答疑问→由美容顾问确定顾客问题及需要→换上护理服→选择合适产品→护理操作→顾客结账→售后服务。

4. 产品选择　美容院直接将美容产品服务于顾客,产品是美容院经营的基础,产品的好坏直接影响着美容院的生存。产品效果是首要因素,可通过既往经验和顾客反应来判断,以获得顾客的长期选择;重视美容院内产品销售,可通过产品销售来带动其他服务项目,避免经营上的老化现象。

每个美容院都有自己的特点,在选择美容产品时应根据自身特点定购,如以中医美容为主的美容院,应重视产品的中医美容疗效,而不能盲目模仿或追求洋品牌。同时,还应注意全国各地水土、气候、饮食习惯等差别较大,人群肌肤状况不同等因素。不同地域的美容院不能盲目选择同一产品为最佳产品,应因地制宜,通过细致观察与分析产品对不同类型肌肤的作用和疗效,有针对性地选择,不能人云亦云。如广东地区气候潮湿、气温高,加之饮食等原因,当地居民的肌肤毛孔粗大,油脂分泌旺盛,易生粉刺;而浙江一带,四季相对均衡,水质温和,居民的饮食清淡,肌肤相对细腻。这两地的美容院在产品选择上就应有所侧重,对产品原料及配制应有一定了解。在产品选择时还应考虑到群体的消费能力及习惯,根据消费群体水平定位选择,避免产品积压。

近年来,由于美容院使用不合格美容产品而导致顾客投诉事件不断增加,所以顾客越来越重视美容院产品的品牌。美容院经营者应严格考察美容化妆品企业的合法证件、手续、产品质量的相关证明等,在签订购货合约时,应注明因产品质量所导致的美容事故所需承担的责任,以保护美容院的利益,同时也保障了消费者的权益。要让顾客从美容院里得到满意的服务,就应选择最好、最适合顾客的美容产品。

5. 行销策略　做好行销工作,设法拉近与顾客的距离,充分利用顾客本身的人际关系。如安排免费的美容项目、美容讲座、产品演示及优惠活动回赠顾客等。行销时切忌急功近利,出现营销短视,成一单算一单,造成顾客回头率不高。如广告宣传仅以揽客为目的,造成广告资源浪费,不注重远期利益的积累。

6. 成本概念　经营时应有成本概念,核定开业成本,估算利润。开业成本包括房租、装潢、员工工资、设备、水电、消耗品、税收、管理费、卫生费、办证费及培训等。据统计,大多美容院的开支,基本用品占 14%,工资福利占 44%,其他如房租、水电、税收等占 24%,而剩下的 18% 才是经营者的纯利润。

为了进一步做好美容院的企划工作,开店前还应注意以下问题:经营什么、销售什么、产品和服务特性、每日的客流量、成交率、顾客的心理需求、顾客目标群(潜在顾客)、建立顾客资料库跟进服务和预约服务等。

(三) 企划策略

1. 亲身观摩　亲身体验市面上有影响力的,尤其与自身美容院的经营路线、定位相类似的美容机构。如装扮成顾客角色,亲身观摩其店面设计、经营气氛、收费标准、待客方法甚或体会美容师的操作过程等。通过亲身体验,找出自身存在的问题。如若雇佣的美容师太过年轻,会缺乏经验或技术水准;装潢、设备投资过多,会达不到预期效果等。根据这些经验,再进一步改进和完善自己的企划方案,调整或重新认定开店目的。

2. 确定稳固的客户群 在规划好顾客群后,才能选择合适的产品,制订合理的收费价位。如美容人口的年龄段大约为 15~55 岁,如果走高档美容路线,顾客群应提高到 24~55 岁的职业女性或高收入家庭。通常情况下,在确定、建立消费群体时,要处理好以下几方面的问题:

(1) 建立会员制:通过建立会员制以稳固消费群体,防止顾客外流,使资金回笼迅速。但因为会员打折幅度较大,所以利润较少。

(2) 开展短期促销和让利活动:短期促销和让利行为是美容院抓住顾客的主要手段之一。通过满意的工作态度、娴熟的美容技术、先进的设备及配套产品、舒适而优雅的环境和专业气氛,再配合让利促销,给顾客以真正实惠。也可抓住顾客心理,进行广泛宣传和传播,自然而然形成消费群体,获得事半功倍的效果。

(3) 运用积分制:积分制又称积点制,可刺激消费,尤其是团体消费。如 10 元(人民币)积为 1 分,当顾客累积到 100 分时,可奖某一价值百元的纪念品;累积消费达到 200 分时,可奖价值 300 元的纪念品;累积消费达到 300 分时,奖价值 500 元的精美纪念品;当累积消费达到 1 000 分以上时,奖价值 4 000 元的高级纪念品等。如果将奖品摆放在显而易见的地方,还可给顾客琳琅满目的感觉,使其产生想拥有的欲望,以刺激消费。运用积分制刺激消费的做法很简单,实际上只是一种数字管理。

(4) 普通顾客变固定会员:一般来说,顾客光临 3 次以上,只要沟通工作做好,80%可以成为会员。因为此时,顾客已经对美容院产生好感,对服务有了一定的认可。美容院应详细分析顾客收入类别,从顾客利益出发,推荐适合其本人的会员卡,使顾客甘愿接受,由普通顾客变成固定的消费会员。

(5) 真心换取顾客信任:确立"顾客至上"的理念,仔细观察、分析、思考,解决顾客的各种需求。一般来说,一旦赢得顾客信任,即使价格上浮 5%,顾客仍会满意接受,甚至接受推荐的其他服务项目。所以,顾客信任是美容院获得消费群体的源泉。

(6) 保持经常联系:与顾客保持经常联系能进一步稳定消费群体,如选择适当时机(如生日时)给顾客一个意外电话,或送生日卡、鲜花等,使顾客产生感动心理,逐步与其成为朋友。顾客还会因此带来更多消费者,为美容院带来新的消费群体。

总之,在顾客密集、竞争激烈、类型相同美容院共存的美容市场上,做好客户群规划十分必要。稳固的客户群是美容院获取利润、走向成功的第一步。

(四) 美容企业的结构元素

美容企业的两大结构元素包括硬件及软件两个方面。

1. 硬件

(1) 店址:店址周围的商圈环境,如店面的座向(位于街面的阳面还是阴面);所在区域的交通便利与否等。

(2) 装修:店面外观的装修特色、形象与风格;店内的装修特色、形象、风格与档次,店内各服务区域的设置与布局等。

(3) 装饰:店外招牌、门楣、橱窗广告、招贴画、饰物装饰;店内各区域的饰物内容与协调性等。

(4) 设备:店内各种生活性设备,如空调、音响等;专业性设备,如美容美体器械等是否齐全并符合周围商圈的消费需求。

(5) 服装:店内员工的工作服装是否干净整洁统一。

2. 软件

(1) 气氛:促销时应温馨浪漫,气氛活跃,给人以轻松愉悦亲切的感觉。

(2) 礼仪:员工接待顾客时应保持微笑、主动、大方、热情,语言专业、朴素,接待程序严谨且规范统一。

(3) 服务:服务项目有特色,内容丰富,能够体现专业品质特征。

(4) 专业:美容师或美体师的操作手法专业、娴熟、细致,可给顾客一种舒适、放松的感受。

二、美容市场调查

市场调查是美容企业,尤其是美容院开业前必须要做的一项工作,其结果直接关系到经营的成败。美容院开业前市场调查内容如图 2-3 所示。

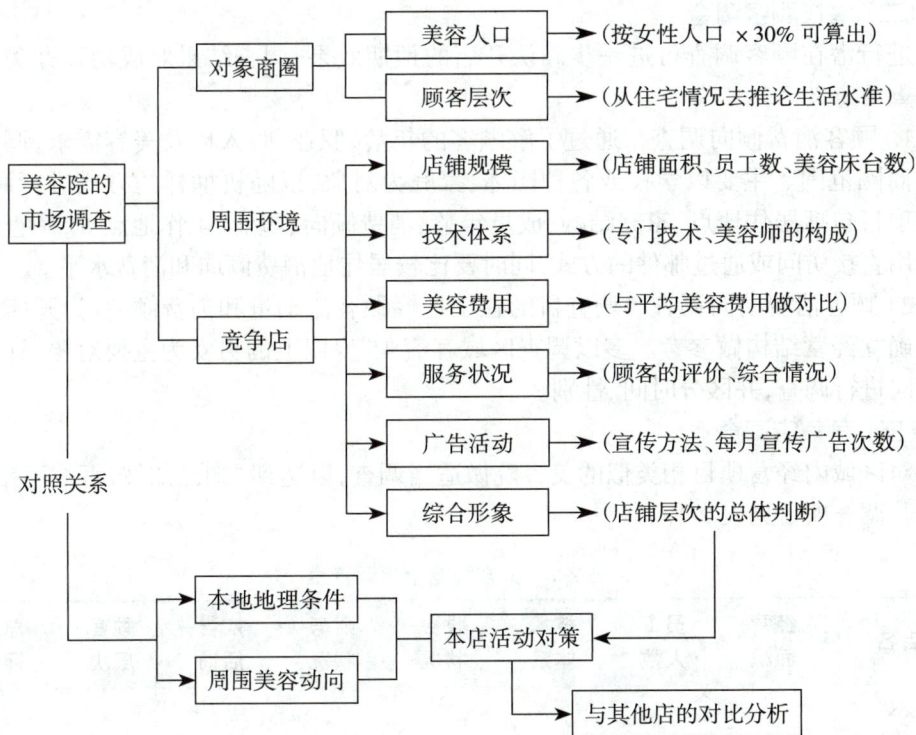

图 2-3 美容院开业前的简略市场调查图

(一) 商圈调查

商圈调查是指以店铺为中心,沿一定方向和距离发散,以吸引顾客的辐射范围。在核定美容院商圈时,要充分考虑到区域内居民的生活形态和结构、人口集中的程度和流动范围,详细分析影响商圈的各种因素,如地理条件与社会、经济、行政等因素相结合所产生的区域特性等。

商圈调查时可制作以本店为中心的商圈图,以本店为中心,分别以 200m、400m、600m、800m、1 000m 为半径在商圈图上画圆,标明根据人口统计推测的美容人口数,以女性人口的 30% 来计算,依据高层住宅区、一般住宅区、公寓密集区和其他区域类型推测顾客层次,标明竞争对手的所在位置,详细研究与本店的距离及与周围美容人口的关系等。

知识链接

商圈考察方法

考察商圈时,可以以拟建店为中心,半径500m画圈,此区域的顾客步行到店的时间为7~8分钟,该区域为主要考察对象,我们称之为基本商圈;以半径1 000m画圈,此区域的顾客步行到店的时间约为15分钟,该区域我们称之为次要商圈;以半径1 500m画圈,此区域的顾客步行到店的时间约为20分钟,该区域我们称之为边缘商圈。一般拟建店的顾客来源由居住人口、工作人口和流动人口组成,在基本商圈内的常住居民户数,反映了潜在顾客的规模。

(二)潜在顾客调查

进行潜在顾客调查可进一步确认开店的预期效果,调查结果对成功开办美容院有着重要意义。

1. 顾客消费倾向调查　通过了解顾客的年龄、职业、收入以及美容需求,调查可能的商圈范围。主要以学校或各种团体、家庭为对象,以随机抽样的方式进行调查,调查项目包括居住地点、家庭结构、成员年龄、消费倾向、职业、工作地点等,调查方法多采用直接访问或通过邮件的方式,同时要比较居住地消费倾向和消费水平。

2. 顾客消费动向调查　调查目的在于把握顾客流动量和消费倾向,为开店后进一步确立经营结构做参考。多以调查区域客流15岁以上的男女为主要对象,针对购物倾向进行调查,并区分时间、性别。

(三)竞争店调查

对区域内经营项目相类似的美容院做适当调查,以达到"知己知彼,百战不殆"的效果。调查项目见表2-1。

表2-1　美容院竞争店调查表

店名	经营面积	员工人数	技术体系	收费状况	财务状况	广告活动	顾客层次	总体评价
××								
××								
××								
××								
××								
××								
××								
本店								
对比结果								

1. 数量　利用电话簿，或亲自实地调查竞争店。
2. 规模　从外观上判断，或以客人身份实地调查竞争店。
3. 技术水平　以顾客身份亲身体验竞争店中美容员工的技术水平。
4. 费用　可利用电话咨询等方式获取竞争店中相关收费费用信息。
5. 服务状况　通过听取周围顾客的评价，结合综合情况进行评定。
6. 广告活动　以 3~6 个月发布的广告情况来推测竞争店的广告活动。
7. 顾客层次　可根据现有资金、当地条件、资金周转动向、店铺形象等判断顾客消费层次，了解竞争店的顾客情况。

三、店址选择

店址选择是能否成功经营美容院的重要因素，这好比钓鱼一样，即使再好的钓鱼高手，若在死海里垂钓，也将一无所获。选择店址时应注意以下几点：

1. 了解邻近社区　美容院的服务对象主要来自邻近的社区，应考虑居民的主要职业、社区内居民的年龄层次及生活方式、消费水平及业务活动等问题。

2. 分析竞争对手　同一个区域可存在很多竞争对手，经营者应全面了解竞争对手，系统分析对手的优点和弱点。若将竞争对手的"弱点"转化成自己的特色，其竞争实力将会大大增强。如分析本地区已有多少家美容院，美容服务市场饱和程度，有无市场空隙及是否拥有与其他美容院竞争的优势等。

3. 迎合周边店铺　美容院是为满足人们的高雅生活需求而设，应选择一些比较好的"芳邻"。如开设在时装店或有一定档次的影楼隔壁等，以迎合周边店铺。

4. 比较房租　地段好的店铺租金一般很高，应根据资金实力结合实地情况进行选择。如地段好的 A 地，年租金 10 万元，预计营业额 100 万元；地段差的 B 地，年租金 4 万元，预计营业额 50 万元，应慎重考虑 A、B 两地的选择。

5. 考察客流量　"酒香不怕巷子深"的经商哲学已越来越令人质疑，现实生活中，很少有人愿穿过长长的巷子去喝"香酒"。近年来，在市场经济下的商家都在力图取悦于顾客，消费几乎完全处于买方市场，因此，就算酒香，也要在"巷子口"卖。美容院也是一样，店址应选客流量大、生意繁华的地段。但应注意，选择的是"顾客"多的地方而不是"过客"多的地方。

6. 考察位置的便利性　据近些年多项美容院专业调查结果表明，美容院顾客来店的路径交通是否方便、周边停车是否便捷已成为顾客考虑的主要因素。

7. 预估未来的发展　店址的选择，不仅要观察现在的人口密度及本区域发展，更要展望未来人口增加及此区域的经济及总体发展规划。

8. 尽量回避与邻近店的项目竞争　拟建店尽管可以在经营管理、服务、销售上寻求差异化经营，但在选址上还是要尽量选择类型相同、项目接近的美容院周边地段，避免形成正面竞争。

四、整体形象设计

整体形象设计可以看做是美容院营销工具的一种，它通过视、听、嗅、味、触觉及情感等给顾客心理施加一定的压力，将对顾客来美容院消费的意图产生很大影响。如果说"美容技巧"和"顾客服务"是创造利润的软件，那么"店铺"和"设备"则是美容院的硬件。

(一) 店面装饰

1. 招牌　在设计招牌时要注意颜色搭配,多以深色为主,引人注目为目的。制作时应从安全角度出发,以易见为标准,按顾客视角来决定招牌的大小高低;店名、业种、商品、商标等文字内容要准确易记,店名应富有创造性;字形、图案、造型要符合店铺的经营内容和形象;字形、图案设计及色彩应符合时代潮流。美容院的招牌要想在琳琅满目的店铺中引起顾客的注意,必须以新颖的设计、简洁的风格、协调的色彩突出自己的形象和文化内涵。另外,在美容院招牌设计中,一定要体现出美容院的服务规模和主营特点,顾客在第一眼看上去就会对美容院有一个清晰的认识,如招牌中带有专业祛痘、养生、塑身、抗衰等字眼时,顾客正好有这方面的美容需求就会第一时间上门消费,因此对于突显美容项目的招牌来说,美容院的招牌就是引导顾客上门的"指南针"。总之,招牌是美容院的"脸面",也是突出经营文化的广告牌。

2. 风格　店内风格分为日式、古典、现代、欧式、泰式等。装饰时要突现店内文化和专业气氛,可适当点缀一些高档工艺品、名人字画等,以突出本美容院企业文化档次。装饰风格与其他美容院应有一定区别。如 SPA 会馆多采用东南亚风格的设计,东南亚设计的特点是禅意、舒适、自然和清新。在装修装饰的材料及配色方面比较接近自然,一般可采用一些原始材料进行加工,如手工工艺的原木、藤木等。此种设计讲求心灵的自然回归感,充分体现顾客所追求的一种安逸、舒适的环境氛围,能使顾客从走入美容院时开始,就感觉到自己真正地来到了大自然的怀抱,有一种悠闲、舒适的感觉,使顾客在美容的同时得到身心的放松。

3. 色调　美容院的色调由整体用色和局部用色组成,整体用色如墙壁、地板、窗帘的用色,局部用色则可以细分到床单、毛巾、仪器、灯光、配饰、美容师的工服或每一件美容工具等。店内色调应让顾客感到轻松、舒适、温馨,有一定的信赖感、安全感。如深色会令人不安、急躁,且容易产生情绪波动,因此店内色调多以浅、淡色为主。色彩又有冷暖色之分,如果设计中过多使用了冷色作主要装修色,会使顾客无法产生相应的舒适感,因此美容的装饰中多采用暖色,但如果暖色或明度过高的色彩应用得过多,同样会使顾客产生杂乱和不适感。店内灯光多采用各色节能灯、太阳灯,色调明亮,但数量不宜过多,且尽量体现出冬天明快,夏天温馨,春秋舒畅。店内美容仪器的色彩选择也影响着店内的色调,因此在后期引进仪器设备时,应注意仪器设备的色彩与整体色调协调一致。另外,色调的选择也会对顾客的消费产生影响,如使用瓷白色或粉红色色调的美容仪器时,给予顾客的消费信心是不同的。白色给人的感觉是干净的、纯洁的、实用的,因此白色也是医疗应用上的主色,在美容院中,当使用一款疗效性高的仪器时,如果仪器是瓷白色或银灰色时,顾客会感觉到这种仪器的专业性,产生信任感,但如果仪器是粉红色的,顾客则会对仪器的信心不足,在接受美容顾问设计的美容方案时就会怀有保留心态,从而最终对美容消费产生影响。

4. 情调定格　美容院装修的情调会向顾客传递一种理念和信息,让顾客在走入美容院时有一种认同的感同身受的情感。情调定位是在确定了主要的消费群体基础上,根据顾客需求而定的,并不是最奢华的装修才能体现美容院经营者的高情调,情调定格过于豪华会让人望而止步,过于简单会让人感到档次太低,要根据顾客需求进行选择,做到"恰到好处"。

5. 操作区　要宽松、干净、舒适、通风,如:音乐播放多用中等分贝,以优雅的古典名曲为宜;镜子明亮、干净;桌子、床铺精美、独特,色调统一等。

6. 卫生间　要和招牌一样精心设计,多以豪华为主。如内部经常换挂本店理念、热情服务等标语,或关于笑话、幽默的故事等。

7. 商品陈列柜　多以浅色、高档为主体,摆置高档、名牌商品可提高美容院档次。陈列柜内应经常更换商品,防止商品变质、失效,陈列的商品应最容易推销、外卖。

8. 收银台　要和店内整体设计相融合,以精、美、小为佳,背后可设计顾客寄存柜,台上可放置顾客档案、技术资料以及员工轮牌板等。

9. 毛巾　设计精美的毛巾摆架,可摆放 100% 全棉加厚毛巾,多以浅色为主,且应及时清洗和消毒。

案例分析

案例:2018 年,沈阳一家新开在高档写字楼和邻近商业区的美容院,从开业之初便吸引了很多年轻顾客。这家美容院采用现代简约的装修风格,店面选用金属色为主要色调,衬托出美容院的干净利落,具有大气、简洁的感觉。美容院为顾客预留出咖啡间并提供烘焙的西点,让年轻顾客在享受美容服务的同时,又多了一份闲适、悠闲的环境,更符合年轻人的消费习惯,也深受年轻顾客的青睐。

分析:年轻人的生活节奏快,更需要简单、舒适的空间和闲适的放松环境;现代人对生活品质的要求越来越高,在享受美容服务的同时又需要有彰显生活品位的细节服务,此美容院的咖啡间就迎合了这个特点,因此更符合年轻顾客聚集的写字楼、商业区附近美容院的设计特点。

(二) 美容气氛

"专业技术"和"顾客服务"是美容店盈利的根本,"店面形象""店内设计"和"人员素质"是招徕顾客的保证。气氛的好坏,直接影响顾客的消费心理,美容气氛的打造可参考以下几个方面:

1. 利用色彩变换营造氛围　美容院内部装饰色彩调配得当,可调动消费者和美容师的工作情绪,而色彩与心理也有着密切的关系,具体见表 2-2。

表 2-2　色彩与心理的关联

颜色	联想	印象	色彩物语
红	酷热、危险	热情、积极	爱情
黄红	温暖、秋天	强劲、阳刚	高兴
黄	太阳、光明	明朗、活力	健康
黄绿	嫩叶、春天	年轻、活泼	青春
绿	大自然、鲜艳	寂静、平安	和平
蓝绿	阴气、潮湿	阴暗、幽远	孤独
蓝	天空、水、透明	永远、理智	平静
紫	深远、高贵	威严、柔和	孤高
白	空间、光明	寒气、云彩	清纯
黑	宇宙、黑暗	空虚、哀伤	绝望

2. 利用光线变换营造氛围　除了利用装修和颜色制造美容氛围以外,灯光的作用也不容忽视。理想的美容院店面明亮,顾客在外面一眼便能看到店里。美容院可适时变换光线以营造新的美容气氛,调动顾客美容的欲望。美容院内的灯光布置是非常多的,主要是利用不同的灯光来营造不同的美容氛围。如美容室的灯光要求不必太亮,要与窗帘、家具、壁纸等协调整合,为顾客营造一种舒适、放松的氛围(图2-4)。另外,美容室在装修时一定要注意不能有直射到顾客脸上的灯光,让顾客产生不适感。而在梳妆台前的灯光,要求是一定要明亮清晰,有很好的照明效果,以利于顾客在做完美容护理后进行对照并整理着装,但在清晰的基础上要加入黄色灯光,使顾客的面色看起来更红润健康。大厅里的灯光在设计时要力求明亮大气,既豪华又不失优雅。浴室的灯则要注重细节打造,让顾客在轻松沐浴的同时享受一份惬意与尊贵(图2-5)。

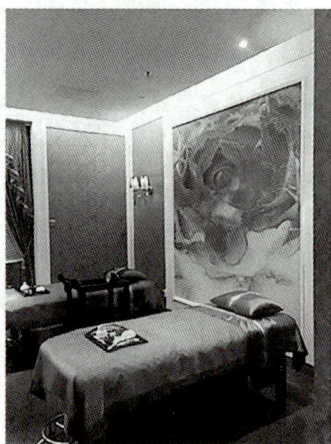

图2-4　美容室的灯光布置　　　　　图2-5　浴室的灯光布置

3. 利用嗅觉气味营造氛围　芳香气味可起到放松的作用,还可增加顾客的新鲜感,调动顾客和员工情绪。美容院多采用香薰精油来营造气氛,香薰可以净化空气、促进新陈代谢、舒缓精神压力、减少疲劳感,但也应恰到好处地使用香薰,精油多以薰衣草、玫瑰、甜橙为主。

4. 着眼细节打造　细节打造也可给顾客留下深刻的印象,如:洗手间的水龙头用感应式的;在优雅舒缓、轻松柔和、悠扬的乐曲中介绍有关新产品的信息;店堂摆放各种促销产品来吸引顾客;墙壁四周悬挂专业图谱及各项制度;镜子前摆设精巧的装饰台,增加光彩,但镜子的摆设不宜过多;屏风和隔断之间摆设活动的装饰画框,图片不断变换,增加新颖之感,再配以灯光、个性化妆品及现代感的流行线条加以点缀;天花板上设计美观的灯箱来宣传美容知识;卫生间的门向里开,地面使用防滑垫,在镶贴瓷砖的墙壁上悬挂笑话或漫画等(图2-6、图2-7)。

总之,只有工作场地设计完善,整体布局与各项器材、人员的密切配合,才能使各部门充分发挥其特长,顾客得到满意服务。好的美容气氛是留住顾客的重要条件,经营者要多在"点"上下工夫,少在"面"上讲排场。

图 2-6　美容院细节装饰（一）

图 2-7　美容院细节装饰（二）

第二节　美容企业战略管理

　　作为第三产业链中的终端服务机构,美容院是专业美容化妆品的终端消费途径,美容企业如何经营才能"盈利"或"持久盈利"呢? 一般来说,缺乏服务力及销售力是影响美容企业成功经营的主要原因。

一、企业战略管理的概述

(一)企业战略管理的定义

　　企业战略是指企业在市场经济、竞争激烈的环境中,在总结历史经验、调查现状、预测未来的基础上,为谋求生存和发展而做出的长远性、全局性的谋划或方案。战略管理是企业高层管理人员为了企业长期的生存、继续和发展,在充分分析企业外部环境和内部条件的基础上,确定和选择达到目标的有效战略,并将战略付诸实施和对战略实施的过程进行控制和评价的一个动态管理过程。

(二)企业实施战略管理的必要性

　　1. 战略管理对企业成功的影响　企业成功的必要条件是要有认识机会的能力、明确的目标和必要的灵活性,才可能在出现机会时充分把握机会并取得成功。

　　2. 战略管理对企业发展的作用　首先,对决策的支持作用,战略是企业的成功要素。一个企业要做多方面的决策,明确的战略可以简化决策。其次,企业的战略还可以作为合作和交流的工具,为整个组织确定一个共同的努力方向。

(三)企业战略管理的特征

　　1. 全局性　企业的战略管理是以企业的全局为对象,强调的是企业的优化,追求的是企业的整体效果。

　　2. 系统性　运用系统的观点进行企业管理,需要考虑企业作为一个系统,必然与外界进行长期、广泛的资源及信息等的交换,从而使系统与外界保持一致。

　　3. 权威性　企业的高层领导者介入战略决策是非常重要的。企业的领导者有能力统观企业全局,了解企业的全面情况,更重要的是他们具有对战略实施所需资源进行分配的权力,因此企业战略管理具有权威性。

4. 协作性　企业战略管理关系到企业的生产、经营、投资、理财、营销、财务等所有活动,因此它不是由某个部门或某个人单独进行操作就能够完成的,需要各个部门的密切配合、充分协作才能顺利进行。

5. 长期性　战略的组织着眼点是企业的长远发展和长远利益。

(四) 企业战略的构成要素与层次

1. 企业战略的构成要素　企业的战略构成由四个要素组成:

(1) 经营范围:经营范围是企业从事生产和经营活动的领域,经营范围反映出企业目前与其外部环境相互作用的程度,同时也反映出企业计划与外部环境发生作用的要求。

(2) 资源配置:资源配置是指企业资源和技能配置的水平和模式,是企业的特殊能力。企业资源是企业生产经营活动的重要支持点。企业只有以其他企业不能模仿的方式,取得、运用适当的资源,形成自己独特的技能,才能更好地开展生产经营活动,如果企业资源处于不利境况时,经营范围便会受到限制。

(3) 竞争优势:竞争优势是企业通过其特有的资源配置模式与经营范围的决策,在市场上形成的与其竞争对手完全不同的竞争地位。

(4) 协同作用:协同作用是企业从自有的资源配置和经营范围决策中寻求到的各种共同努力的效果。协同作用可以分为四类:第一,投资的协同作用,企业内部各经营单位联合利用企业的设备、共同的原材料储备、共同研究开发的新产品,资源共享企业专用的工具和专有的技术。第二,作业的协同作用,充分利用自有的人员和设备,共享由经验曲线取得的优势。第三,销售的协同作用,企业生产的产品使用共同的分销等销售渠道、销售机构及手段。以上这三种协同作用,是发生在生产经营活动过程中的三个阶段。第四,管理的协同作用,是从质的把控上的协同作用,是最为重要的。

2. 企业战略的层次　企业目标分为多个层次,是由总体目标、各层次目标、各经营项目目标等共同组成完整的目标体系。企业的战略不仅要明确企业整体目标及实现这些目标的方法,而且还要说明企业内部每一个层次、每一类业务的目标及其实现方法。因此,企业总部制定的是总体战略,分公司制定的是经营单位战略,各个部门制定的是职能性战略。

(1) 总体战略:在大中型企业中,特别是多种经营企业中,它是最高层次的战略。总体战略的内容包括:从公司的经营发展方向到公司各种经营单位之间的协调,从有形资源的利用到整个公司价值观念、企业文化的建立。

(2) 经营单位战略:是在企业总体战略的前提下,指导和管理具体经营单位的计划和行动,为整体的战略目标服务。经营单位战略,主要是针对不断变化的外部环境,通过制定的战略方法在各自的经营领域里达到有效竞争。经营单位要有效地控制资源的分配和使用,协调各职能层的战略。

(3) 职能部门战略:是企业内主要职能部门短期的战略计划,通过制定战略,使职能部门的管理人员可以更加清晰地认识到本职能部门在实施企业总体战略中的责任和要求,有效地运用生产、营销、财务、人力资源、研究开发等方面的经营职能,保证最终实现企业的总体目标。

(五) 企业战略管理的过程

一个规范性的、全面的战略管理过程可大体分解为三个阶段,即战略分析阶段、战略选择及评价阶段,以及战略实施及控制阶段。

1. 战略分析　对企业的战略环境进行分析、评价,并预测这些环境未来发展的趋势,以及这些趋势可能对企业造成的影响和影响方向。战略环境分析包括企业外部环境分析和企业内部环境分析两部分。

企业外部环境一般包括政治因素、经济因素、技术因素、社会因素以及企业所处行业中的竞争状况。企业的外部环境分析可以适时地发现有利于企业发展的机会、对企业来说所存在的威胁,以便在制定和选择战略时能够利用外部条件所提供的机会而避开对企业的威胁因素。

企业的内部环境即企业本身所具备的条件,包括生产经营活动的各个方面,如生产、技术、市场营销、财务、研究与开发、员工情况、管理能力等。企业的内部环境分析是为了发现企业所具备的优势或弱点,以便在制定和实施战略时能扬长避短、发挥优势,有效地利用企业自身的各种资源。

2. 战略选择及评价　战略选择及评价是战略决策过程中对战略进行探索、制定以及选择。一个跨行业经营的企业,其战略选择应当解决以下两个基本的战略问题:一是企业的经营范围或战略经营领域,即规定企业从事生产经营活动的行业,明确企业的性质和所从事的事业,确定企业以什么样的产品或服务来满足哪一类顾客的需求。二是企业在某一特定经营领域的竞争优势,即要确定企业提供的产品或服务,要在什么基础上取得超过竞争对手的优势。

3. 战略实施及控制　企业的战略方案确定后,必须通过具体化的实际行动,才能实现战略及战略目标。一般来说可在三个方面来推进一个战略的实施:

首先,制定职能策略,如生产策略、研究与开发策略、市场营销策略、财务策略等。在这些职能策略中要能够体现出策略推出步骤、采取的措施、项目以及大体的时间安排等;其次,是对企业的组织机构进行构建,以使构造出的机构能够适应所采取的战略,为战略实施提供一个有利的环境;最后,是要使领导者的素质及能力与所执行的战略相匹配,即挑选合适的企业高层管理者来贯彻既定的战略方案。在战略的具体化和实施过程中,为了使实施进行控制,就是说将经过信息反馈回来的实际成效与预定的战略目标进行比较,如两者有显著偏差,就应当采取有效措施进行纠正。当由于原来分析不周、判断有误,或是环境发生了预想不到的变化而引起偏差时,甚至可能会重新审视环境,制定新的战略方案,进行新一轮的战略管理过程。

二、美容企业战略管理

近年来,关于企业战略管理的研究和运用已逐渐成为热点,对于日趋规范化发展的美容企业来说,亦尤为重要。战略决策思维的引入,使美容企业的经营管理能站在长远和全局的角度去思考问题,而非习惯上的"头痛医头,脚痛医脚"的片段式思维。战略在美容企业经营管理中具有重要的地位和作用,对美容企业整体发展具有方向性指引。

美容企业战略是指美容企业在一定历史时期内制定的全局性经营活动的理念、目标以及总体部署和规划,包括创立、发展等各个环节的人、财、物的策划。战略在美容企业经营中的主要作用体现在:①提高美容企业发展和参与市场竞争的自觉性;②使美容企业决策层能保持一个明确的发展方向;③能对具体的策略、计划进行指导、评估和监控。

（一）品牌战略

品牌战略是美容企业为了提高产品和服务的竞争力而展开的形象塑造活动。品牌战略的直接目标是创立和发展名牌，开展品牌战略不仅有利于美容企业的生存和发展，而且是一种全局性的谋划方略。

1. 品牌战略是营销核心　品牌战略能培养顾客的高忠诚度，获得最佳认知度、美誉度及和谐度，使美容企业长远价值最大化。可见，品牌战略是美容企业营销的核心。

2. 品牌是可持续发展的根基　品牌浓缩了美容企业的文化观、价值观及发展方向，通过品牌战略的实施激发美容企业内在活力，保持创新精神。应该说，品牌战略是美容企业发展的动力源泉。

3. 品牌是取得竞争优势的有效武器　借助品牌和资本纽带，可实现美容企业规模快速扩大，并为开展特许经营奠定基础。

（二）行销战略

"知己知彼，百战不殆"，美容企业要想从有限的市场中脱颖而出，要靠行销战略的运用。目前，国内业者对于行销观念仍停留在价格导向阶段，多以"打折"或"降价"的方式吸引顾客，达到提高业绩的目的。事实上，行销观念并非全指"降价"促销，其他如"商品力""销售活动""卖场设计""商品陈列"等都属于行销观念。因此，行销是整体性战略，缺一不可。

在运用行销战略时，应衡量自己的实力主动出击。当美容企业实力稍弱，资金不足或面积较小时，其有利的战略就是缩小商圈，锁定特定的顾客层及主要服务项目，集中火力加以促销；当美容企业资金充足、实力较强时，则应扩大商圈或服务，以击垮竞争店。另外，美容企业还应制定有效策略，主动迎击其他竞争店，以争取第一为目的，譬如服务第一、品质第一、技术第一……不能让对手有机可乘。单店的美容院想要有突破性的发展可以参考"行销五部曲"。第一步：提升产品和项目销量，完成绩效考核；第二步：降低产品和服务成本，固定盈利模式；第三步：与相应的机构形成外联，建立拓客系统；第四步：院内外多方融资，实施分店过渡；第五步：争做当地美容行业第一，形成局部连锁。

（三）美容企业战略管理的意义

美容企业战略管理是运用现代战略管理的思维和理念，从美容企业创建到发展规划（形成和制定）以及战略实施（评价和控制）的过程，使美容企业的目标得以实现。

1. 激发美容师的工作动力　美容师不稳定一直是美容企业经营者头疼的问题，美容师不仅是为当前的报酬工作，更看重的是自己的归属和职业生涯的发展远景。美容企业应通过对未来蓝图的勾勒，让员工明确：美容企业的发展会直接给美容师带来更多福利；只要努力提高就有可能参加竞争上岗；普通美容师的职业生涯发展可走专业路线，成为高级美容师或开展尖端美容技术，甚或晋升店长等高级管理岗位等，勾勒蓝图以激发美容师的理想和奋斗方向。

2. 稳定节奏和方向　促进美容企业发展时间和空间的统一，避免迅速扩张带来经营风险，或盲目投资和多元化造成经营隐患，最大限度控制美容企业战略上的随意性。增加美容企业的整体自觉性，认清自身的优劣、机会和威胁，进一步明确在当前的发展阶段,哪些事情该做,哪些事情不该做。所谓"知己知彼,百战不殆",保持高度自觉性,稳健守业,开创进取,稳定节奏和发展方向以促进可持续发展。

3. 寻找新利润增长点　通过战略规划,有利于美容企业认清内、外环境以及周围市场情况,在条件成熟的基础上,利用自身优势进行产业前后一体化发展。例如:某美容院在发展到一定规模后,积累了大量资本和资源,经营者想拓展业务,但怕盲目投资带来风险,后来经管理咨询公司做适当的战略规划,选择了美容产品制造,最终成为产品制造—销售一体化的美容企业,并在此基础上又依托过去积累的美容企业终端市场,进一步拓展了企业的产品市场,这种前店后厂模式取得了巨大成功。

4. 整合资源　通过资源整合,促进连锁美容企业内部合作,各分店统一步伐,使资源利用最大化并提升了竞争力。例如:某知名美容院,通过战略规划,5 年时间从最初的 5 家联营店发展到涵盖美容培训、品牌推广、化妆品销售、美容杂志等的综合型美容企业,盈利模式和利润构成也由最初单靠美容企业经营收入,发展到品牌连锁加盟利润、美容培训利润、日化线和产品销售利润、门店经营利润、杂志广告利润等局面,最终实现了跨越式的发展战略。

三、美容企业连锁经营战略

连锁经营是指经营同类服务产品的企业,在总部管理下,按照统一经营方式进行共同的经营活动,以求得规模优势,共享规模效益的经营形式和组织形态。企业连锁经营起源于美国,从诞生至今已有 100 多年的历史。自 20 世纪末,这一颇具发展前景的经营方式,已被不少国家广泛应用于工业企业和各种服务行业。在连锁的几种形式中,尤以特许加盟最具魅力,至今已成为各国普遍认可和广泛采用的新商业经营模式。连锁经营是美容行业发展的必然趋势,调查显示,国内连锁美容企业 90% 以上都开办成功。如果说单店美容企业在实际市场运作过程中以品质和服务取胜,那么连锁美容企业则以专业品质和规模取胜,两者可以说有天壤之别。

(一) 连锁经营美容企业的特点

通常连锁经营的美容企业都具有"十统一":即统一的商号、服务标准、装饰服饰、销售模式、管理平台、广告宣传、采购平台、价格、仓储物流和售后服务。连锁经营的美容企业具有以下特点:

1. 提供完整的专业训练　包括优良的师资与科学式的教学。对每一阶层员工都制订详细的培训内容和计划,无论实际操作与理论都能相互运用,使员工在工作中充分展现其优质服务。

2. 提供完整的管理手册　员工录用与晋升管理、行政管理、营销管理及财务管理等均电算化及表格化,建立员工对美容企业的向心力,减少人员流动性,提高人员产值,稳定客户群。良好的制度,优质的管理,使员工有序可循。

3. 提供优质系列产品群　美容产品生产领域和研究领域的不断扩大和深入,美容技术的不断提高,确保了优质产品的系列化和产品提取的天然化,更大程度地满足了顾客的美容需求。

4. 提供互助的人力资源　讲师、专员、技术指导定期协助加盟店,提升其员工专业素质和整体业绩,定期对加盟店员工进行再教育训练。

5. 提供互惠的加盟权利　对连锁美容机构提供免加盟权利金制度、规划完整的区域保障制度和合理完善的产品回馈制度等。

6. 提供整体行销计划　配合海报、快讯商品广告(DM)、广告等行销方式,协助各加盟店举办各种促销活动,如:开业促销、节日促销、周年庆促销、新产品促销、业绩提升促销及会员促销等。

(二) 连锁经营美容企业的类型

美容企业连锁经营分为三种类型:正规直营连锁、特许加盟连锁、自由加盟连锁。

1. 正规直营连锁　美容企业直营连锁由总部直接寻店、购店(租店),统一装潢并雇佣员工经营,直属总公司管理。其特点如下:

(1) 统一化管理:实行统一调动资金,统一经营战略,统一管理人事、采购、计划、广告等业务,统一开发和运用整体性事业,以大规模资本同金融界、生产部门打交道。在培养人才、使用人才,新产品技术开发推广、信息和管理现代化等方面,充分发挥连锁规模优势。

(2) 功能集中化:美容企业依靠功能集中化提供经济优势,利用总部统一,集中大批量进货,开发稳定供货渠道并获得折扣,达到减少管理费用、降低经营成本,以较低价格出售商品的目的。

(3) 指导并援助员工:各个美容零售连锁店的工作人员,虽然人数少,能力不强,但在总部的直接指导和援助下,仍然可达到预期效果。

2. 特许加盟连锁　特许加盟连锁美容企业由总部和经营者合作推广,总部指导各项经营技术,收取一定比例的权利金额及指导费。但要求特许加盟美容企业在经营时应掌握以下基本原则:

(1) 互惠互利:特许加盟经营美容企业必须以双方获利为基础,单方有利或双方权利义务关系失衡将导致加盟体系瓦解。

(2) 规范化管理:美容企业特许加盟体系要求加盟店的经营管理模式与特许人的相同,产品和质量标准也必须统一。

(3) 开放市场环境:美容企业特许加盟经营应建立开放的市场环境,冲破行业、部门、区域及所有制的限制。

(4) 循序渐进:美容企业特许加盟经营的发展需要一个过程,任何企业刚开始都不可能达到盈亏平衡,短期内收回成本是不可能的。

3. 自由加盟连锁　自由加盟连锁美容企业与总部地位平等,双方以互惠的方式追求共同繁荣,有着极大的自由空间,自己管理门店。各连锁公司的美容企业均为独立法人,各自的资产所有权关系不变,各成员使用共同的店名,与公司订立采购、促销、宣传等方面的合同,按合同开展经营活动,各成员可自由退出。

连锁美容企业可以在大品牌效应下推广业务,享受规模利润,产品的固定消费者会使新加盟店迅速稳定基础,发展壮大。连锁美容机构能从信息价格、售后服务、广告推广、产品销售形象展示及客户网络发展等给予支持,引来稳固客源,使加盟店的经营风险降到最低。各加盟店无需再顾虑瞬息万变的美容市场环境,成为由人才流、顾客流、资金流、物流、技术流、信息流等编织起来庞大网络中的一分子,以获得最大回报,分享网络中的各种资源,不必再担心创业、管理、没有产品、没有顾客及稳定顾客等问题。

（三）连锁经营美容企业的策略

1. **目标市场定位** 市场定位是连锁美容企业设计经营战略和策略的根本,只有目标市场定位后才能确定竞争优势及市场竞争的突破口,制订经营战略,制定产品、价格、渠道、促销的营销组合策略。如何运用商品经营和营销策略,将商品和服务定位于特定消费者是连锁美容企业市场定位要解决的根本问题。目标市场定位必须建立在对客观市场机会和主观能力结合评估的基础上,否则将影响连锁店下属的所有分店。

连锁美容店的目标市场定位可分三种类型:无差异型、差异型和集中型,三种类型的市场定位各有优势,适合于不同特点的连锁店。

(1) 无差异型定位:不考虑细分市场的区别,而是推出一种产品来追求整个美容市场。其优越性在于成本的经济性,即能降低存货、运输、广告、调研等方面的成本。但是,当美容行业中有多家连锁美容企业,或其他相关行业也采用该定位时,就会使细分市场内竞争加剧,各连锁店的利润急剧减少。

随着营销观念的更新和市场竞争的加剧,越来越多的美容连锁店把目标市场定位在一个或几个细分市场上。无差异方式只适用于提供的产品或服务具有同质性的连锁美容企业。

(2) 差异型定位:同时服务于几个不同类型的美容细分市场,或根据每个美容店所处区域内的消费对象确定服务内容和服务政策,比采用无差异方式创造出更大的销售额,具有市场适应和变化上的灵活性。

连锁经营由于美容企业分店较多,各地美容市场状况存在差异,所以因地制宜,选择不同的目标市场,有利于发挥美容连锁经营的规模优势,各美容分店最终可形成合力攻占整个美容市场。但是,差异型定位会增加连锁美容店的经营成本,在制订不同的、互不冲突的服务内容和服务政策上也存在较大难度。

(3) 集中型定位:只选择一个细分市场,给连锁美容店提供产品专一化,营销组合是特定的,经营成本和管理难度较低,只要细分市场恰当就能获得较高的投资回报,但此类型要慎重选择美容细分市场,防止经营风险,原因在于连锁美容店将产品或服务只提供给一个极小的市场,犹如"将全部鸡蛋都放在一只篮子里",一旦该目标市场的购买量发生突然变化,便将面临危机。

上述三种目标市场定位各有利弊,究竟选择哪种类型的市场定位,要结合连锁美容企业资源情况、产品特点和市场状况确定。如果实力强、资源雄厚,产品同质化,顾客的消费倾向大致相同,竞争者较少,应采用无差异型;反之,应采用差异型或集中型。一般在美容企业组建和规模发展初期,应选择集中型,当进入到美容企业规模发展较快阶段,可选差异型定位,此时随着规模扩大、市场占有率提高和经营运作的成熟,定位有差别的服务内容与政策难度会降低,连锁店就会有较强的实力向其他美容细分市场拓展。

2. **流程简单化** 经营过程中将连锁美容企业作业流程尽可能"化繁为简",减少经验因素对经营的影响。连锁美容系统整体庞大而复杂,必须将财务、货源供求、物流、信息管理等各个子系统简明化,去掉不必要的环节和内容,制订出简明扼要的操作手册,员工按手册操作,各司其职,各尽其责,使"人人会做"及"人人能做",从而提高效率。

3. **分工专业化** 将美容连锁经营的所有工作尽可能细分专业,在美容产品方面突出差异化。既表现在总部与各美容加盟店和配送中心的专业分工,也表现在各个环节和岗位上,使得采购、销售、送货、仓储、产品陈列、橱窗装潢、财务、促销、公共关系、经营决策等各个领域都有专人负责。

(1)采购:聘用或培训专业采购人员,能比较熟悉供应商的情况,能选择优质价廉、服务好的供应商;了解所采购商品的特点,有很强的采购议价能力。

(2)库存:由专业人员负责库存,能合理分配仓库面积,有效控制仓储条件,如:温度、湿度等。在操作软硬件设备时,能按照"先进先出"的原则进行收货发货,防止产品库存过久变质,减少库存时间。

(3)收银:经过培训的收银员,操作迅速,能根据商品价格和购买数量完成结算,减少顾客等待时间。

(4)商品陈列:由经过培训的理货员陈列产品,能利用产品特点与货架位置进行布置,及时调整产品位置,防止缺货或产品积压过久。

(5)店铺经理:负责美容企业每天营业的正常维持,把握营业情况,监督管理各类专业人员,处理美容企业内的突发事件。

(6)公关法律事务:聘用公关专家,以公众认可的方式与媒体及大众建立良好关系,树立优秀美容企业形象,通过专职律师处理合同、诉讼等法律事务,确保美容企业经营合法。

美容连锁经营成功与否,关键在于总部核心力是不是很强,能不能产生向心力,如品牌拉力、营销拉力、管理规范力、产品资源拉力、价格政策推力、广告拉力等,而这些也正是各美容分店愿意加入的根本所在。只有总部具有品牌优势,才可能促使各美容连锁店按统一要求,自行装修店面;只有总部具有一定产品资源优势,各美容连锁店才能心甘情愿接受总部统一配货;只有总部提供强大营销支持,才能保证促销的统一性;只有一定的价格奖罚,才能保证美容连锁店不窜货或批发,而积极推荐、上报报表,严格执行价格政策。

4. 经营管理战略 当连锁美容企业锁定目标市场后,就必须制订相应的经营战略,开拓目标市场。观念普及是战略实施的基础,美容连锁经营的战略观念包括顾客满意战略、商业化、规模经营、标准化和专业化。

(1)顾客满意战略:顾客满意战略从顾客的角度出发,"顾客第一"和"顾客至上"理念贯穿美容连锁经营从产品采购到销售的全过程。顾客价值不在于一次购买的金额,而在于一生中所能带来的总额,其中包括了口碑效应。顾客价值的计算方法:先用某位顾客购买总额除以交易频率,得到顾客平均购买价值;然后估计顾客10年或终生的购买次数,计算总购买量;再加上该顾客的口碑效应,即经该顾客宣传后有几个人(N)成为店内顾客;最后用顾客个人购买量乘以 N+1,所得结果,就是该顾客的价值。

留住一个顾客会产生乘数效应,而失掉一个顾客则会产生很大损失。顾客满意与利润存在着线性因果关系,忠诚顾客与美容企业利润存在正向相关关系。要获取顾客满意价值,应做到以下几点:

1)走进客户内心探求客户期望:要站在顾客立场上看问题,消除美容企业与顾客之间的信息不对称性,使用最直接深入顾客内心的方法找出顾客对美容企业、产品及员工的期望。有效探求主要依靠三个方面:焦点放在顾客身上;找出顾客和美容企业对服务定义的差异;利用重质胜于重量的研究方法,找出顾客真正的期望。

但应注意,找出顾客对服务的期望远比找出其需求困难得多,原因在于服务很难标准化,顾客对服务的判断会因为服务者和本人参与程度而产生偏差。然而,这种探求所带来的收获,却是实质性的业绩和利润。

2) 重视"关键时刻":顾客光顾美容企业时的一瞬间就是"关键时刻"。虽然经过短暂的接触,但顾客对服务质量,甚至对产品质量也已有所了解。"关键时刻"存在于任何与顾客打交道的时候,美容企业文化、美容企业形象、美容企业信誉就在这许许多多的"关键时刻"中形成。

把美容企业与顾客的认知缺陷找出来,让员工清楚地了解顾客认知与实际情况的落差,以便找出服务盲点。员工要具备良好的职业道德素质,以适应不同层次的服务需求,为顾客营造良好的服务环境。

(2) 商业化标准:美容连锁经营战略要以商业为主导,完全按市场规则来运作。包括连锁美容企业内部权、责、利必须明确;遵守市场运作规律,讲求实用和效率;一切跟着市场走;追求利润,努力扩大销售,降低成本。达到美容企业规模经营的手段是多地区、多分店方式,通过不断扩张来实现一定的规模,以求降低经营成本,增强连锁美容企业自身实力,而在竞争中处于优势。

(3) 标准化及专业化:美容连锁标准化经营是美容企业适应市场需要的新形式。随着美容市场竞争的加剧,顾客需求多元化,从对产品的认可转移到对美容企业的认可,标准化经营对树立形象,赢得更多顾客尤为重要。

美容连锁经营的各个环节,要根据不同的生产经营过程分成各个业务部门,所有的活动都有详细而具体的分工,以保证连锁经营的顺利运作。

案例分析

案例:大连某美容院一段时间以来订单减少,收益持续下滑,经过几次更改服务项目及更换产品都无改观。2017 年年末,美容院院长经过多方面分析决定加盟国内一家连锁经营的知名养生美容机构,美容院重新装修了店面,美容师的美容手法进行了统一培训,促销活动由总部统一策划,经过一系列调整,2018 年美容院重新运作一年后,美容院的顾客量开始增加,一部分流失的老顾客渐渐回归,收益也有了大幅上升。

分析:此案例属典型的连锁美容院的经营案例,连锁美容院具有统一化管理:实行统一调动资金,统一经营战略,统一管理人事、采购、计划、广告等业务。通过总部定期对加盟店员工进行的再教育训练,提升了连锁企业员工专业素质和技能水平,使美容机构的员工操作更加规范化,在美容的市场竞争中更有优势,最终促进美容院的良性发展。

课堂互动

各种类型的美容院开办现在层出不穷,请同学们针对如何成功地开办美容院进行讨论。

(周晓宏)

扫一扫
测一测

复习思考题

1. 美容企业开业前如何进行市场调查？
2. 企业实施战略管理的必要性有哪些？
3. 企业战略管理的过程有哪些？
4. 美容企业战略管理的意义是什么？
5. 美容企业连锁经营的特点有哪些？

美容企业市场营销

学习要点

市场三要素;市场营销的核心概念;市场营销环境;目标市场营销战略;美容产品价格及定价技巧与策略;美容业分销渠道与策略;美容产品促销组合、广告策略及销售促进策略。

第一节 市场营销概述

一、市场营销的含义

(一) 市场与美容市场

市场是商品经济的范畴,哪里有社会分工和商品生产,哪里就有市场。美容市场是美容企业从事美容营销活动的出发点,正确理解美容市场的含义是美容企业正确制定营销策略的前提。特别是近年来中国化妆品市场呈现高速增长态势,对比国内外人均消费及新生代消费预算,未来中国美妆市场存在巨大增长空间。只有更好地了解美容市场,才能为更好地满足美容消费者的需求奠定基础。

1. 市场的含义 营销学中市场的内涵是某种商品所有实际和潜在购买者的需求总和。在营销学的范畴,"市场"往往等同于需求。例如"微整形的市场很大",并不是指微整形的交易场所很大,而是指人们对微整形的需求很大。

2. 市场的三要素 即顾客、购买欲望和购买力,三者缺一不可,在共同作用下才能形成市场。顾客:直接决定着市场的大小;购买欲望:人对某种商品有了欲望和需求才有可能促成购买和消费;购买力:如果只有欲望,但没有购买能力,也不可能形成交换,无法促成消费和购买。

$$市场 = 顾客 + 购买欲望 + 购买力$$

3. 消费者市场的特征

(1) 市场广阔,购买人数多而分散:根据世界银行人口数量预测最新数据显示,在2018 年世界人口排名中,中国人口数量为 14.09 亿,依然是世界上人口最多的国家。截至 2016 年城镇人口比重达到 57.4%。10 年间,我国城镇人口增加了 1.87 亿人。

(2) 需求差异性大:不同的消费者因其所处的时代、生活习惯、性格特点、宗教信仰、年龄、性别等的不同,呈现出来的需求差异性也有所不同。例如,目前我国的化妆品消费群体已经逐渐被 80 后、90 后所代替,这个年龄层次的消费者消费意识更加前卫,对时尚的追求更加强烈。同时,在经济条件提高的同时,追求更高品质、安全以及可靠的化妆品也成为了主流旋律,进口化妆品、富有科技含量的院线产品受到了越来越多消费者的青睐。

（3）需求层次有差别:马斯洛需求层次理论由美国心理学家亚伯拉罕·马斯洛在《人类激励理论》论文（1943 年）中所提出。书中将人类需求像阶梯一样从低到高按层次分为五种,分别是:生理需求、安全需求、社交需求、尊重需求和自我实现需求（图 3-1）。每一个需求层次上的消费者对产品的要求都不一样,即不同的产品满足不同的需求层次。

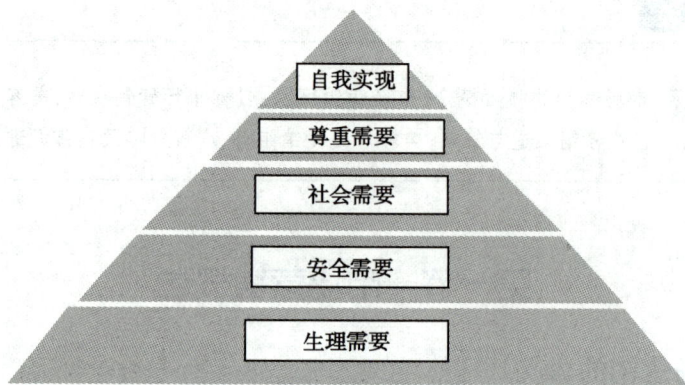

图 3-1　马斯洛需求层次论示意图

根据五个需求层次,可以划分出五种消费者市场:

1）生理需求:满足最低需求层次的市场,消费者只要求产品具有一般功能即可。

2）安全需求:满足对"安全"有要求的市场,消费者关注产品对身体的影响。

3）社交需求:满足对"交际"有要求的市场,消费者关注产品是否有助提高自己的交际形象。

4）尊重需求:满足对产品有与众不同要求的市场,消费者关注产品的象征意义。

5）自我实现:满足对产品有自己判断标准的市场,消费者拥有自己固定的品牌,需求层次越高,消费者就越不容易被满足。

经济学上,"消费者愿意支付的价格≌消费者获得的满意度",也就是说,同样的美容产品,满足消费者需求层次越高,消费者能接受的产品定价也越高。市场的竞争,总是越低端越激烈,价格竞争显然是将"需求层次"降到最低,消费者感觉不到其他层次的"满意",愿意支付的价格当然也低。

（4）需求在不断变化:我国经济发展迅猛,现已从商品经济时代转变为体验经济时代,顾客收入水平不断提高,消费者的需求有了进一步的升华。产品和服务作为提供品已经不能满足人们精神享受和发展的需要。顾客需要更加个性化的消费来实现自我。

企业必须了解顾客需求变化,抓住顾客需求变化的根本原因,才能有效调整企业的营销策略,赢得更广阔的市场。

(5) 属于非专业性购买,需求可诱导:消费品市场的购买者大多缺乏相应的商品知识和市场知识,其购买行为属非专业性购买,他们对产品的选择受广告、宣传的影响较大。由于消费者购买行为的可诱导性,生产和经营部门应注意做好商品的宣传广告,指导消费,一方面当好消费者的参谋,另一方面也能有效地引导消费者的购买行为。

知识链接

消费者市场与组织者市场

消费者市场是指为满足自身需要而购买的一切个人和家庭构成的市场。

组织市场是指为了自身生产、转售或转租,或者用于组织消费而采购的一切组织构成的市场。主要包括生产者市场、中间商市场和政府市场。

(二) 市场营销的含义

市场营销是个人或群体通过创造以及交换产品和价值,从而满足欲望和需求的社会管理过程。其主要内涵有:营销活动的参与者是一个复数概念,包括卖方和买方、供给方和需求方;买卖双方的主要行为就是交换,"交换"是市场营销的核心;交换所围绕的主要对象是产品或服务;市场营销的最终目标是满足人们的"需要、需求和欲望"。如图 3-2 所示。

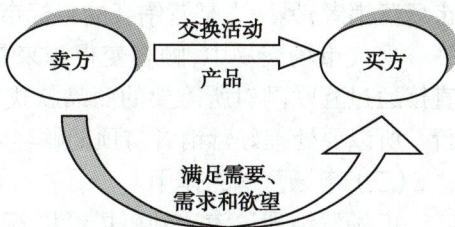

图 3-2 市场营销示意图

市场营销的核心概念 市场营销作为一种复杂、连续、综合的社会管理过程,是基于如图 3-3 所示的核心概念运用之上的。

需要、欲望和需求 → 价值与满意 → 产品与品牌 → 交换、交易和关系 → 市场与网络

图 3-3 市场营销的核心概念

(1) 需要、需求和欲望:人类的需要、需求和欲望是市场营销活动的出发点。

1) 需要:指没有得到某些基本满足的感受状态。

2) 需求:指对于有能力购买并且愿意购买某个具体产品的欲望。

3) 欲望:指想得到基本需要的具体满足物的愿望。

(2) 顾客效用、成本与价值

1) 顾客效用:是顾客对能满足其需要与欲望的某种商品消费的有效性综合评价。

2) 顾客成本:顾客为获得某种效用而必需的支出,包括顾客为获得某种产品要付出的货币成本、时间成本、体力成本和精神成本。

3) 顾客价值:是顾客效用与顾客成本的比较,顾客成本越低,顾客效用越高,顾客价值就越大。顾客价值越大,说明顾客的满意程度越高,就越容易做出对这个产品的购买决策。

营销工作就是创造、传递和捕捉客户价值,并使其满意。如果产品能够给顾客带来价值和满意,那么就会成功。

$$价值 = 利益 / 成本 = \frac{功能利益 + 情感利益}{各种成本之和}$$

(3) 交换、交易与关系

1) 交换主要指从他人处取得所需之物,而以自己的某种东西作为回报的行为,它是一种实际发生的过程。

2) 交易是营销的度量单位,即双方价值的交换;在交换过程中,如果双方达成一致协议,则称为发生了交易。例如:用500元买了一支口红,这就是典型的货币交易。但并非所有的交易都涉及金钱,比如以物换物。

3) 关系是通过交易建立良好的社会关系,并以关系的巩固来获得更多的交易机会。营销正是从每一次交易利润最大化,向顾客和其他方面共同获得最大利益的方向转换。

(4) 营销者与预期顾客:市场营销是一种积极的市场交易活动,在交易中一方是市场营销者,另一方是营销者的目标市场(预期顾客)。

现代市场交易中,顾客变得越来越主动,尤其是进入电子商务时代,消费者可以直接通过互联网对所需要的商品款式、价格和功能等提出要求,并在网上进行讨价还价。所以要处理好营销者与预期顾客之间的关系。

(三) 市场营销的作用

市场营销理论渗透到市场经济各个角落,从经营的一种手段上升到一种理念、一种经营哲学、一种文化。

1. 对企业的作用　市场营销是连接社会需求与企业反应的中间环节,是企业用来把消费者需求和市场机会变成有利可图的公司机会的一种行之有效的方法,也是战胜竞争对手的重要方法。企业通过市场调查、发现和创造需求、引导商品生产、销售商品、售后服务等一系列过程,以求得企业生存与发展,实现顾客价值和企业效益。

2. 对社会的作用　有利于社会(市场)资源的有效配置,使资源利用效益得到提高;客观增强了市场主体即企业间的竞争强度,促进企业优化发展,优胜劣汰,使市场整体结构得到改善。

3. 对个人的作用　市场营销不仅能创造个人的巨大财富,而且能成就一个人的一生。如:世界汽车销售冠军乔·吉拉德、日本"推销之神"原一平等都是杰出的代表。市场营销在培养人的创新能力、良好心态、业务素质、个人品德修养和技能水平等方面都起到了很好的作用。

(四) 美容市场营销新趋势

随着营销思想的发展,一系列美容市场营销新观念不断涌现出来,并为社会各界所接受。

1. 关系营销

(1) 关系营销的核心:美容企业关系营销的核心是顾客满意。调查发现,重复购买的顾客可以为企业带来25%~85%的利润,固定客户数每增长5%,企业利润增加

25%。另外,一位满意顾客可引发8笔潜在的生意,其中至少一笔成交;一位不满意顾客会影响25个人的购买欲望。

(2)关系营销的关键:美容关系营销关键是建立并发展良好关系,注重消除企业和相关组织和个人之间的对立性关系,促使双方为共同的利益和目标而相互支持、相互配合、相互合作,力求建立双边和多边的协同合作关系。

(3)关系营销的特征:关系营销强调双向沟通,不仅是美容企业向社会简单地传递信息,还要收集来自顾客及相关组织的反馈信息,通过双向交流促进信息的扩张和情感的发展。

2. 绿色营销

(1)开发绿色产品:美容绿色产品开发必须遵循以下原则,节省原料和能源;减少非再生资源消耗;容易回收、分解;低污染或者没有污染;不对使用者身心健康造成损害;产品包装符合国家有关规定。

(2)绿色促销策略:"绿色"已成为美容企业的促销热门主题,绿色形象构成了美容企业形象和产品形象不可缺少的内容。为此,一些美容企业积极参与环保事业,采取绿色策略,打出"绿色营销牌"。

(3)绿色分销策略:减少运输过程中的包装物使用,更换运输中易对环境造成污染的包装物;做好废旧部件和包装物的回收和循环使用。

值得指出的是,人们往往以为实行绿色营销会加大企业成本,对环境进行检测、治理、保护等均需要投入,因而对绿色营销抱消极的态度。其实,一方面"绿色企业"能树立美容企业形象,扩大销售领域,增加销售量,形成一定经济规模来获得更多利润;另一方面"绿色营销"又是一个巨大的商机,善于把握这一时机的美容企业,可以获得更多市场机会。

3. 服务营销

(1)差别性策略:服务营销中实施差别性策略,即发展差别供应、差别交付和差别形象。差别供应就是开发特色产品、开展特色服务,有别于他人;差别交付指在服务交付质量能力和培育可信赖顾客方面的差异化;差别形象指企业通过标志和品牌来建立差别形象,表达了商品的质量、形象和实力,给人以安全感。

(2)服务质量策略:在激烈的美容市场竞争中,美容企业要超过竞争对手,除了服务差异外,还必须有高于对手的服务质量。影响美容企业营销服务质量的因素包括:人,即服务人员素质;设施,即现代化的设施设备;材料,即有形物质材料和信息等无形材料;时间,即服务规范经受时间的考验;环境。

(3)服务生产率策略:美容企业要提高服务生产率,基本途径包括:提高服务人员的技能并培养其积极的工作态度;设计更有效的服务方式代替原来生产效率很低的服务方式;鼓励顾客自助;利用技术力量。

4. 整合营销 整合营销概念是把企业、顾客、环境作为一个和谐的整体来考虑,一切美容产品和服务项目,要随顾客需求变化而灵活应变,不应有固定模式。

(1)打破传统框架:企业整合营销理论打破了传统营销只作为美容企业经营管理的一项功能,强调美容企业所有活动都应该整合协调起来,共同努力为顾客服务,营销要成为各部门的工作。

(2)科学研究消费需求:建立完善的消费者资料库,把握消费需求,建立和消费者更为牢固和密切的关系。如"4C"理论：

1）需求和欲望：美容消费者比过去更加挑剔，美容企业应把产品原有的优点暂时搁置一边，重点研究消费者的需求与欲望。

2）成本：美容企业对固有的定价策略、价格竞争应以一种新视角去重新考虑，要研究消费者为了满足需求与欲望，肯出多少成本价格。

3）便利：尽最大努力为美容消费者提供方便，而不仅是强调美容企业自己制定出来的繁复程序和规定。

4）沟通：在激烈竞争的美容市场上，唯有好的产品、好的服务、好的品牌价值存在于消费者心中，才是真正的美容企业价值。美容企业要做到这一点，沟通至关重要。

（3）主动迎接市场挑战：改变从静态角度分析美容市场的做法，把握美容市场发展规律和方向，发现新的潜在美容市场，努力创造新市场。

5. 网络营销　与传统营销相比，网络营销有其不可取代的优势：

（1）全新时空优势：网络营销的范围大大突破了传统营销的销售范围，产品订货会没有了地点和时间概念，取而代之的是一个网址和客户所希望的任何时间。

（2）全方位展示产品：美容企业可以全方位、低成本地展示产品，消费者也能在最大范围内对产品性能、价格进行比较，大大节约了产品搜寻成本，从而降低了成本，提高了利润。

（3）分销环节缩短：网络营销被称之为"直接经济"，生产商和消费者可以通过网络直接进行产品交易。消费者可以直接对美容产品的款式、价格、功能等提出要求，直接参与了生产和流通，减少了美容市场不确定因素，生产商也更容易掌握市场需求。

（4）低成本运作模式：网上交易减少建立有形网点的征地费、动迁费等巨大开支，进行低成本的信息制作、发布、更新和传送，实现无纸化贸易，减少商务活动中的材料消耗。

二、美容市场营销环境

（一）美容市场营销环境分类

根据营销环境对市场营销活动产生影响的方式和程度，可分为宏观环境和微观环境。企业可借助科学的营销手段认识和预测环境变化趋势，并通过营销组合策略来满足需求、创造需求、引导需求。

市场营销宏观环境也称间接环境，是指对企业营销活动造成市场机会和环境威胁的主要社会力量。分析宏观环境的目的在于更好地认识环境，通过企业营销努力适应社会环境及变化，达到企业营销目标。宏观环境包括人口环境、经济环境、社会文化环境、政治法律环境、科学技术环境和自然环境六个重要因素（图3-4）。市场营销宏观环境因素间接影响企业的市场营销活动。

市场营销微观环境也称直接环境，是指那些对市场营销起直接影响与制约作用的环境因素（图3-5）。市场营销直接环境对企业的影响虽然不像间接环境那样全面和广泛，但它的影响却更迅速、更直接。

"供应商—企业—营销中介—顾客"是企业核心营销环境系统，同时，企业营销是否成功，还要受到政府、大众传媒、竞争者等环境的影响，它们共同构成企业营销微观环境的全部内容。

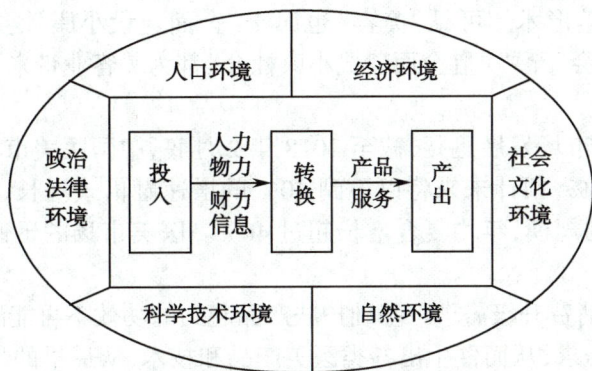

图3-4 市场营销宏观环境

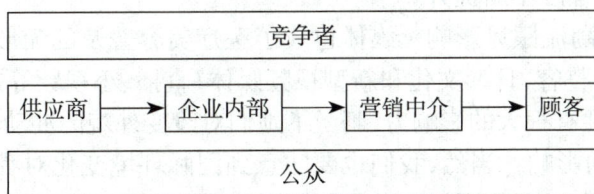

图3-5 市场营销微观环境

(二) 美容市场营销环境评价

企业甄别出对企业产生影响的各种环境因素后需要对这些影响因素的影响程度与方式进行评价。常用的评价方法有环境态势分析、环境"稳定程度—复杂程度"分析、环境机会分析、环境威胁分析、企业内外环境对照法等,这里主要介绍态势分析法。

态势分析法又称为SWOT分析法,SWOT代表了环境分析的四个方面,即优势、劣势、机会、威胁,优势和劣势是组织机构的内部因素,机会和威胁是组织结构的外部因素。

优势:包括充足的财政来源、良好的企业形象、技术力量、规模经济、产品质量、市场份额、成本优势、广告攻势等。

劣势:包括设备老化、管理混乱、缺少关键技术、研究开发落后、资金短缺等。

机会:包括新产品、新市场、新需求、外国市场壁垒解除、竞争对手失误等。

威胁:包括新竞争对手、替代产品增多、市场紧缩、行业政策变化、经济衰退、突发事件等。

企业内外情况是相互联系的,把企业外部环境所提供的有利条件(机会)和不利条件(威胁),与企业内部条件形成的优势与劣势结合起来分析,有利于企业制定出正确的经营战略。

(三) 美容业市场环境特点

社会全面小康,不仅是生活物质上的小康,同时也包含全民族健康素质的提高。美容业隶属于我国的第三产业,是以生活为主的第二层次服务业。现代意义上的"美容"涵盖广泛,包括正确使用化妆品、适当从事健美活动、合理摄取食物营养、必要时接受医学整容或整形术。可见"美容"也属于"全面建设小康社会"的内容之一，从"全面建设小康社会"至"决胜全面建成小康社会"都为美容业带来了蓬勃发展的大好时机。

近年来，医美市场发展迅猛，截至 2018 年 2 月底，中国医美市场规模约 1 250 亿元，同比增长 43.7%，预计未来将以不到 40% 的增速翻倍式增长，至 2020 年有望达到 4 600 多亿元的规模，年均复合增长超过 40%。医美市场的迅速崛起主要有以下原因：

1. 医疗美容消费升级需求　基础护肤产品起到的功效不再能满足现代女性对于美观和抗衰老的需求，从而催生出各类医美产品和技术，从最早的"割双眼皮""激光点痣"等基础手术，到现在的新型非手术类美容项目，如"水光针""肉毒素""溶脂针"，和手术类整容项目，如"拉皮""隆鼻""削骨"等，这也从侧面反映出社会公众对于医疗美容的接受程度不断提升。

2. 媒体推动、潮流跟风影响　媒体也成了医疗美容普及的无形推手，许多明星、公众人物被报道出整容，日韩文化和新型视频媒体（直播、小视频等）在我国的广泛传播，对年轻一代女性有很大的影响力，刺激了她们对改变外貌的冲动。

3. 国际环境的影响　当然，我们也要注意到国际环境变化对我国美容业服务营销产生了巨大冲击。随着我国加入世界贸易组织，国门的开放使国外名牌大公司的美容项目和美容产品，风起潮涌般地推向中国市场。欧美等国美容业发展已有七八十年的历史，其机构、规模、人员素质、管理模式、营销模式已趋完善，对国内美容业发展具有一定的挑战性。

知识链接

市场营销在国外企业中的运用

对美国 250 家大型企业的调查显示，大多管理人员认为企业的首要任务是制定市场营销策略，其次才是控制生产成本和改善人力资源。在世界 500 强的大企业中，约 2/3 企业总裁（CEO）是由营销经理升任的。营销部门在企业中的地位很高，且有一定的发言权，新项目或新产品要先经过营销部门的调研和认可，才能到研发部门。就整个企业的运营过程来说，营销既是起点，也是终点，它起于市场调研，终于客户服务与满意度调查。

（四）顾客的美容心理与美容需求

1. 顾客的美容心理　随着经济不断发展和人们生活水平日益提高，如今进美容院的人越来越多。调查显示，人们的美容动机包括延缓衰老、放松和享受、增强自信心、工作需要、追赶时髦、维系婚姻等多方面。

（1）求美心理："爱美之心人皆有之"，许多女性想通过美容来美化自己，使自己变得更加靓丽、健康、青春常在。

（2）求解脱心理：生活高度紧张和快节奏使现代人的负担日益沉重，用脑过度使人的脑力与体力失去平衡，繁忙的日常事务和复杂人际关系的困扰，使人们产生了高度的精神紧张。以经营度假村而闻名的吉尔伯特·特里加诺说过"今天，人们的身体状况已得到改善，头脑却过于紧张疲劳，人们需要用另一种生活方式来加以调剂"，而美容院向顾客提供的正是这"另一种生活方式"。

(3) 求平衡心理:过于简单、轻松的生活会使人觉得单调乏味,而过于复杂、紧张的生活又会使人觉得千头万绪、变化无常、难以应付。要在这两个极端之间寻找一个平衡点,以求在变化与稳定、复杂与简单、新奇与熟悉、紧张与轻松等矛盾心理中寻找一种平衡,美容便可作为这一"平衡点"。

(4) 恐惧心理:人的皮肤随着年龄增长会出现皱纹、斑点、失去弹性或光泽而逐渐老化。如果皮肤得不到适当的保养就会显得更加苍老,女性出于害怕皮肤过早老化而使青春流逝、容颜衰老的心理,于是便进了美容院。

(5) 虚荣心理:许多女性想以美容来增强自己的自信心,并得到他人的赞许;还有的女性以消费名牌美容产品、步入高档美容院来炫耀自己的经济实力、社会地位、消费层次和品味,以获得某些心理上的满足。

2. 顾客的美容需求　了解、适应和满足美容顾客的需求是美容企业服务营销的核心任务,调查发现,美容顾客的需求具有以下特点:

(1) 美容需求多样性:人们为了获得身心愉快和满足而去美容,在美容中表现出的需求是多方面的、复杂的。

1) 天然性需要:主要表现在生理需要和安全需要两方面。生理需要主要是对延缓衰老、保持身体健康和身材匀称等的需求;安全需要则是担心美容产品功效如何、是否有副作用,美容手术能否成功、是否会导致变丑甚至毁容等。

2) 社会性需求:主要表现在交往和尊重这两方面。人们去美容总希望能得到他人热情友好的接待、真诚的对待,以及尊重她们的习惯;希望能与周围的人交往、交流感情。

3) 精神性需求:主要表现在对美和艺术的追求、对美容文化等的探求上。

(2) 美容需求层次性:著名的心理学家马斯洛认为,人的需要可以分为几个层次,由低到高依次为:生理需求、安全需求、社交需求、尊重需求和自我实现需求。美容顾客的需求也表现出层次性,如:为延缓衰老、永葆青春、解除紧张、避开压力而寻求舒适的环境;为提高声望、获得尊重;为追求美好的东西;为好奇和求知而美容,等等。

(3) 美容需求发展性:人的需求不会因获得满足而终止。美容顾客的需求也是不断发展的,一种需求得到了满足,另一种需求就会出现;低层次的需求得到一定程度满足时,高层次的需求就会产生。所以,美容企业经营者应不断完善美容设施设备,不断更新美容服务产品。

课堂互动

结合所学,针对目前美容市场营销现存问题展开讨论,并将美容市场营销环境的优势、劣势、机会、威胁分条列出,写于卡片上,结合SWOT的四个象限,将卡片上的内容对应在正确的象限区域。

第二节　美容企业目标市场营销

目标市场营销是企业在市场调研的基础上，识别不同消费群体的差别，有选择地确认若干个消费群体作为自己的目标市场，发挥自身优势，满足需要。美容企业目标市场营销包括三个内容：市场细分、目标市场选择、市场定位，又称STP战略。

一、美容市场细分

市场细分是指在市场调研基础上，根据消费者的不同需求，把大市场划分成若干子市场的过程。市场由购买者组成，而购买者在消费需求、购买习惯等方面各不相同，对商品的品种、数量、价格、规格、色彩、购买时间、购买地点等都会体现出一定的差异性。这些差异性的存在，为市场细分提供了基础。

市场细分可以使美容企业深入、全面地把握各类市场需求的特征，运用市场细分手段可以了解消费者的需求和满足程度，从而寻找、发现市场机会。美容企业通过分析和比较不同细分市场中竞争者的营销策略，选择那些需求尚未满足或满足程度不够、竞争对手无力占领或不屑占领的细分市场，作为自己的目标市场，结合自身条件制定出最佳的市场营销策略，即所谓的"蓝海"战略。

知识链接

"蓝海"战略

不同语境中"蓝海"有不同含义：蓝海是一种没有恶性竞争，充满利润和诱惑的新兴市场；蓝海还是一种避免激烈竞争，追求创新的商业战略。

现存市场由两种海洋组成，即"红海"和"蓝海"。"红海"代表现存的所有产业，即已知的市场空间；"蓝海"代表现今还不存在的产业，即未知的市场空间。"红海"是竞争极端激烈的市场，"蓝海"是通过差异化手段得到的崭新市场领域，企业凭借创新能力获得更快的增长和更高的利润。

"蓝海"战略是企业突破"红海"的残酷竞争，把主要精力放在全力为买方与自身创造价值的飞跃上，开创新的"无人竞争"的市场空间，彻底甩脱竞争，开创属于自己的一片"蓝海"。

美容企业通过市场细分确定自己所要满足的目标市场，找到自己资源条件和客观需求的最佳结合点，有利于企业集中人力、物力、财力，有针对性地采取不同的营销策略，取得投入少、产出多的良好经济效益。一旦确定了细分市场后，美容企业就能很好地把握目标市场需求，分析潜在的市场需求，发展新产品，开拓新市场。

市场细分不仅给企业带来良好的经济效益，而且也创造了良好的社会效益。一方面是市场细分化可以使不同消费者的不同需求得到满足，提高了生活水平；另一方面有利于同类美容企业合理化分工，在行业内形成较为合理的专业化分工体系，使企业各得其所、各显其长。

（一）美容业市场细分标准

要正确地进行市场细分，首先必须合理地确定细分市场的标准。美容消费品市场的细分标准,包括地理环境、人口状态、消费心理及行为因素等。

1. **地理环境**　按消费者所在的不同地理位置将美容市场加以划分,这一因素相对其他因素表现得较为稳定,也较容易分析。由于不同地理环境、气候条件、社会风俗等因素影响,同一地区内消费者的美容需求具有一定相似性,不同地区的美容消费需求则具有明显差异。地理环境主要包括区域、地形、气候、城镇大小、交通条件等。

2. **人口状态**　这是美容市场细分惯用的和最主要的标准,包括性别、年龄、收入、家庭生命周期、职业、文化程度、民族等,这些因素与美容消费需求以及许多美容产品销售有着密切联系,而且又往往容易被辨认和衡量。

3. **消费心理**　在地理环境和人口状态相同的条件下,美容消费者之间存在着截然不同的消费习惯和特点,这多是由消费者不同的消费心理差异所导致的。尤其是在比较富裕的社会中,顾客购物已不限于满足基本生活需要,因而消费心理对美容市场需求的影响更大。

(1) 生活方式:生活方式是人们对消费、工作和娱乐的特定习惯。生活方式不同,美容消费倾向及需求的产品也不一样。

(2) 性格:按照消费者不同性格可以划分为习惯型、理智型、冲动型、时髦型、节俭型等不同类型,不同性格购买者在消费需求上有不同特点,比如:理智型消费者购物时头脑冷静,注重对商品的客观比较,一般不容易被广告等外来因素所诱导;而冲动型消费者购物时较随意,对商品评价较为主观,很容易被商品的包装、商家的促销措施等诱导。

(3) 品牌忠诚程度:消费者对企业和产品品牌的忠诚程度,也可以作为细分市场的依据,美容企业借这一市场细分可采取不同营销对策,比如:有些消费者忠诚于某一特定品牌,一旦建立起这种忠诚度,企业一定要投其所好,采取会员制等方法保住老顾客,并不断加强沟通联系,促使其始终购买同一品牌;而有些消费者从来不忠于任何品牌,美容企业就要采取合适的促销手段,促使其购买。

4. **行为因素**　行为因素是细分市场的重要标准,特别是在商品经济发达阶段和广大消费者收入水平提高的条件下,这一细分标准越来越显示其重要地位。

(1) 购买习惯:即使在地理环境、人口状态等条件相同的情况下,由于购买习惯不同,仍可以细分出不同的美容消费群体。如:购买时间习惯标准就是根据消费者产生需要购买或使用产品的时间来细分市场的。

(2) 寻找利益:根据消费者购买美容产品所要寻找的利益,对同一市场进行细分。运用利益细分法,首先必须了解消费者购买某种美容产品的主要利益是什么;其次要了解寻求某种利益的消费者是哪些人;然后再调查美容市场上的竞争品牌各适合哪些利益,以及哪些利益还没有得到满足。通过分析,美容企业能更明确市场竞争格局,挖掘新的市场机会。

(3) 使用数量和使用频率:相同消费群体在购买心理、接受传媒习惯等又有相似的特征,比如:美国一家市场调研公司发现,大量喝啤酒者大多是体力劳动阶层,年龄在 25~50 岁之间,每天看电视 3~5 小时,喜欢观赏体育节目。有些美容产品的使用者虽然占消费者总数的比例不大,但消费数量却在消费总量中占很大比重。

(二) 美容业目标市场选择

目标市场是指企业在市场细分的基础上,根据市场潜量、竞争对手状况、企业自身特点所选定和进入的市场。选择和确定目标市场,明确企业具体服务对象,是美容企业制定营销策略的首要内容和基本出发点。

1. 目标市场评估　进行美容市场细分以后,并不是每一个细分市场都值得进入,美容企业必须对其进行评估。

(1) 细分市场潜量:细分市场潜量是指在一定时期内,在消费者愿意支付的价格水平下,经过相应的市场营销努力,产品在该细分市场可能达到的销售规模。对美容业细分市场潜量分析的评估十分重要,如果美容市场狭小,没有发掘潜力,则企业进入后没有发展前途。当然,这一潜量不仅指现实的消费需求,也包括潜在需求,从长远利益看,消费者的潜在需求对企业更具吸引力。细分市场只有存在着尚未满足的需求,才需要企业提供产品,企业也才能有利可图。

(2) 细分市场的竞争状况:企业要进入某个细分市场,必须考虑能否通过产品开发等营销组合,在市场上站稳脚跟或居于优势地位。所以,美容企业应尽量选择那些竞争较少、竞争者实力较弱的细分市场为自己的目标市场。竞争激烈、竞争对手实力雄厚的美容市场,企业一旦进入后就要付出昂贵的代价,当然,如果企业有条件超过竞争对手,也可设法挤进这一市场。

(3) 与企业优势相吻合:企业所选择的目标市场应该是企业力所能及的和能充分发挥自身优势的。美容企业的能力表现在技术水平、资金实力、经营规模、地理位置、管理能力等方面,所谓优势是指上述各方面能力较竞争者略胜一筹。如果美容企业进入的是自身不能发挥优势的细分市场,那就无法在市场上站稳脚跟。

知识链接

消费者的类型

1. 习惯型　消费者往往忠于一种或几种品牌,对这些产品十分熟悉,信任、注意力稳定,体验深刻,形成习惯。购买时不假思索,不必经过挑选和比较,行动迅速,时间短,容易促成重复购买。

2. 理智型　消费者根据自己的经验和学识判别商品,对商品进行认真地分析、比较和衡量才做出决定,在购买过程中,主观性较强,不愿意外人介入。

3. 经济型　消费者在选购商品时多从经济角度考虑,对商品的价格非常敏感。例如,有的农村中老年吸烟者由于经济条件有限,加之长期养成节俭习惯,倾向于低价卷烟品牌,且对这些品牌的价格很敏感。

4. 冲动型　消费者个性心理反应敏捷,客观刺激物容易引起心理的指向性,其心理反应与心理过程的速度也较快,这种个性因素反映到购买的实施时便呈冲动型。此类行为易受商品、外观质量和广告宣传的影响,以直观感觉为主,新产品、时尚产品对其吸引力较大。

5. 疑虑型　购买行为具有内倾性的心理因素,持这种购买行为的消费者善于观察细小事物,行动谨慎、迟缓,体验深而疑心大;选购商品从不冒失仓促地做出决定;听取商品介绍和检查商品时,往往小心谨慎和疑虑重重。

6. 不定型　购买行为常常发生于新购买者。他们缺乏购买经验,购买心理不稳定,往往是随意购买或奉命购买;在选购商品时大多没有主见,表现出不知所措的言行。持这类购买行为的消费者,一般都渴望能得到商品介绍的帮助,并很容易受外界的影响。

2. 目标市场选择模式　在对子市场评估的基础上,企业需要根据实际情况对目标市场做出选择,可参考以下几种模式:

(1) 市场集中化:企业选择一个细分市场,集中力量为之服务。集中营销使企业深刻了解该细分市场的需求特点,采用针对的产品、价格、渠道和促销策略,从而获得强有力的市场地位和良好的声誉。但同时隐含较大的经营风险。

(2) 产品专业化:企业集中生产一种产品,并向所有顾客销售这种产品。例如美容院按照顾客年龄段的不同,提供不同需求的产品或服务。一旦出现其他品牌的替代品或消费者流行的偏好转移,企业将面临巨大的威胁。

(3) 市场专业化:企业专门服务于某一特定顾客群,尽力满足他们的各种需求。企业专门为这个顾客群服务,能建立良好的声誉。但一旦这个顾客群的需求潜量和特点发生突然变化,企业要承担较大风险。

(4) 选择专业化:企业选择几个细分市场,每一个对企业的目标和资源利用都有一定的吸引力。但各细分市场彼此之间很少或根本没有任何联系。这种策略能分散企业经营风险,即使其中某个细分市场失去了吸引力,企业还能在其他细分市场盈利。例如美容院根据不同年龄段消费者的需求,提供不同的产品或服务。对于年轻群体多以日常护理为主、中老年群体多以皮肤保养和器官护理为主。

(5) 完全市场覆盖:企业力图用各种产品满足各种顾客群体的需求,即以所有的细分市场作为目标市场。一般只有实力强大的大型企业才能采用这种策略。

3. 目标市场选择策略　选择目标市场策略时应考虑企业资源、产品特点、市场特征、产品生命周期、竞争对手策略等因素。美容企业在决定目标市场的选择和经营时,可根据具体条件考虑以下四种不同策略:

(1) 无差异市场策略:把整个美容市场作为一个目标市场,着眼于美容消费需求的共同性,推出单一产品和单一营销手段加以满足。

(2) 差异性市场策略:充分肯定美容消费者需求的异质性,在市场细分的基础上,选择若干个细分子市场作为目标市场,分别设计不同的营销策略组合方案,满足不同细分子市场的需求。差异性市场策略是目前普遍采用的策略,这是科技发展和消费需求多样化的结果,也是企业之间竞争的结果。不少美容企业实行多品种、多规格、多款式、多价格、多种分销渠道、多种广告形式等营销组合,满足不同美容细分市场的需求。

(3) 密集性市场策略:美容企业集中设计生产一种或一类产品,采用一种营销组合,为一个美容细分市场服务。密集性市场策略与无差异性市场策略的区别在于,后者追求整个美容市场为目标市场,前者则以整个美容市场中某个小市场为目标市场。这一策略不是在一个大市场中占有小份额,而是追求在一个小市场上占有大份额。其立足点是与其在总体上占劣势,不如在小市场上占优势。

(4) 定制营销策略:若将市场细分进行到最大限度,则每一位顾客都是一个与众不同的细分市场。由于现代信息技术和现代制造业的迅猛发展,使得为顾客提供量体裁衣式的产品和服务成为可能。

定制营销是指企业在大规模生产的基础上,将每一位顾客都视为一个单独的子市场,通过与顾客进行个体沟通,明确并把握特定顾客的需求,并为其提供不同方式的满足,以更好地实现企业利益的活动过程。定制营销也被称为一对一营销、个性化营销。

定制营销的突出优点是能极大地满足消费者的个性化需求,提高企业竞争力;以需定产,有利于减少库存积压,加快企业的资金周转;有利于产品、技术上的创新,促进企业不断发展。但定制营销有可能导致营销工作的复杂化,增大经营成本和经营风险,因此,定制营销需要建立在定制利润高于定制成本的基础之上。

4. 影响企业选择目标市场营销策略的因素　目标市场营销策略的选择需要在认真评估细分市场,明确目标市场选择模式后,根据企业资源、产品和市场实际状况等不同因素针对性地选择,主要影响因素如下:

(1) 企业实力:企业实力主要是对企业所拥有的设备、技术、资金、人力等资源和营销能力的综合反映。通常来讲,若企业规模较大、技术力量和设备能力较强、资金雄厚、营销能力强,则可采用无差异性营销策略或差异性营销策略。反过来,如果没有这个实力,就适合把力量集中起来专攻一个或两个市场面。一般地讲,我国的中小企业比较适用集中性市场策略。

(2) 产品的同质性:产品同质性是指产品在性能、特点等方面差异性的大小以及产品特性变化的快慢。比如汽油、钢铁、原粮,长期以来没有太大变化,这类商品适宜采用无差异性营销策略。反过来说,特性变化快的商品,如服装、家具、家用电器等,适合采取差异性或集中性策略。

(3) 市场的同质性:即市场的差异性大小。如果市场上所有顾客在同一时期偏好相同,对营销刺激的反应也相近,则可视为"同质市场",宜实行无差异性营销策略;反之,如果市场需求的差异性较大,则为"异质市场",宜采用差异性或集中性策略。

(4) 产品所处的生命周期的阶段:产品的生命周期包括投入期、成长期、成熟期和衰退期四个阶段。产品所处的生命阶段不同,根据产品生命周期的各阶段特点,可以采用不同的市场营销策略。产品在试销期和成长期较适合于采用集中性市场策略或是无差异性市场策略,到了成熟期,一般适合采用差异性市场策略和集中性策略。

(5) 竞争对手状况:一般来说,企业的目标营销策略应该与竞争对手有所区别,反其道而行之。假如竞争对手采用的是无差异性市场策略,以一种产品来供应所有的消费者,企业就应当采用差异性或集中性市场策略。当竞争对手已经采取了差异性营销策略,就不宜采用无差异性市场策略。当然,这些只是一般原则并没有固定模式,营销者在实践中应根据竞争双方的力量对比和市场具体情况灵活选择。

二、美容企业目标市场定位

(一)美容业市场定位的含义

企业进行市场细分和选择目标市场后,就必须要考虑如何进入目标市场以及以怎样的姿态和形象占领目标市场,这就是市场定位。市场定位是美容企业根据所选定目标市场的竞争状况和自身条件,确定企业和产品在目标市场上特色、形象和位置的过程。

(二)美容业市场定位策略

市场定位对一个美容企业来说是十分重要的。它是"纲",定位准确才能"纲举目张",有效地组合各类营销手段。

1. 差异性定位策略　美容企业一旦选定了目标市场,就要在目标市场上为其产品确定一个适当的市场位置和特殊印象。美容企业要使产品获得稳定的销路,就应该使其与众不同、创出特色,获得一种竞争优势。

(1) 产品实体差异化:包括美容产品特色、美容产品质量、美容产品式样等方面。

(2) 服务差异化:当实体产品不易与竞争产品相区别时,竞争制胜的关键往往取决于服务。不同行业的服务有不同的内容,也有不同的重点,因而美容企业应首先对服务事项进行排列,进而确定重点选择。在确定了服务事项后,根据美容顾客的需求、企业自身特点以及竞争对手策略,确定服务差异性定位。

(3) 形象差异化:即使产品实体和服务都与竞争企业十分相似,美容顾客依然可能接受一种企业产品形象的差异化。

(4) 差异性定位要点:从美容顾客价值提升角度来定位;从同类美容企业特点的差异性来定位;差异化应该是顾客能够感受到的,是有能力购买的,否则,任何差异性都是没有意义的;差异性不能太多,当某一美容产品强调特色过多,反而失去特色,也不易引起顾客认同。

2. 重新定位策略　市场与战场一样风云变幻,因而企业市场定位也因美容市场变化而重新定位。重新定位有三种情况:因美容产品变化而重新定位;因美容市场需求变化而重新定位;因扩展美容市场而重新定位。重新定位是重要的,但是变中要求稳,否则频繁改变定位会造成人们对美容品牌形象的混乱,也会加大成本开支。

3. 比附定位策略　比附定位是处于市场第二位、第三位产品使用的一种定位方法。当美容市场竞争对手已稳坐领先者交椅时,与其撞得头破血流,不如把自己产品比附于领先者,以守为攻。

4. 细分定位策略　即在市场细分化基础上,针对某一市场予以定位策略。美容企业应首先对整个美容市场进行细分,如:高档美容,中、低档美容,女士专业美容和男士美容,中医理疗美容,专业护理美容,自然文刺美容,专业化妆美容等。然后根据市场调研及"美容人口分布多为 15~55 岁的男女"的特点进行定位顾客群。

案　例

某大型美容院特许加盟连锁经营方案

1. 目标市场　以省会城市或大型经济发达地区城市为中心的 A 级市场。

2. 商圈要求　大型高尚生活社区、高级商务区、大型综合消费场所。

3. 投资要求　店面规模在 300m² 以上,投资额度在 100 万元以上。

4. 经营项目　美容美体 SPA、专业化妆、形象设计、美甲和其他相关服务。

5. 技术要求　技术要求高,管理要求严格,服务要求专业、精致。

6. 盈利方式　主盈利:服务;次盈利:产品销售。

7. 目标消费群

(1) 年龄阶层:主年龄:28~50 岁;次年龄:20~27 岁。

(2) 收入阶层:主阶层:3 000 元 / 月以上;次阶层:1 500~3 000 元 / 月。

(3) 职业阶层:主阶层:私企老板、外企白领、演艺圈人士、公务员、有闲阶级;次阶层:教职员工、媒介人士。

（4）消费心理：主心理：时尚享受型、追求品牌档次和专业度、注重生活质量；次心理：攀比消费、重视产品功效、服务质量、品牌附加值。

（5）消费特征：品牌引导、理性消费；服务引导、忠诚消费；无地缘性要求及距离约束。

8. 场馆装修设计和服务　一律遵照宾馆酒店的"星级标准"和"五高原则"。

课堂互动

根据所学，对大型美容生活馆、大中型前店后院式美容院、店中店式美容院、专卖店式美容店、终端大卖场专柜五种经营模式的目标消费群，从年龄、收入、职业、消费心理、消费特征等方面展开讨论，并进行分析比较。

（于婧婷）

第三节　美容产品价格策略

产品是市场营销组合中最重要的因素，选择一个好产品是美容企业成功的关键。选择经营产品时，一要看产品的提供者；二要看自己的特点；三要看消费群体。

狭义的产品是指具有某种特定物质形状和用途的物品，是看得见、摸得着的东西。广义的产品是指人们通过购买而获得的能够满足某种需求和欲望的物品总和，即"产品的整体概念"，既包括具有物质形态的产品实体，又包括非物质形态的利益。

美容企业服务产品的构成可由三部分组成，即：核心产品、期望产品、延伸产品。

核心产品：顾客在美容服务活动过程中所获得的经历、感受和美容效果，可使顾客得到最直接的满足，也是美容院提供的最基本效用。

期望产品：顾客在购买该美容服务产品时，期望得到与该服务产品密切相关的一整套属性和条件。如：顾客期望看到和享受到优雅而舒适的环境；温馨而宁静的气氛；漂亮而有水准的美容师；诚恳而富有个性化的服务态度；先进的美容设备；柔软而干净的美容床以及近而方便的地理位置等。期望产品对美容顾客构成有不同的吸引力。

延伸产品：能给美容顾客带来附加利益和享受，包括：优惠、保证、信息、咨询、预约、招待、保管、例外服务等。

一、美容产品特征

1. 无形性　也称不可触知性。即顾客在购买之前，一般不能看到、听到、嗅到、触摸得到的服务，美容护肤品、化妆品、美容床、美容仪器设备等都是美容企业服务的凭借与依托，具有有形的特点。美容院的服务蕴藏在美容师身上，只有在顾客购买并实地消费时，美容服务产品才被生产出来。

美容消费者在购买服务之前，无法肯定能得到什么样的服务。即使曾经购买过某种美容服务,但当再次购买这种服务时,也无法肯定是否会得到同样的服务。因此,消费者在购买美容服务之前,所面临的购买风险比购买有形商品要大得多。

2. 同步性　也称不可分离性。有形产品从生产、流通到消费的过程具有一定的时间间隔,美容服务则是服务过程和消费过程同时发生,服务与消费不能分离。美容消费者只有通过与美容师合作,积极参与美容服务过程,才能享受到使用价值。

3. 异质性　也称差异性。美容服务构成成分及其质量水平经常变化,很难统一。一方面,美容院不易制定与执行统一的服务质量标准,难以保证服务质量;即使制定了统一服务标准,但因美容师的气质、修养、性格特点、工作态度、文化与技术水平存在差异,同一服务,由不同人操作,品质也难以完全相同;即或同一人做同样服务,因时间、地点、环境与心态变化的不同,作业成果也难以完全一致。另一方面,由于顾客直接参与美容服务的生产与消费过程,顾客本身的因素,如:知识水平、兴趣、爱好、性格等,也直接影响服务的质量和效果。

4. 易逝性　也称不可储备性。美容院服务的不可感知性,以及服务生产与消费的同时进行,使得服务不能像有形产品一样被储存起来以备未来出售,消费者也不可能将服务购买携带回家安放。美容院为顾客提供服务之后,服务就立刻消失,为了服务及时,必须把提供服务的各种设施、材料等提前准备好,但如不立即消费掉,就会造成损失,这种损失不像有形产品损失那样明显,而仅表现为机会的丧失和折旧的发生。因此,美容院的规模、定价与推广,应力求达到人力、物力的充分利用;在需求旺盛时,应想办法解决由于缺乏库存所致的供求不平衡。

5. 缺乏所有权　在美容服务的生产和消费过程中不涉及任何所有权转移。既然美容院服务是无形的,又是不可储存的,在交易完成后便消失了,购买者并没有"实质"地拥有美容服务。

可见,美容院服务产品与有形产品有着本质的不同。在美容行业里,完整产品带给用户的是一个整体的体验,是顾客对产品整体价值的认可。如:某美容企业文化一直强调"以美容教育引导美容时尚",在产品核心文化理念上强调"补水",而体现在产品时,给顾客的认同度就不仅仅是一瓶补水霜的概念,而是在使用补水霜时所带来的整体体验产品的超值价值。

美容院产品销售不能仅在销售一个核心产品上有优势,而应在完整产品上给顾客完整价值的认可。实施美容服务时,除了提供项目护理之外,美容院的档次是否让人有信赖感,顾客在享受美容时是否因美容院的环境宜人、美容师的亲和力、产品促销方案的别致有超值感觉,这些都是美容产品所包含的内容。

二、美容产品定价

产品定价是企业营销组合策略的一个重要内容,也是不断开拓市场的重要手段。美容产品价格的合理与否,很大程度决定了购买者是否接受产品,直接影响产品和企业的形象,影响企业在市场竞争中的地位。因此,从营销角度出发,美容企业应合理制定价格,并随着环境变化,及时对价格进行修订和调整。

卞　　　　　　　　　　　**知识链接**

顾客对产品调价的几种理解

产品削价,顾客一般会理解为:产品式样老了,将被新型产品所代替;产品有某些缺点,销售不畅;企业财务困难,难以继续经营下去;价格还要进一步下跌;产品质量下降了。

产品提价,顾客一般会理解为:产品很畅销,不赶快买就买不到了;产品很有价值;卖主想尽量取得更多利润。

(一) 影响定价的因素

美容企业为了科学地进行产品定价,必须研究分析影响定价的基本因素,价格实际上是各因素综合影响的结果。

1. 竞争环境　不同的市场环境存在着不同的竞争强度,美容企业应该认真分析自己所处的市场环境,考察竞争者提供给市场的产品质量和价格,从而制定出对自己更为有利的价格。竞争环境是影响美容企业定价不可忽视的因素。

2. 产品成本　产品成本是产品在生产过程和流通过程中,所花费的物质消耗及支付的劳动报酬的总和。产品成本是构成价格的主体部分,同商品价格水平成同方向运动。产品成本是企业实现再生产的起码条件,因此美容企业在制定价格时必须保证其生产成本能够收回。随着产量增加以及生产经验的积累,产品的成本不断发生变化,这便意味着产品价格也应随之发生变化。

3. 供求关系　供求规律是商品经济的内在规律,产品价格受供求关系的影响,围绕价值发生变动。

(1) 价格与需求:这里说的需求是指有购买欲望和购买能力的有效需要。影响需求的因素很多,在其他因素不变的情况下,价格与需求量之间有一种反向变动关系:需求量随着价格的上升而下降,随着价格的下降而上升,即通常所说的需求规律。

(2) 价格与供给:供给是指在某一时间内,生产者在一定的价格下愿意并可能出售的产品数量。有效供给必须满足两个条件:有出售愿望和供应能力。在其他因素不变的条件下,价格与供给量之间存在正相关关系:价格上升供给量增加,价格下降供给量下降。

(3) 供求与均衡价格:受价格的影响,供给与需求的变化方向是相反的。如果在同一价格下,需求量等于供给量,那么市场将达到均衡。这个价格称为均衡价格,这个交易量称为均衡量。当市场价格偏高时,购买者减少购买量使需求量下降,而生产者受高价吸引增加供应量,使市场出现供大于求的状况,产品积压必然加剧生产者之间的竞争使价格下跌。当市场价格偏低时,低价引起购买数量的增加,但生产者因价格降低减少供给量,使市场供小于求,购买者之间产生竞争导致价格上涨。均衡价格即理论上的销售价格是相对稳定的价格,但由于市场情况的复杂性和多样性,供求之间的平衡只是相对的、有条件的,不平衡则是绝对的、经常性的。

(4) 价格与需求弹性:需求弹性又称需求价格弹性,是指因价格变动所引起的需求呈相应的变动率,反映了需求变动对价格变动的敏感程度。

4. 企业定价目标　企业定价还受到企业定价目标的影响,不同的定价目标会导致企业不同的定价方法和策略,从而定出不同的价格。

（1）获取理想利润目标：企业期望通过制定较高价格，迅速获取最大利润。采取这种定价目标的美容企业，其产品多处于绝对有利的地位，但须具备两个条件：一是企业的个别成本低于部门平均成本；二是该产品的市场需求大于供应。在这种情况下，企业可以把价格定得高于按平均利润率计算的价格。

但使用这种定价目标要注意由于消费者的抵抗、竞争者的加入、代用品的盛行等原因，使企业某种有利的地位不会持续长久，高价也最终会降至正常水平。因此，美容企业应该着眼于长期理想利润目标，兼顾短期利润目标，不断提高技术水平，改善经营管理，增强竞争力。

（2）适当投资利润率目标：即企业通过定价，使价格有利于实现一定投资报酬为定价目标。采取这种定价目标的美容企业，一般是根据投资额规定的利润率，然后计算出各单位产品的利润额，把它加在产品的成本上就成为该产品的出售价格。

（3）维持和提高市场占有率目标：着眼于追求企业的长远利益，它比获取理想利益目标更重要。市场占有率的高低反映了美容企业的经营状况和竞争能力，从而关系到企业的发展前景。因为从长远来看，美容企业的盈利状况是同其市场占有率正向运动的。为了扩大市场占有率，美容企业必须相对降低产品的价格水平和利润水平。

（4）稳定市场价格目标：企业为了保护自己，避免不必要的价格竞争，从而牢固地占有市场，在产品的市场竞争和供求关系比较正常的情况下，在稳定的价格中取得合理的利润而制定商品价格。

（5）应付竞争目标：竞争性较强的企业所采用的定价策略，为应付竞争，在定价前应注意收集同类产品的质量和价格资料，与自己的产品进行比较，然后选择应付竞争的价格：对于力量较弱的企业，采用与竞争者价格相同或略低于竞争者的价格；对于力量较强又想扩大市场占有率的企业，采用低于竞争者的价格；对于资本雄厚，并拥有特殊技术企业，采用高于竞争者的价格；有时还采取低价，从而迫使对手退出市场或阻止对手进入市场。

当然，企业所处的地理位置、政府对某些商品价格的规定等也是决定价格的因素。

（二）产品定价方法

企业的定价方法很多，根据与定价有关的基本因素，可以总结出三种基本的定价方法，即成本导向定价法、需求导向定价法和竞争导向定价法。不同美容企业所采用的定价方法是不同的，就是在同一种定价方法中，不同企业选择的价格计算方法也有所不同，美容企业应根据自身的具体情况灵活选择，综合运用。

1. 成本导向定价法　以成本为基础制定产品价格的方法。产品的成本形态不同，以及在成本基础上核算利润的方法不同，成本导向定价法可分为以下几种形式：

（1）成本加成定价法：在单位产品成本的基础上，加上预期的利润额作为产品的销售价格。售价与成本之间的差额即利润，称为"加成"。即：

$$价格 = 平均成本 + 预期利润$$

这种定价方法的优点在于：价格能补偿并满足利润的要求；计算简便，有利于核算；能协调交易双方的利益，保证双方基本利益的满足。缺点在于：定价依据是个别成本而并非社会成本，忽视市场供求状况，难以适应复杂多变的竞争情况。因而，这种方法只适用于经营状态和成本水平正常的企业，以及供求大体平衡，市场竞争比较缓和的产品。

（2）边际贡献定价法：也称边际成本定价法，即仅计算可变成本，不计算固定成本，在变动成本的基础上加上预期的边际贡献。边际贡献是指企业增加一个产品的销售所获得的收入，减去边际成本的数目，即：

$$边际贡献 = 价格 - 单位可变成本$$

从上式可以推出单位产品价格的计算公式：

$$价格 = 单位可变成本 + 边际贡献$$

这种定价方法的优点在于：易于各产品之间合理分摊可变成本；采用这一方法定价一般低于总成本加成法，能大大提高产品的竞争力；根据各种产品边际贡献的大小安排企业的产品线，易于实现最佳产品组合。

（3）收支平衡定价法：以盈亏平衡，即企业总成本与销售收入保持平衡为原则制定价格的一种方法。即：

$$产品的收支平衡价格 = 固定成本总额 \div 销售量 + 单位产品变动成本$$

这种定价方法比较简便，单位产品的平均成本即为其价格，且能保证总成本的实现，侧重于保本经营。在市场不景气的条件下，保本经营总比停业的损失要小得多，企业只有在实际销售量超过预期销售量时，方可盈利。这种方法的关键在于准确预测产品销售量，否则制定出的价格不能保证收支平衡。因此，当美容市场供求波动较大时应慎用此法。

（4）投资回收定价法：根据企业的总成本和预计的总销售量，加上按投资收益率制定的目标利润额，作为定价基础的方法。计算公式为：

$$单位产品价格 = (总成本 + 投资报酬) \div 总产量$$

这种定价法首先要估算出不同产量的总成本，估算未来阶段可能达到的最高产量，然后确定期望达到的收益率，才能制定出价格。因此，这种定价法有一个缺陷，即企业是根据销量倒过来推算价格，但是价格又是影响销量的一个因素。这一定价法适合产品有专利权或在竞争中处于主导地位的产品。

2. 需求导向定价法　影响消费者需求的因素很多，如：消费习惯、收入水平和产品的价格弹性等，形成了不同的需求导向方法。

（1）习惯定价法：美容企业依据长期被消费者接受和承认并已成为习惯的价格，对产品进行定价。某些美容产品在长期经营过程中，消费者已经接受了其属性和价格水平，符合这种标准的容易被消费者接受；反之会引起消费者的排斥。经营此类产品的美容企业不能轻易改变价格，减价会引起消费者对产品质量的怀疑，涨价会影响产品的销路。

（2）可销价格倒推法：以消费者对产品价值的感受及理解程度为基础，确定可接受价格。一般在两种情况下企业可采用这种定价法：一是为了满足在价格方面与现有类似产品竞争的需要；一是对新产品推出先确定可销价格，然后反向推算出各环节的可销价格。

（3）需求差异定价法：根据需求的差异，对同种产品制定不同价格，其前提条件是：首先，市场可以细分，各细分市场具有不同的需求弹性；其次，价格歧视不会引起顾客反感；再次，低价格细分市场的顾客没有机会将商品转卖给高价格细分市场顾客；最后，竞争者没有可能在企业以较高价格销售产品的市场上以低价竞争。

需求差异定价法主要包括以下几种形式：①对不同的顾客采取不同的价格。如：

同种产品对购买量大和购买量小的采取不同价格;航空票价对国内、国外乘客分别定价;电影院对老年人、学生和普通观众按不同票价收费等。②根据产品式样和外观差别制定不同价格。对不同样式的同种产品制定不同价格,价差比例往往大于成本差的比例。如:一些名著往往有平装本和精装本之分,其内容完全相同,只是包装不同而已,但价格就有较大差别。③相同产品在不同地区销售价格可以不同。如:同样产品在沿海和内地的价格是有差异的。④相同产品在不同时间销售价格可以不同。如:需求旺季的价格要明显地高出需求淡季的价格;电视广告在黄金时段收费特别高。

（4）理解定价法:企业根据消费者对产品价值的感觉,而不是根据卖方的成本制定价格。各种产品价值在消费者心目中都有特定的位置,当消费者选购某一产品时,常会将该产品与其他同类产品进行比较,通过权衡相对价值高低而决定是否购买。美容企业向某一目标市场投放产品时,首先需给这种产品在目标市场上"定位",即努力拉开本产品与市场上同类产品的差异,运用各种营销手段来影响消费者的价值观念,使消费者感到购买该产品,比购买其他产品将获得更多的相对利益,然后可根据消费者所形成的价值观念,大体确定产品价格。

运用理解定价法的关键是把自己的产品同竞争者的产品相比较,准确估计消费者对本产品的理解价值。为此在定价前必须做好市场调查,否则定价过高过低都会造成损失。如果定价高于买方的理解价值,顾客就会转移到其他地方,企业销售额就会受到损失;定价低于买方的理解价值,必然使销售额减少,企业也同样会受到损失。

3. 竞争导向定价法　以同类产品的市场供应竞争状态为依据,根据竞争状况确定本企业产品价格水平的方法。

（1）通行价格定价法:也叫现行市价法,即依据本行业通行的价格水平或平均价格水平制定价格,要求企业制定的产品价格与同类产品的平均价格保持一致。在有许多同行相互竞争的情况下,当企业生产的产品大致相似时,如产品价格高于他人,会造成产品积压;价格低于他人又会损失应得的利润,并引起同行间竞相降价,两败俱伤。在产品差异很小的美容行业,往往采取这种定价方法。

这种定价法有一定风险,一旦竞争者由于劳动生产率提高,成本降低,突然降低其产品价格,则往往使追随者陷入困境。

（2）竞争价格定价法:与通行价格定价法相反,竞争价格定价法是一种主动定价方法,一般为实力雄厚或独具特色的企业所采用。定价时首先将市场上竞争产品价格与本企业估算价格进行比较,分为高于、低于和一致三个层次;其次将产品的性能、质量、成本、式样、产量与竞争企业进行比较,分析造成价格差异的原因;最后根据以上综合指标确定本企业产品的特色、优势及市场定位。

三、美容产品定价技巧与策略

制定价格不仅是一门科学,而且需要一套策略和技巧。定价方法侧重于产品的基础价格,定价技巧和策略侧重于根据市场的具体情况,从定价目标出发,运用价格手段,使其适应市场的不同情况,实现企业的营销目标。

定价的7个原则

1. 价格应该根据该商品在消费者眼中的价值,而不是你眼中的成本和价值而定。

2. 价格应该是切实的,这样消费者才能明白他们的钱换来的是什么。

3. 价格应该在你可控范围内具有可比性。

4. 如果你想调价的话,必须调整服务或者产品的构架。

5. 价格差异是盈利的关键促成因素。

6. 定价沟通影响着消费者对商品价值的看法。

7. 若是想提高利润,必须做好牺牲部分销售额的准备。

(一) 新产品价格策略

一种新产品初次上市,能否在市场上打开销路,给企业带来预期收益,价格因素起着重要的作用。美容新产品定价技巧和策略有三种:撇脂定价策略、渗透定价策略和满意定价策略。

1. 撇脂定价策略　即在美容新产品上市初期,把价格定得高出成本很多,以便在短期内获得最大利润。这种策略如同把牛奶上面的那层奶油撇出一样,故称之为撇脂定价策略。

这种定价策略的优点在于:

(1) 需求弹性小:新产品上市,需求弹性小,竞争者尚未进入市场,利用高价不仅满足消费者求新、求异和求声望的心理,而且可获得丰厚利润。

(2) 便于降价:为今后降价留有空间,为降价策略排斥竞争者或扩大销售提供可能。

这种定价策略的缺点在于:价格过高不利于开拓市场,甚至会遭受抵制,同时高价投放形成旺销,容易造成众多竞争者涌入,从而造成价格急降。

2. 渗透定价策略　渗透定价策略和撇脂定价策略相反,它是以低价为特征的。把美容新产品的价格定得较低,使美容新产品在短期内最大限度地渗入市场,打开销路,就像倒入泥土的水一样,很快地从缝隙里渗透到底。

这一定价策略的优点在于:能使美容产品凭价格优势顺利进入市场,并且能在一定程度上阻止竞争者进入该市场。缺点在于:投资回收期较长,且价格变化余地小。

阿里巴巴的渗透定价策略

案例:阿里巴巴在早期和ebay竞争时,是不收取商家费用的,但是阿里巴巴提供的中国供应商服务,肯定是有成本的。但是阿里巴巴利用免费的策略吸引了大量中国供应商以后,其实形成了一个双边网络效应,海外客户在阿里巴巴上能够找到更多更充足的供应商来源,节省他们的时间成本,所以海外客户越来越多。最后形成了一个大的平台后,阿里巴巴才开始逐渐向各项服务收费。

分析:在早期,阿里巴巴就是以一个渗透定价的策略,获得了大量客户,建立起竞争壁垒。

3. **满意定价策略**　介于上面两种策略之间的一种新产品定价策略,即将产品的价格定在一种比较合理的水平,使顾客比较满意,企业又能获得适当利润。这是一种普遍使用、简便易行的定价策略,以其兼顾生产者、中间商、消费者等多方面利益而广受欢迎。但此种策略过于关注多方利益,缺乏开拓市场的勇气,仅适用于产销较为稳定的产品,而不适应需求多变、竞争激烈的美容市场环境。

(二) 价格变动策略

美容企业处在一个不断变化的环境中,为了生存和发展,有时需主动削价或者提价,有时又需要对竞争者的变价做出适当的反应。企业无论提价或削价,都会影响购买者、竞争者的利益,并引起他们程度不同的反应。为此,价格变动时必须考虑各方面的反应。对于提价,为防止顾客不满,美容企业也要注意采用一些技巧:

1. **避免全面涨价**　如咖啡店中具有代表性的咖啡和红茶,其中一个涨价,另一个就要保持原价,以缓解顾客的不满,让顾客慢慢地适应。

2. **总费用不涨**　顾客虽然关心产品价格变动,但是通常更关心取得、使用和维修产品的总费用。因此,如果卖主能使顾客相信某种产品取得、使用和维修的总费用较低,那么,他就可以把这种产品的价格定得比竞争者高。

3. **把握价格敏感产品**　某些产品是不能随意提价的,否则会给消费者造成一种"这个商店价格比别家贵"的感觉,这类产品就是"价格敏感产品"。对于非价格敏感产品可以根据情况适当提价,对"价格敏感产品"提价则需谨慎。所谓价格敏感产品,指消费者经常使用、高频率购买、对价格熟知度高且易比较的产品,如:洗面奶、手帕纸等;非价格敏感产品则是指非当令产品,或是耐用消费品,如:反季节家电、盒装果品等。

(三) 系列产品定价策略

系列产品是指企业生产的产品不是单一的,而是相关的一组产品。与单一产品销售不同,系列产品定价必须兼顾产品之间的关系,以使整个产品系列获得最大的经济利益。为此,美容企业在考虑制定或调整某一产品价格的时候,不仅要考虑调价对该产品本身利润和成本的影响,还要考虑由于这种产品价格或变化,对其他相关联产品的利润和成本的可能性影响。

1. **产品线定价策略**　企业通常开发出来的是产品线,而不是单一产品。当美容企业生产的系列产品存在需求和成本的内在关联性时,为了充分发挥其积极效应,企业可采取产品线定价策略。

产品线的两个终端价格比系列中其他产品价格更能引起消费者注意。低端价格一般是最常被人们记住的,所以常常被用来作为打开销路的产品;高端价格意味着整个产品线质量最高,也十分引人注目,会对需求起指导、刺激作用。这两个终端价格水平能为潜在买主提供某种信息,即便宜或高档,它影响整个产品系列中全部产品的价格印象,进而影响销售收入。对产品线介于终端价格之间的产品,美容企业首先要确立质量差别,以突出价格上的差异。然后,用价格的差异来表现质量差别,使这些产品在相应的美容市场上受到消费者的认同。

在美容业,"专业线"的产品价位一般分为低、中、高几个档次,单个产品低档价位零售价约在 200 元以下,中档价位零售约在 200~500 元,高档价位零售约在 500 元以上;套盒低档价位零售价约在 3 000 元以下,中档价位零售价约在 3 000~6 000 元,高档价位零售价约在 6 000 元以上。

2. 替代产品定价策略 替代品是能使消费者实现相同消费满足的不同产品,它们在功能、用途上可以互相替代。假设 Q_1、Q_2 是一组替代产品,提高 Q_1 的价格,Q_1 的需求量就会下降,对 Q_2 的需求却会相应地上升。美容企业可以利用这种效应来调整化妆品结构。

3. 互补产品定价策略 互补产品是在功能上互相补充,需要配套使用的产品。互补产品的价格相关性表现在它们之间需求的同向变动上,假设 Q_1 产品与 Q_2 产品存在互补关系,那么,降低 Q_1 价格引起对 Q_1 产品的需求上升后,Q_2 产品的需求也会相应提高。美容企业利用这种互补效应,可以降低某种产品尤其是基础产品的价格来占领市场,再通过增加其互补产品的价格使总利润增加。需要注意的是,互补品的需求影响是相互的,如果辅助产品价格定得过高,消费者难以承受,也会影响基础产品的销量。

(四) 折扣定价策略

长期以来,折扣一直被企业作为增加销售的主要方法之一,是美容企业常用的定价策略。

1. 现金折扣 企业给那些当场付清货款顾客的一种奖励。采用这一策略,可以促使顾客提前付款,从而加速资金周转。这种折扣的大小,多根据提前付款期间的利息和企业利用资金所能创造的效益来确定。

2. 数量折扣 企业给那些大量购买产品顾客的一种减价,以鼓励顾客购买更多的货物。数量折扣有两种:一种是累计数量折扣,即规定在一定时间内,购买总数超过一定数额时,按总量给予一定的折扣;另一种是非累计数量折扣,规定顾客单次购买达到一定数量或金额时给予一定的价格折扣。

3. 业务折扣 也称中间商折扣,即生产者根据各类中间商,在市场营销中所担负的不同业务职能和风险大小,给予不同的价格折扣。其目的是促使他们愿意经营销售本企业的产品。

4. 季节折扣 企业给那些购买过季产品或服务顾客的价格优惠,鼓励消费者反季节消费,使企业的生产和销售在一年四季中保持相对稳定。这样有利于减轻企业储存的压力,从而加速产品销售,使淡季也能均衡生产,旺季不必加班加点,有利于充分发挥生产能力。

案例分析

"双 11"——中国最大的促销季

案例:2018 年,第十个天猫"双 11",2135 亿成交额和 10.42 亿件包裹再次刷新纪录,相关话题也持续成为社会热点。

2009 年"双 11",27 个品牌参与。2018 年"双 11",全球 18 万个品牌参与。"剁手党"们因此收获了有品质的生活,也收获了空前的实惠。商家更理性,也更狂热。三只松鼠将"双 11"视为新品测试的最佳场景,平时不怎么打折的全棉时代也在"双 11"大幅度让利,就连一向"高冷"的苹果公司,也来发放满减券、免息券。商家们为什么要这样做? 因为通过这一天,商家能够获得数字化的几何数字增加的新用户,这些用户在未来的 365 天或更长时间,可以持续运营,因为已经数字化了。当下推动零售和商业发展的,不仅有人工智能,还有内容化等趋势,内容化正越来越多地影响消费决策,通过内容展示,消费者的好奇心被激发、需求被激发。

分析: 天猫双 11 通过与多个商家合作共赢的方式,采用各种折扣促销策略,从十年前的淘宝商城(天猫前身)促销活动,到今天的全球狂欢节,天猫双 11 已经成了跨越线上线下的社会化大协同,成了商业升级和消费升级的风向标。

(五) 心理定价策略

心理定价策略是根据消费者购买产品时的心理来对产品进行定价。

案例分析

学一招儿——心理定价

案例: 某制衣公司为解决产品价格问题,每当推出新样式,便把部分消费者请去,让其对自己喜欢的样式报出所能接受的价格,然后再经过综合权衡,定出一个适当价格。最终新样式上市之后,颇受垂青。该制衣公司采用的是心理定价策略,公司统计:一分价钱一分货的价值定价策略利润率在 30% 以下,而心理定价策略的利润率却达到 50%~60%。

分析: 化妆品类产品追求"美丽"和"青春",时装追求时尚、与众不同的个性和新奇,这些都是物质成本所不能衡量的,价格的高低应以消费者的"适当价值感"为限,即采用时尚定价策略。真正决定产品价值的因素是产品本身给人们所带来的满足感,商品满足也就产生了价值。凡是能够为消费者提供文化、安全等精神满足的商品,其价格就可能是心理价位。

1. **声望定价**　企业利用消费者仰慕名牌产品或名牌企业的声望所产生的某种心理来制定商品价格,故意把价格定成高价。

2. **尾数定价**　又称奇数定价,根据消费者习惯上容易接受尾数为非整数价格的心理定势,而制定尾数为非整数的价格。如:某配套化妆品卖 3 999 元,而非 4 000 元,虽然只是 1 元的差别,但给消费者的心理感受是不同的。

3. **招徕定价**　企业利用顾客求廉的心理,特意将某几种产品价格定得较低,以吸引顾客,并带动选购其他正常价格的产品。

课堂互动

美容顾客的服务需求带有明显的时间性,美容院的服务产品不能预先制作。针对上述问题,请同学们讨论美容产品都可以采取怎样的定价策略。

第四节　美容业分销渠道策略

分销渠道也叫销售渠道、流通管道、通道、分配路线等,指产品由生产者向消费者转移过程中,由一系列机构所组成的途径和通道网络。分销渠道不是由单一渠道构成的,而是由若干相互补充、配合的渠道共同形成的系统,即美容企业针对多个细分市场和地域市场的不同要求和特点,根据批量、等待时间、空间便利性、产品多样性、服务支持等需要,从点的布局、线的连结、面的广度上形成一个网络。

分销渠道的起点是制造商,终点是最终消费者,中间环节是与产品所有权转移有关的各种机构。由于美容产品在转移过程中是"五流合一"的过程,即商流、物流、信息流、资金流、促销流统一,因而分销渠道成员也存在几种类型。制造商、中间商、顾客是分销渠道的主要成员,且是"五流"的聚焦所在,而物流企业、银行、广告代理商等也是分销网络不可缺少的成员。

一、分销渠道类型

1. 直接渠道和间接渠道　在与消费者联系过程中,按是否有中间商参加,可分为直接渠道和间接渠道。直接渠道指制造商直接把产品销售给消费者,而不通过任何中间环节的销售渠道。主要形式有:定制、销售人员上门推销、通过设立专门店销售等。间接渠道指生产者通过中间商来销售商品。美容院直接面对终端消费者,在选择分销渠道上宜采用直接渠道策略。

美容厂家一般根据自己产品的价位和实力选择如下几种通路:厂家→省级代理商→(地市级代理商)→美容院;厂家→地市级代理商→美容院;厂家→美容院。

2. 长渠道和短渠道　按生产商品通过多少环节销售出去,可分为长渠道和短渠道。长渠道是指在产品销售过程中利用两个或两个以上的中间商分销商品;短渠道是指生产者仅利用一个中间商或自己销售产品。

3. 宽渠道和窄渠道　当企业将产品销向一个目标市场时,按使用中间商的多少,可分为宽渠道和窄渠道。分销渠道宽度是指分销渠道每个环节或层次中,使用相对类型中间商的数量,同一层次或环节使用的中间商越多,渠道就越宽;反之,渠道就越窄。

二、分销渠道设计

(一) 分销渠道设计因素

1. 产品因素　产品的特性不同,对分销渠道的要求也不同,包括:价值大小、体积与重量、变异性、标准化程度、技术性等。

2. 市场因素　市场是分销渠道设计时最重要的影响因素之一,如:市场类型、市场规模、顾客集中度、用户购买数量、竞争者的分销渠道等。

3. 企业自身因素　企业自身因素是分销渠道选择和设计的根本立足点。包括:企业规模、实力和声誉、产品组合、企业营销管理能力和经验、对分销渠道的控制能力等。

4. 环境因素　影响分销渠道设计的环境因素既多又复杂。如:科学技术发展可能为某些产品创造新的分销渠道;食品保鲜技术的发展可使水果、蔬菜等的销售渠道有可能从短渠道变为长渠道;经济萧条时迫使企业缩短渠道等。

5. 中间商因素　不同类型的中间商在执行分销任务时各有优势和劣势。美容分销渠道设计时应充分考虑不同中间商的特征,一些技术性较强的产品,要选择具备相应技术能力或设备的中间商进行销售。

(二) 分销渠道管理

分销渠道管理要解决分销渠道中存在的矛盾冲突,提高分销渠道成员的满意度和积极性,促进渠道协调性,提高分销效率。

1. 选择分销渠道成员　如果美容企业确定了间接分销渠道,下一步就应做出选择中间商的决策,选择得当,能有效地提高分销效率。选择中间商时应做到:广泛搜集有关中间商的业务经营、资信、市场范围、服务水平等方面信息;确定审核和比较的标准;说服中间商接受各种条件。

2. 促进渠道成员合作　分销渠道管理者及其成员应认识到网络是一个体系,某一成员的行动会对增进或阻碍其他成员达到目标产生很大影响。发现中间商与自己不同的立场,如:中间商希望经营各种美容产品,而不希望只经营有限品种,处理矛盾及促进合作行动,要从管理者意识到网络中的潜在矛盾开始。实际上中间商只有作为买方的采购代表来经营,才会获得成功。

3. 密切注视网络冲突　在分销渠道网络中经常会发生拖欠贷款、相互抱怨、推迟完成订货计划等,美容企业分销渠道管理者应关注实际问题或潜在问题所在,及时收集真正的原因。

4. 设计解决冲突策略　从增进渠道成员的满意程度出发,采取分享管理权策略,接受其他成员的建议。在权力平衡的情况下,采取说服和协商方法,或使用权利,用奖励或惩罚的办法,促使渠道成员服从自己的意见。

5. 渠道管理者发挥作用　合作是处理冲突的根本途径,但要达到目标,渠道管理者应主动地走出第一步,并带头做出合作的努力。

6. 渠道成员调整　单纯注意冲突和增进合作并不一定能保证完成渠道分销任务,某些渠道成员确实缺乏必要的条件,如规模太小、销售人员不足、专业知识不足、财务状况不良等,此时应果断做出调整和改组的决策。

(三) 激励渠道成员

中间商需要激励以尽其职,虽然加入渠道网络的因素和条件已构成部分激励,但还需不断地督导和鼓励。

1. 了解中间商特征　中间商是一个独立经营者,经过一定实践后,会安于某种经营方式,执行自己目标所必需的手段,自由制定经营政策。如:以顾客采购代理人为主,而以供应商销售代理人为辅;任何产品都有兴趣经营;试图把所有商品组成产品组合出售;不愿保留某些品牌的销售信息,不反馈消费者对产品的使用意见等。

2. 提供优质产品　为使双方合作朝着健康方向发展,生产者应不断提高产品质量,扩大生产规模,不断满足中间商要求。唯有如此,双方之间的关系才会长久,才会取得良好的效益。企业产品优质、畅销是对中间商最好的激励。

3. 特殊政策　重要中间商即主要分销商,应采取必要的政策倾斜,如:互相投资、控股,给予独家经销权和独家代理权等,给重要中间商以特殊政策。

4. 共同促销 不断进行广告宣传,增强或维持产品知名度和美誉度,否则中间商可能拒绝经销,同时希望中间商也承担一定的广告宣传工作。经常派人前往一些主要中间商处,协调安排美容产品陈列,举办美容产品展览等。

5. 人员培训 随着美容产品科学技术含量的提升,对中间商的培训也越来越重要,应经常向中间商提供这种服务,尤其对销售人员的培训更重要。

6. 协助市场调查 任何中间商都希望得到充分的商业情报,应协助中间商搞好市场分析和市场调查,包括寄发业务通讯及期刊等,保持良好的沟通状态。尤其在销售困难情况下,中间商特别希望美容企业能协助进行市场分析,以利推销。实践表明,只有与中间商保持经常的密切联系,才能减少彼此之间的矛盾。

7. 销售竞赛 除了销售利润外,还应给予销售成绩优秀者一定的奖励。奖励可以是奖金,也可以是奖品,也包括免费旅游或精神奖励,如在公司的刊物或当地报纸上公布于众。

8. 物质利益保证 为进入美容市场,扩大市场份额和争取中间商,需要给中间商一个具有竞争力的销售量边际利润。如某企业不直接付给25%的销售佣金,而是按下列标准支付:保持适度的存货付5%;满足销售配额的要求付5%;有效地服务顾客付5%;及时通报顾客的意见及建议付5%;正确管理应收账款付5%。

课堂互动

以分销渠道的类型和设计为内容,查阅有关直销的相关资料,对美容院直销模式进行分析,并围绕美容院直销模式以组为单位进行讨论,每组选出一名代表在课堂上进行交流,其他同学可以质疑、提问,进行交流的同学解答。

第五节　美容产品促销策略

一、促销组合

促销是企业通过各种方式和目标市场之间双向传递信息,以启发、推动和创造对企业产品的需求,引起购买欲望和购买行为。促销组合是企业根据促销的需要,对广告、人员推销、销售促进等各种促销方式进行适当选择和综合编配。美容企业的促销方式包括:广告、人员推销、公共关系、销售促进等。

促销组合的构成要素包括广义和狭义。广义包括:产品功能、式样、包装的颜色与外观、价格、品牌、分销渠道等,都是从不同角度传播产品的某些信息,推动对产品的需求;狭义包括:各种形式的广告、展销会、商品陈列、销售辅助物(目录、说明书)、劝诱工具(竞争、赠送样品、彩券)以及宣传等。

美容院促销窍门

1. 利用低门槛体验价促销，吸引顾客体验。

2. 利用折扣让顾客开办年卡。

3. 利用周年店庆、年终活动、节假日等做促销。

4. 在顾客生日等特殊日子时推出优惠。

5. 与整形医院、化妆品店、纹饰店等不同类别的美容行业店面或各大超市、时装店、西餐厅等不同行业的门店联手合作。

6. 老顾客介绍新顾客优惠方法。

(一) 促销策略组合

促销策略组合是对各促销手段的选择，及在组合中侧重使用某种促销手段。

1. **推式策略**　利用推销人员与中间商促销，将产品推入渠道的策略。这一策略需利用大量推销人员推销产品，适用于生产者和中间商对产品前景看法一致的产品。推式策略风险小、推销周期短、资金回收快，但前提条件必须有中间商的共识和配合。

美容业推式策略常用的方式有：推销人员上门推销；提供各种售前、售中、售后服务促销等。

2. **拉式策略**　企业针对最终消费者展开广告攻势，把产品信息介绍给目标市场消费者，使人产生强烈的购买欲望，形成急切的市场需求，"拉引"中间商纷纷要求经销。在美容市场营销过程中，由于中间商与生产者对某些新产品的市场前景常有不同的看法，很多新产品上市时，中间商往往因过高估计市场风险而不愿经销。在这种情况下，美容企业只能先向消费者直接推销，然后拉引中间商经销。

美容业拉式策略常用的方式有：价格促销、广告、展览促销、代销、试销等。

3. **推拉结合策略**　在通常情况下，企业也可以把上述两种策略配合起来运用，在向中间商进行大力促销的同时，通过广告刺激市场需求。在"推式"促销的同时进行"拉式"促销，用双向的促销努力把产品推向市场，这比单独地利用推式策略或拉式策略更为有效。

(二) 影响促销组合因素

由于不同的促销手段具有不同的特点，企业要想制定出最佳组合策略，就必须对促销组合进行选择。美容企业在选择最佳促销组合时，应考虑以下因素：

1. **产品类型**　产品类型不同，购买差异就很大，不同类型产品应采用相应的促销策略。一般来说，消费品主要依靠广告，然后是销售促进、人员推销和宣传；生产资料主要依靠人员推销，然后是销售促进、广告和宣传。

2. **产品生命周期**　处在不同时期的产品，促销的重点目标不同，所以采用的促销方式也有所区别。在导入期和成熟期，促销活动十分重要，而在衰退期则可降低促销费用支出，缩小促销规模，以保证足够的利润收入。

3. **市场状况**　市场需求情况不同，采取的促销组合也不同。一般来说，市场范围小，潜在顾客较少或产品专用程度较高的市场，应以人员推销为主；对于无差异市场，因其用户分散、范围广,应以广告宣传为主。

二、人员推销

人员推销是一种传统的促销方式,在现代美容市场营销活动中仍起着十分重要的作用。国内外许多企业在人员推销方面的费用支出,要远远大于在其他促销方面的费用支出。实践表明,人员推销与其他促销手段相比具有不可替代的作用。

人员推销是指企业派出推销人员直接与顾客接触、洽谈、宣传商品,以达到促进销售目的的活动过程。西方营销专家认为,今天的世界是一个需要推销的世界,大家都在以不同形式进行推销,人人都是推销人员。如:科研单位在推销技术,医生在推销医术,教师推销知识。推销无时不在,无处不在。与广告、销售促进等促销方式相比,人员推销有其特有的优势。

1. 亲切感强 满足顾客需要是保证销售达成的关键,推销人员愿意在许多方面为顾客提供服务,帮助他们解决问题。因此,推销人员通过同顾客面对面交流,消除疑惑,加强沟通,同时,双方在交流过程中可能建立起信任和友谊关系。

2. 说服力强 推销人员通过现场示范,介绍商品功能,回答顾客问题,可以立即获知顾客的反应,并据此适时调整自己的推销策略和方法,使顾客信服。

3. 针对性强 广告所面对的范围广泛,其中有相当部分人不可能成为企业的顾客,而人员推销总是带有一定的倾向性访问顾客,目标明确,可以直达顾客,无效劳动较少。

4. 竞争性强 各个推销人员之间很容易产生竞争,在一定物质利益机制驱动下,会促使这一工作做得更好。

知识链接

互联网浪潮下的人员推销方式——社群营销

社群营销就是基于相同或相似的兴趣爱好,通过某种载体聚集人气,通过产品或服务满足群体需求而产生的商业形态。社群营销的载体不局限于微信、QQ,各种平台,甚至线下的平台和社区都可以做社群营销。它们有相同的属性,有统一的目标和规则。一个社群必须具备3个要素:相同的属性标签,相同的目标,自己的运营制度。

例如:一个女生最近想减肥,她就建一个减肥群,她在群里每天坚持截图晒体重,一边和别人交流减肥心得,一边学习减肥食谱。后来,她发现这个减肥社群多达几百人的时候,就开始分享减肥技巧,或者推荐减肥食品,然后就开始赚钱了。只要你知道自己想做什么,你便可以建立一个社群,如你爱好摄影,就可以建一个摄影群,每天讨论摄影技巧;如你对服装搭配很有研究,就可以建个群来分享搭配经验,甚至可以在群里面销售衣服或者其他产品。

三、广告策略

企业要实施广告决策,首先要确定广告活动的具体目标。没有具体有效的广告目标,企业就不可能对广告活动进行有效的决策、指导和监督,也无法对广告活动效果进行评价。

确定广告目标,应注意以下原则:一是广告目标要易于测定;二是广告目标要服从企业营销总目标;三是广告目标的确定要获得有关部门同意。

(一) 广告目标类型

1. 产品销售额目标　企业可以根据产品销售情况来确定广告目标,但必须建立在广告是促进产品销售增加的唯一因素,或者至少是最主要因素的基础上。因此,以产品销售额作为广告目标往往只适合少数美容产品,对于大多数以普通方式销售的美容产品,这种方式并不适用。

2. 创造品牌目标　开发新产品和开拓新市场,通过对产品性能、特点和用途的宣传介绍,提高消费者对产品的认识程度。具体内容包括:向市场告知有关新产品情况;通知市场有关价格的变化情况;说明新产品如何使用;描述所提供的各种服务;纠正错误的印象;树立公司形象。

3. 保牌广告目标　巩固已有的产品市场,深入开发潜在的市场和刺激购买需求,提高产品市场占有率。通过连续广告,加深消费者对已有产品的认识和印象,使显在消费者养成消费习惯,使潜在消费者发生兴趣,并促成其购买行为。广告诉求重点是保持消费者对广告产品的好感、偏爱,增强其信心。具体内容包括:建立品牌偏好;改变顾客对产品属性的知觉;保持最高的知名度。

4. 竞争广告目标　加强产品宣传竞争,提高产品市场竞争能力。广告诉求重点是宣传本产品的优异之处,使消费者认识到本产品的好处,增强对广告的偏爱,指名购买,并争取偏好其他产品的消费者转而购买本企业产品。

(二) 广告预算

美容企业确定广告预算的主要方法有以下几种:

1. 销售百分比法　以一定期限内销售额的一定比率计算出广告费总额。可细分为计划销售额百分比法、上年销售额百分比法、两者的综合折中百分比法、计划销售增加额百分比法四种。

2. 利润百分率法　计算上较简便,使广告费和利润直接挂钩,适合于不同产品间的广告费分配。但是,这一方法对新上市产品不适合,新产品上市需要做大量广告,广告开支比例自然就大。

3. 目标任务法　根据企业战略目标确定广告目标,决定为达到这种目标而必须执行的工作任务,估算完成这些任务所需要的广告预算。这一方法对新产品发动强力推销是很有益处的,可以灵活地根据市场营销的变化来调整费用,较易于检查广告效果。缺点是没有从成本的观点出发来考虑某一广告目标是否值得追求。

4. 量力而行法　企业确定广告预算的依据是所能拿得出的资金数额,企业根据财力情况决定广告开支。

5. 竞争对抗法　根据竞争对手的广告费开支来确定本企业的广告预算。在这里,广告主明确把广告当作了进行市场竞争的工具。

(三) 选择广告媒体

广告效用不仅与广告信息有关,也与广告主所选用的广告媒体有关。运用的广告媒介不同,广告费用、广告设计、广告策略、广告效果等也不同。

1. 媒体调查　媒体调查是为了掌握各个广告媒体单位的经营状况和工作效能,以便根据广告目标来选择媒体。

（1）报刊媒体调查：包括发行量、发行区域分布、读者层构成、发行周期、信誉等。

（2）广播电视媒体调查：包括传播区域、视听率、视听者层等。

（3）网络媒体调查：包括各类搜索引擎、浏览器、网站、网页、社交网络媒体和各种网络自媒体等。

（4）其他广告媒介调查：包括交通广告、路牌、霓虹灯广告等，主要通过调查交通人流量、乘客人员来匡算测定，邮寄广告则通过发信名单进行抽查即可。

2. 媒体选择　企业在选择媒体时要考虑如下因素：

（1）目标顾客的媒体习惯：人们在接受信息时，一般是根据自己的需要和喜好来选择媒体。分析目标顾客的媒体习惯，能够更有针对性地选择广告媒体，提高广告效果。

（2）媒体特点：不同媒体的市场覆盖面、市场反应程度、可信性等均有不同的特点。

（3）产品特性：不同产品在展示形象时对媒体有不同要求。

（4）媒体费用：不同媒体所需成本也是媒体选择所必须考虑的因素之一。考虑媒体费用不能仅分析绝对费用，要研究相对费用，即沟通对象的人数构成与费用之间的相对关系。

（四）广告效果评价

广告效果主要包括三个方面，即传播效果、促销效果和心理效果。传播效果是广告被认知和被接受的情况，如广告的覆盖面、接触率、注意度、记忆度和理解度等；促销效果是广告所引起的产品销售情况，即广告最为明显的实际效果；心理效果是广告所引起的广告受众的心理反应，使消费者对企业好感的增强，建立起品牌忠实度。

1. 方法

（1）事先评价方法：事先评价是在广告设计完成之后和投入传播之前，在小范围内进行的传播效果测试。事先评价主要是采用"德尔菲法"和"残象测试法"。

1）德尔菲法：即组织消费者小组或广告专家小组观看各种广告，然后对广告做出评定。

2）残象测试法：即将已设计好的广告进行短暂地展示，作品撤走后，立即询问对该广告的残留印象。如果残留印象正是广告所突出的主题，说明广告是成功的，否则是失败的。

（2）事后评价法：包括记录、回忆、即时监测、比较等。

2. 评价

（1）广告传播效果评价：①接收率：指接收某种媒体广告信息人数占该媒体总人数的比率；②认知率：指接收到广告信息的人数中，真正理解广告内容人的比率，反映广告传播效果的深度。

（2）广告促销效果评价：广告促销效果比传播效果更难测量，因为除了广告因素外，销售还受到许多其他因素的影响，如产品特色、价格等。采用邮寄广告方式时，广告销售效果最容易测量，而品牌广告或企业形象广告的销售效果最难测量。

（3）广告心理效果评价：广告心理效果的测定，是以广告的收视率、兴趣和欲望，产品知名度和美誉度等间接促进销售的因素为依据，接收人对广告的印象，以及所引起的心理效果。

　　企业形象一般用知名度和美誉度两项指标来衡量,通过广告前后对固定对象的调查,了解企业形象的变化。

四、销售促进策略

　　销售促进是指企业在某一段时期内采用特殊手段,对消费者和中间商实行强烈刺激,以促进销售迅速增长的非常规、非经常性使用的促销行为。与人员推销、广告等经常性促销手段相比,销售促进不能经常使用,只能用于解决一些短期的、具体的促销任务。随着市场竞争的日益激烈,销售促进的使用越来越受到企业的重视。

　　品牌声誉不高的产品采用销售促进的较多,而名牌产品主要依靠品牌形象取胜,过多地使用销售促进可能降低品牌声誉。对于价格弹性较大的产品比较适用,而价格弹性小、品质要求高的产品不宜过多使用销售促进手段。依据对象不同,销售促进可以分为面向消费者销售促进、面向中间商销售促进、面向本企业推销员销售促进三种类型。三种类型的销售促进均有一系列方式。人员推销和广告一般需要一个较长周期才能显示出效应,而销售促进只要选择得当,效益能很快地体现出来。

(一) 对中间商销售促进

　　吸引中间商经营本企业产品,维持较高水平的存货,抵制竞争对手的促销影响,获得更多合作和支持。主要的销售促进方式有:

　　1. 销售津贴　也称销售回扣,是最具代表性的销售促进方式。为了感谢中间商而给予的一种津贴,如广告津贴、展销津贴、陈列津贴、宣传津贴等。

　　2. 列名广告　企业在广告中列出经销商的名称和地址,告知消费者前去购买,提高经销商的知名度。

　　3. 赠品　包括赠送有关设备和广告赠品。向中间商赠送陈列商品、销售商品、储存商品或计量商品所需要的设备,如货柜、冰柜、容器、电子秤等;日常办公用品和日常生活用品,上面印有企业的品牌或标志。

　　4. 销售竞赛　事先向所有参加者公布获奖条件、获奖内容,获胜者可以获得现金或实物奖励。这一方式可以极大地提高中间商的推销热情,如获胜者的海外旅游奖励等已被越来越多的企业所采用。

　　5. 业务会议和展销会　企业一年举行几次业务会议或展销会,邀请中间商参加,在会上,可一方面介绍商品知识,另一方面现场演示操作。

(二) 对消费者销售促进

案例分析

促销要"师出有名"

　　案例:某加盟美容院开业后,开展了一系列的促销活动,如:免费讲解皮肤护理知识、免费测试皮肤、派发免费美容卡、发放服务优惠卡等,但效果不甚理想,营业 3 个月,业绩惨淡。

总部根据该美容院在当地知名度较小、顾客少、业绩差、同行业之间竞争同质化严重等不利因素，策划实施了一次慈善活动。活动主题是"关注弱势群体，做爱心美丽母亲"，主办方联系了民政、妇联等部门和相关媒体，找了一位丧失双亲、却自强不息的失学小女孩，活动呼吁社会关注弱势群体中的失学儿童，公布了爱心卡的捐赠规则，即购买该美容院一定服务卡的顾客，由美容院代顾客捐助一定额度的救助金，让顾客美丽的同时也向社会捐献了爱心。这个活动做得非常成功，活动结束，光爱心卡就卖出了近十万元，而美容院在当地的知名度也大大提升。

分析：轻易得到的东西人们往往不会珍惜，促销要"师出有名"，给消费者一个参与理由，付出一定牺牲或者代价，充分激发顾客参与积极性，促销才能达到好的效果。如果这个理由和条件能与公益和慈善行为挂上钩，活动不仅会获得经济效益和社会效益的双丰收，也会促进企业和品牌的形象发展，为塑造名企和名牌奠定基础。

鼓励消费者更多地使用产品，促使其大量购买。主要方式有：

1. 赠送样品　企业免费向消费者赠送商品样品，促使消费者了解商品性能与特点。样品赠送方式可以上门赠送，也可以通过邮局寄送；可以在购物场所散发，也可以附在其他商品上赠送等。多用于新产品促销。

2. 有奖销售　给购买者以一定奖项的办法来促进购买。奖项可以是实物，也可以是现金，常见的有幸运抽奖，顾客只要购买一定量产品，即可得到一个抽奖机会，多买多奖，或当场摸奖，或规定日期开奖，也可以采取附赠方式，即对每位购买者另赠纪念品。

3. 现场示范　利用销售现场进行商品的操作表演，突出商品的优点，显示和证实产品性能和质量，刺激消费者的购买欲望。现场示范属于动态展示，效果往往优于静态展示，特别适合新产品推出或使用比较复杂的商品。

4. 廉价包装　在产品质量不变的前提下，使用简单、廉价的包装，而售价有一定削减。

5. 折价券　以低于商品标价购买商品的一种凭证，也称为优惠券、折扣券，消费者凭此券可获得购买商品的价格优惠。折价券可以邮寄、附在其他商品中或在广告中附送。美容院可以利用折扣方法让顾客开办年卡，在美容院显眼的位置挂上如下字样"护理价目表：恕不讲价，敬请谅解。单次九折、月卡八折、季度卡七折、半年卡六折、年卡五折"。如果顾客对产品效果以及服务态度等因素均满意的话，那么精明的顾客一定会选择开年卡。如果费用太高可以采取分期付款的方式。

（三）对本企业推销员销售促进

激励推销员提高业绩，促使销量增长。主要方式有：奖金、推销会议、推销竞赛、旅游。面向本企业推销员销售促进的面较窄，同时它又可以看作企业内部管理的范畴，所以销售促进主要指前两种类型。

课堂互动

根据所学，请同学们对美容院促销窍门进行讨论，并为一次促销活动撰写具体的促销方案及实施细则，在课堂上交流。

（陈秘密）

复习思考题

1. 简述美容市场营销环境的分类。
2. 论述 STP 分析的简要内容。
3. 美容新产品在上市初期可以采用哪些定价策略？
4. 一家社区生活型美容院可以采用哪些促销策略？

扫一扫
测一测

美容企业人力资源管理

人力资源管理的概念、目标任务、主要内容,美容企业人力资源管理的模式;美容企业员工招聘的原则、流程及培训的方法;SMART 原则;薪酬管理策略;激励策略;员工保留措施。

第一节　人力资源管理概述

一、人力资源相关概念

(一) 人力资源(human resource,HR)的概念和特征

人力资源一词,最早由美国管理学家彼得·德鲁克于 1954 年在其著作《管理的实践》一书中提出。

人力资源是指一定时期内组织中的人所拥有的能够被企业所用,且对价值创造起贡献作用的教育、能力、技能、经验、体力等的总称。人力资源是多种层次人员的集成。包括:领导人才、管理人才、各类专业技术人才和各种类型的工人和工作人员。

人力资源具有以下特征:

1. 主动性　人力资源的主动性体现在劳动者可以通过接受教育或主动学习,提高知识、技能、意志、体质等方面的素质;可以按照自己的意志自主择业;可能有效地利用其他资源为组织创造性地工作。为此,创新与创造始终是人力资源的精髓。

2. 时效性　人力资源作为劳动能力资源具有自身的生命周期。童年和少年阶段主要是人力资源的储备和形成阶段,青年和中年阶段是人力资源发挥作用的最佳阶段,老年阶段发挥作用的效率逐步降低。因此,人才的最佳创造年龄为 25~45 岁,37岁处于顶峰时期。

3. 可再生性　人力资源的可再生性是指劳动者可以通过不断学习、更新知识、提高技能而得以持续开发。人力资源的这一特点要求在人力资源的开发与管理中注重终身教育,加强后期培训与开发,不断提高其能力水平。

4. 社会性　人力资源的形成、配置、利用、开发是通过社会分工来完成的,是以社会的存在为前提条件的。人力资源的社会性,主要表现为人与人之间的交往及由此产生的千丝万缕的联系。在高度社会化大生产的条件下,人体要通过一定的群体来发挥作用,群体组织结构在很大程度上又取决于社会环境,因此,社会环境构成了人力资源的大背景,它通过群体组织直接或间接地影响人力资源开发,要求人力资源管理者既要注重协调人与人、人与团体、人与社会的关系,又要注重组织中的团队建设。

5. 可变性　人力资源在使用过程中所发挥的作用可能会有所变动,从而具有一定的可变性。人力资源的使用表现为人的劳动过程,而人在劳动过程中会因为身心变化而影响劳动的效果。例如,当人受到有效的激励时,就会主动地进行工作,人力资源的价值就能得到充分发挥;反之,当人不愿意进行工作时,其脑力和体力就不会发挥出应有的作用。所以,人力资源作用的发挥具有一定的可变性。在相同的外部条件下,其创造的价值大小可能不同。自然资源则不同,在相同的外部条件下,其价值大小一般不会发生变化。

(二) 人力资源管理(human resource management,HRM)

从二十世纪六七十年代至今,国内外学者对人力资源管理提出了多种定义,从不同的侧面对人力资源管理进行阐释。综合起来可以分为四大类:

第一类:主要是从人力资源管理的目的出发来解释它的含义,认为它是借助对人力资源的管理来实现目标。

第二类:主要是从人力资源管理的过程或承担的职能出发来进行解释,把人力资源看成是一个活动过程。

第三类:主要解释了人力资源管理的实体,认为它就是与人有关的制度、政策等。

第四类:主要是从人力资源管理的目的、过程等方面出发综合进行解释。

具有代表性的有以下几种:

1. 人力资源管理是指运用现代化的科学方法,对与一定物力相结合的人力进行合理地培训、组织和调配,同时对人的思想、心理和行为进行恰当地诱导、控制和协调,充分发挥人的主观能动性,使人尽其才,事得其人,人事相宜,以实现组织目标。

2. 人力资源管理是指根据企业发展战略的要求,有计划地对人力资源进行合理配置,通过对企业员工的招聘、培训、使用、考核、激励、调整等过程,调动员工的积极性,发挥员工的潜能,为企业创造价值,给企业带来效益。确保企业战略目标的实现,是企业的一系列人力资源政策以及相应的管理活动。这些活动主要包括企业人力资源战略的制定,员工的招募与选拔,培训与开发,绩效管理,薪酬管理,员工流动管理,员工关系管理,员工安全与健康管理等。即:企业运用现代管理方法,对人力资源的获取(选人)、开发(育人)、保持(留人)和利用(用人)等方面所进行的计划、组织、指挥、控制和协调等一系列活动,最终达到实现企业发展目标的一种管理行为。

3. 人力资源管理是指如何使员工在组织中更有效地工作,是指在招聘、任用、培训、培养、发展组织成员的一项管理职能。

4. 人力资源管理包括一切对组织的员工构成直接影响的管理决策及其实践活动。

5. 人力资源管理是指为了完成管理工作者涉及的人或人事方面的任务所需要掌握的各种概念和技术。这些概念和技术包括:工作分析、招聘与选拔、员工培训与开发、薪酬管理、绩效评价、劳动关系等。

综上所述,我们认为,人力资源管理,是指在经济学与人本思想指导下,通过招聘、甄选、培训、报酬等管理形式对组织内外相关人力资源进行有效运用,满足组织当前及未来发展的需要,保证组织目标实现与成员发展最大化的一系列活动的总称。就是预测组织人力资源需求,并做出人力需求计划、招聘选择人员并进行有效组织、考核绩效支付报酬并进行有效激励、结合组织与个人需要进行有效开发以便实现最优组织绩效的全过程。学术界一般把人力资源管理分为六大模块,即:人力资源规划、招聘与配置、培训与开发、绩效管理、薪酬福利管理、劳动关系管理。

(三) 美容企业人力资源管理

人力资源管理,适用于国民经济中的各行各业和各种类型的企业,而且在各行各业都将人力资源管理的理念和功能渗透到各自的日常经营与管理当中,美容企业也不能例外。

所谓美容企业人力资源管理,就是根据人力资源管理的原理、理论和方法,研究美容企业中涉及人或人事方面的工作,包括美容企业的岗位和工作分析、规划和招聘、人员配置和培训、绩效评价与绩效管理、薪酬和福利管理、激励措施等,目的在于使员工在美容企业中更有效地工作。

二、美容企业人力资源管理的目标和基本要求

人力资源管理是美容企业的基本管理职能之一,其基本任务是为实现美容企业的目标服务,同时又要考虑员工个人的发展,强调在实现美容企业发展目标的同时,实现员工个人素质的全面提升。

(一) 美容企业人力资源管理的目标

进行人力资源管理的目标与任务,主要包括以下三个方面:保证美容企业对人力资源的需求得到最大限度的满足;最大限度地开发与管理美容企业内外的人力资源,促进美容企业的持续发展;维护与激励美容企业内部人力资源,使其潜能得到最大限度的发挥,使其人力资本得到应有的提升与扩充。

人力资源管理的总体目标是通过人力资源管理活动所争取达到的一种未来状态。它是开展各项人力资源管理活动的依据和动力。它的最高目标就是取得人力资源的最大使用价值,发挥其最大的主观能动性,培养全面发展的人。

人力资源管理的根本目标是为充分、科学、合理地发挥和运用人力资源对社会经济发展的积极作用而进行的资源配置、素质提高、能力利用、开发规划等。而发挥并有效地运用人的潜能是其根本目标,因为,已经存在的人力,并不等于现实的生产力,它常常是以潜在的形态存在。因此,人力资源管理的根本目标就是采用各种有效措施充分发挥劳动者潜力,提高劳动者质量,改善劳动者结构,合理配置和管理使用,以促进劳动者与生产资料的最佳结合。

具体来讲,美容企业人力资源管理的目标和任务主要包括以下方面:

1. 最大化美容企业利益　在人力资源方面,通过合理的管理方式或手段,来实现人力资源的精干和高效,从而最大化美容企业员工的使用价值,实现最大化美容企业的利益。

2. 最大化员工个人利益　美容企业的人力资源管理,要关注员工自身的发展,为其提供发展机会,加强教育与培训,将合适的人安排在合适的岗位上,维系员工对企业的忠诚,降低离职率。这样可以充分调动美容企业员工的积极性,最大化员工个人

利益。

3. 最大化社会利益 促进美容企业员工全面进步,从而最大化社会利益。人力资源是社会进步最核心的资源,通过教育与培训,美容企业员工的知识、素质与技能将会不断得到提高。这其实是一个人力资源开发的过程,必将为社会创造更多的财富,推动社会的进步与发展。

(二) 美容企业人力资源管理的基本要求

现代人力资源管理的本质是了解人性、尊重人性、以人为本。人力资源管理的根本任务可以概括为十个字,即求才、用才、育才、激才、留才,核心是用人。美容企业管理者首先要以自己的员工为本,员工再以顾客为本。

美容企业员工管理遵循人力资源管理的一般原理,其基本要求包括如下几个方面:

1. 整体优化 用系统理论来分析,使美容企业形成一个有机的整体,有效地发挥整体功能大于个体功能之和的优势,可以形象地比喻为"1+1>2"。这也是企业人力资源管理最重要的原理,但要达到人的群体功效最优,必须注意协调、提倡理解、避免内耗。

2. 能级层序结构 能级即表示事物系统内部按个体能量大小形成的结构、秩序、层次。将能级层序结构引入美容企业人力资源开发管理领域,将具有不同能力的人,摆在美容企业组织内部不同的职位上,给予不同的权力和责任,实现能力与职位的对应和适应。简单地说,就是把合适的人放在适合的位置上。

3. 激励强化 美容企业管理者应对遵守企业行为准则并对企业作出贡献的人,给予相应的奖励和激励,鼓励继续遵守企业行为准则并努力为企业做出更大的贡献。

根据美容企业员工的需求变化,激励应逐步向个性化方向发展。根据不同层次、不同员工的不同需求,采用多样化、个性化的激励方式,以达到激励员工完成美容企业目标。

4. 互补增值 美容企业团队成员之间的性格、气质、知识、专业、能力、性别、年龄等应相互补充,扬长避短,使整个团队的战斗力更强,达到增值效应。因此,美容企业在进行团队建设时,要注意成员的能力、知识、专业等各方面的结构与配置。同时,还必须注意以下几个问题:

(1) 共同理想、事业和追求:美容企业团队成员必须有共同的理想、事业和追求,如果彼此的追求背道而驰,任何的互补都无济于事。

(2) 良好品行和修养:美容企业团队成员必须具有良好的品行和修养,性格、气质可以互补,但如果道德品质不好,则互补的目的无法达到。

(3) 实现增值:互补增值最重要的是实现增值,美容企业员工之间必须待人诚恳、多理解、多友爱,劲往一处使。否则,消极怠工、冷眼旁观,则无法达到增值效果。

(4) 动态平衡:互补增值追求人才的动态平衡,允许人才的流动、人才的相互选择和人才的重新组合。如果美容企业人才组合永远固定不变,则达不到理想的互补增值效果。

5. 文化凝聚 美容企业员工资源开发与管理的一个重要方面是怎样提高凝聚力。企业组织的凝聚力强,竞争力才强。企业组织的凝聚力包括两个方面:组织对个人的吸引力或个人对组织的向心力;组织内部个人与个人之间的吸引力或黏着力。

工资、奖金、福利、待遇等物质条件是企业组织凝聚力的基础,没有这些就无法满足成员的生存、安全等物质需要。组织目标、组织道德、组织精神、组织风气、组织哲学、组织制度、组织形象等精神文化条件是美容企业凝聚力的根本,缺了也无法满足成员的社交、尊重、自我实现、超越自我等精神需要。因此,美容企业必须进行企业文化建设,形成企业内在的共同价值观。

6. 弹性冗余　弹性冗余是指美容企业在员工管理过程中要留有充分的余地,应使人力资源整体运行过程具有一定的弹性,当某一决策发生偏差时,留有纠偏和重新决策的余地。

(1) 留有余地:美容企业确定员工编制时,应留有一定余地,使企业有吸纳贤才的空间和能力。

(2) 使用员工要适度:美容企业在使用员工时应适度,包括劳动强度、劳动时间、工作定额等,以保持员工有旺盛的精力为美容企业工作。

(3) 目标要有弹性:美容企业确定员工的工作目标要有弹性,经过努力无法达到的目标会使员工丧失积极工作的信心。

(4) 充分的调查:美容企业解雇或辞退员工时要事先做好充分的调查,要核实所有的细节,留有充分的余地,使被辞退的员工心服口服,对其余员工又能起到教育和警戒的作用。

(5) 员工晋升要有弹性:美容企业应采用试用期或临时代理等方式,尽可能坚持公开、公平、公正的原则。

7. 公平竞争　美容企业员工竞争各方遵循同样的规则,公正地进行考核、录用、晋升和奖惩的竞争方式。

(1) 竞争公平:公平包含公道和善意两层意思。公道就是严格按协定、规定办事,一视同仁,不偏不倚;善意就是领导者对所有人都采取与人为善、鼓励和帮助的态度。

(2) 竞争有度:没有竞争或竞争不足,会死气沉沉,缺乏活力,但过度竞争则适得其反,使人际关系紧张,破坏协作,甚至"以邻为壑",产生内耗、排斥力,损害组织的凝聚力。因此,美容企业管理者掌握好竞争的度是一种领导艺术。

(3) 以整体目标为重:个人目标包含在美容企业目标之中,每个人的竞争主要不是同他人比,而是同标准比,同自己过去比;即使同他人比,也主要是取人之长,补己之短。这样的竞争,既能提高效率、增强活力,又不会削弱凝聚力。

三、美容企业人力资源管理模式

(一) 国外企业人力资源管理模式

由于文化背景和历史传统等方面的差异,不同国家有不同的人力资源管理模式,而管理模式之间的交流和发展,使之又存在互相渗透和融合的一面。

1. 美国人力资源管理模式　美国劳动力市场非常发达,企业组织具有很强的开放性,企业对人力资源的需求几乎都可以通过劳动力市场得到满足,人力资源配置高度市场化。

(1) 重视刚性制度安排:美国以契约、理性为基础,分工精细、严密,责任清楚,具有高度的专业化和制度化。

(2) 奉行能力主义:企业用人不论资排辈,提升和重用完全凭能力和工作绩效。

（3）强调物质刺激：认为员工的工作动机就是为了获取物质报酬，也就是刚性的工资。工资水平由市场化决定，考虑的因素有劳动力再生产费用、劳动力市场的供求关系及供求平衡状况，企业自主决定，然后由劳资双方经过工资谈判，以合同方式确定双方共同接受的工资水平。

（4）"专才型"培训制度：企业员工培训实行"专才型"培训制度，着重培训员工的专业知识与技能，力求通过培训更新员工的知识、提高员工的技能，以此作为增强企业竞争力的根本途径。

2. 日本人力资源管理模式　日本企业始终将员工的士气视为企业主要的经营资源，注意将企业的经营目标与满足员工多层次需求结合在一起。在人力资源管理方面，形成一套有效的管理制度和习惯做法，主要有终身雇佣制、年功序列制和企业内工会。

（1）终身雇佣制：日本的大中型企业，基本上都实行终身雇佣制，其人数约占全部日本职工的1/3。终身雇佣制使企业与员工建立了长期稳定的关系，形成了"利益共同体""命运共同体"和团队精神，"内和外争"使日本企业具有很强的竞争力。当然，企业内部也存在着竞争，但由于"团队精神"和"共同体意识"的作用，这种竞争不是你死我活的恶性竞争，而是"争先恐后"的良性竞争，以不影响员工之间的协作和友情为前提。

（2）年功序列制：与终身雇佣制相适应，员工的年龄越大，工龄越长，熟练程度越高，工资也越多。企业在员工提拔使用和晋升制度中都规定有必需的资历条件。

（3）企业内工会：以企业为单位组织工会，使企业同员工结成紧密的共同体，对建立和谐的劳资关系，促进企业的发展起着积极作用。

另外，在员工培训方面，日本不同于美国，而是实行"通才型"培训制度。要求人人参加，但不同层次人员又有不同的培训内容和要求，精神培养与技能培训相结合，以员工本身拥有的成长可能性为根本，挖掘其潜能，协助其成长。具体方式上，采取"职务轮换方法"进行培训，即让员工每隔3~5年就进行职务轮换，更换工种或工作部门，以培养通晓企业全局的"通才"。

近年来，日本的人力资源管理模式有了明显的变化，逐渐引入能力主义的管理方式。如：以终身制为基础，采用多种形式的雇佣方式；教育培训注重适合企业的发展和国际化趋势等。

3. 西欧人力资源管理模式　西欧的人力资源管理模式与美国有许多共同之处，但也有不少特点，下面以经济发展最快的德国为例。

（1）严格选拔和使用人才：无论是管理人员还是工人都必须完全符合岗位要求的条件，并经过严格的考试合格才被企业聘用，绝不迁就或降低标准。企业建立严格的工作绩效考评体系，定期对员工进行考评。与美国的快速提升相比，德国企业中员工的晋级比较缓慢，德国企业管理都是专家型管理。通常35岁以上的人才具有担当管理者的资格，到40岁，甚至50岁才能出任总经理。

（2）"双轨制"职业教育：在企业里学习实际操作，和在职业学校里学习理论知识平行进行，把教育体制和就业体制衔接起来，由法律统一规定。这种双轨制培养的学生既懂理论又懂实践，毕业后能迅速成为企业有用的人才。

（3）保障体系健全：德国社会化保障体系健全，职工的保险和福利的社会化程度很高，同时企业内部也为员工提供种类繁多的福利项目。企业劳资关系由严密的法律体系来规范，劳资双方的代表，即工会和雇主协会有权在不受国家干预的情况下，就各行业雇员的劳动工资、福利待遇、劳动条件、解约条件等自主协商,缔结劳资协议。

(4) 职工参与企业决策:职工与资方联合管理企业,例如:德国工业法规定,职工人数超过 1 000 人的企业,董事会须有工人代表参与,行使共同决策权。董事会一般有 11 名董事,其中 5 名代表职工,5 名代表资方(即股东),还有 1 名中立的董事。所有董事的权利义务相同,都自由工作,不受外来指示的束缚。因此,德国企业的劳资关系比较协调,职工的民主权利得到了较好的体现,调动了职工的生产积极性,大大提高了劳动生产率。这也是德国工业劳动生产率仅次于日本居世界第二位的重要原因之一。

另外,在工资和奖励方面,德国企业大多采取与美国类似的能力主义职务工资制。员工工资收入由固定工资、奖励工资和津贴三大部分组成。根据员工表现逐年增加工资,对表现好的可以一次晋升两级,年终多发一个月的工资。

(二) 我国美容企业员工管理模式

目前,我国的经济增长方式还未实现从粗放型向集约型的根本转变,我国绝大多数美容企业都是民营企业和中小企业,总体上还处于经验管理阶段,管理基础薄弱。国内美容从业人员的文化程度偏低,科技文化素质不高,因此,我国美容企业员工管理首先要走管理科学化的道路,苦练内功,打好管理基础,应认真做好美容企业组织设计、职务分析、人力资源规划、人员心理和素质测评、绩效考评制度建设以及其他各项人事管理制度,提高企业人力资源管理的规范化和专业化。

同时,我国美容企业的人力资源管理也要适应时代的发展和国际化趋势,在科学管理的基础上,实现管理的人本化。我国的文化传统,特别是儒家文化,强调以人为本,重视人与人、人与物以及人与自然之间和谐、协调的关系,强调群体的合作精神,倡导个人对家庭、社会和国家的责任感,强调以人的直觉和内心的感悟去认知事物,重视人才培养的思想等,都可以为我国的人力资源管理创新提供强有力的文化支持。在学习西方的管理方法和技术的同时,绝不能"因物忘人",而应该立足中国民族文化,在改善激励制度、领导方式方法、人际沟通等方面下工夫,增强企业组织的凝聚力和员工的主人翁精神,实现有中国特色的人本管理创新。

(卢　萍)

第二节　员工的聘用与培训

美容企业在完成对本企业职工的需求预测和供给预测后,需从总量上、结构上加以平衡,制定出美容企业的人力资源计划,在此基础上进行员工的招聘及培训工作。

一、美容企业员工招聘

员工招聘是指美容企业及时寻找、吸引并鼓励符合要求的人到本企业任职和工作的过程。一般由招募、选择、录用等一系列活动构成。吸引、选择、保留高素质的人力资源是美容企业赖以生存和发展的基础。所以,员工招聘是美容企业员工管理的重要环节。

(一) 员工招聘原则

1. 效率优先　美容企业应根据不同的招聘要求,灵活选用适当的招聘途径和甄选手段,在保证招聘质量的基础上,尽可能降低招聘成本。

2. 因事择人 美容企业的招聘应根据企业的人力资源规划和工作说明书进行,空缺什么样的职位,就招什么样的人。

3. 公平、公正、公开 员工招聘必须向全社会公开招聘条件,对应聘者进行全面考核,公开考核结果,择优录用,避免暗箱操作。这一原则是保证美容企业招聘到高素质人员和实现招聘活动高效率的基础。

4. 合法 美容企业在招聘过程中,应知法守法,遵守国家有关法律、法规、政策。

(二)员工招聘流程

美容企业为保证员工招聘工作的有效性和可行性,应当按照一定程序并通过竞争来组织招聘工作。具体程序如图 4-1 所示。

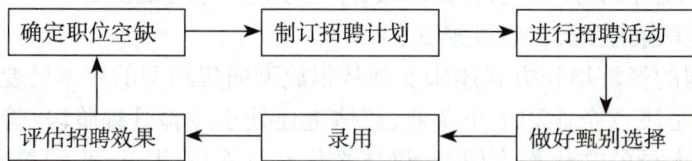

图 4-1 员工招聘流程

1. 确定职位空缺 确定职位空缺是美容企业整个招聘活动的起点,包括数量和质量两个方面。只有明确获知美容企业中的空缺职位以及职位的具体要求后,才能开始进行招聘。

2. 制订招聘计划 是美容企业根据其发展需要、岗位需求及工作说明等,对招聘规模、招聘范围、招聘时间和招聘预算等做出详细的计划。

(1)招聘规模:即美容企业准备通过招聘活动吸引多少数量的应聘者。

(2)招聘范围:基本原则应在待聘人员直接相关的劳动力市场上进行招聘。

(3)招聘时间:要求在职位空缺前一个月开始招聘,以避免美容企业因缺少人员而影响正常的运转为前提。

(4)招聘预算:包括招聘人员的人工费用和通讯、资料等业务费用,以有效控制为原则。

3. 进行招聘活动 包括了解人力资源市场的供求状况、发布招聘信息、接受求职者申请等。

4. 做好甄别选择 对求职者进行甄别选择,一般先从简历中进行初步筛选,再通过笔试、面试、实践操作、背景调查和体检等测试手段进行选择。

甄别选择是美容企业招聘员工最重要的环节,必须细致,不能因为"人手不够"而盲目招人。要求应聘者年龄、自身素质、笑容,要有和蔼可亲之感,以性格外向为佳,但必须注意观察应聘者是否热爱美容行业、是否具有职业操守,挑选最适合空缺职位的人,实现人员和职位的最佳匹配。

5. 录用 美容企业确定用人决策,发出录用通知。美容企业工作最重要的就是顾客的接待技巧,录用员工的前提条件是热爱美容事业,把为顾客服务作为自己的主要工作,而不是单纯的美容护理和手工操作。

6. 评估招聘效果 对招聘效果、时间、成本、应聘比率、录用比率进行评估,以帮助美容企业发现招聘过程中存在的问题,对招聘计划以及招聘方法和来源进行优化,并提高以后招聘的效果。

(三)员工招聘来源

美容企业员工的招聘渠道包括内部选拔和外部招聘两个方面。内部选拔有助于维持现有的强势组织文化,外部招聘则有利于改善或重塑现有的弱势组织文化。

1. 内部选拔　从美容企业内部选拔合适的人才来补充空缺或新增职位。内部选拔比较适用于招聘负责新增美容项目的美容师及店长等中层人员,其招聘的渠道主要有提升、调换及工作轮换等。内部选拔具有以下优势:

(1)从选拔的有效性和可信度分析:美容企业管理者和员工之间的信息是对称的,不存在"逆向选择"(员工为了入选而夸大长处、弱化缺点)问题,甚至"道德风险"问题。因为内部员工的历史资料有案可查,对其工作态度、素质能力以及发展潜能等方面有比较准确的认识和把握。

(2)从企业文化分析:员工在美容企业中工作过较长一段时间,已融入到美容企业文化之中,视美容企业作为自己的事业和命运的共同体,认同美容企业的价值观念和行为规范,因而对美容企业的忠诚度较高。

(3)从组织运行效率分析:美容企业现有的员工更容易接受指挥和领导,易于沟通和协调,易于消除边际摩擦,易于贯彻执行方针决策,易于发挥组织效能。

(4)从激励作用分析:美容企业内部选拔能够给员工提供一系列晋升机会,使员工的成长与美容企业的成长同步,容易鼓舞员工士气,形成积极进取、追求成功的气氛,达成美好的愿景。

但是,内部选拔本身也存在明显不足。比如,内部员工竞争的结果必然是有胜有败,可能影响美容企业内部的团结;美容企业内部可能出现"团体思维""长官意志"现象而缺少创新;内部选拔可能因领导的好恶而导致优秀人才外流或被埋没;也可能出现"裙带关系",滋生美容企业内部的"小帮派""小团体",削弱组织效能。

2. 外部招聘　美容企业按照一定的标准和程序,从企业外部众多的候选人中挑选符合空缺职位工作要求的人员。美容企业创办初期或快速发展期,需要纳入更多新人或需要新鲜血液时,多采用外部招聘的方式吸纳更多的资源。美容企业外部招聘的途径和方法主要有广告招聘、店面门口招聘、网络招聘、员工举荐、人才招聘会等。外部招聘具有以下优势:

(1)新员工会带来不同的价值观和新观点、新思路、新方法,外募优秀的技术人才、营销专家和管理专家,他们将带给美容企业"技术知识""客户群体"和"管理技能",往往都是无法从书本上直接学到的巨大财富。

(2)外聘人才可以在无形当中给美容企业原有员工施加压力,形成危机意识,激发斗志和潜能,从而产生"鲶鱼效应",通过标杆学习而共同进步。

(3)外部挑选的余地很大,能招聘到许多优秀的人才,还可以节省大量内部培养和培训的费用。

(4)外部招聘也是一种很有效的信息交流方式,美容企业可以借此树立积极进取、锐意改革的良好形象。

美容企业外部招聘也不可避免地存在着不足。比如,由于信息不对称,往往造成筛选难度大,成本高,甚至出现"逆向选择";可能挫伤有上进心、有事业心的内部员工的积极性和自信心,或者引发内外部人才之间的冲突;"外部人员"有可能出现"水土不服"的现象,无法融入美容企业文化之中,等等。

内部选拔和外部招聘各有利弊,究竟是"自家兄弟最可靠",还是"外来和尚好念经",要视美容企业具体的选聘目的和环境条件来定。

案例分析

某美容院的用人策略

案例:某美容院经过两年发展,积累了大量顾客,仅靠院长一已之力已难承担,院长拟选一名店长,让其负责新技术、新手法的教授管理和培训,自己负责考勤、外部联系和产品拓展。但纠结于从内部选拔还是从外部招聘,经过反复权衡利弊,院长决定从内部员工中选拔,内部员工有两位优秀者,一是资深美容师,技术娴熟,耐心细致,人缘较好;另一个长期负责前台接待咨询,善于沟通,为人开朗,对工作流程十分熟悉,技术也比较熟练。院长有意识地给这两位员工压担子,通过一段时间比较,院长决定优先聘用第一位员工当店长,因为她的技术更过关,与其他员工的沟通更顺畅,在自己不在店里时更有凝聚力。第二位员工,院长也准备启用她负责企业的日常管理、提成和业绩提升,自己则可以集中精力搞新产品的拓展与外联工作。

分析:从企业内部员工中选拔人才,可使美容院迅速填补空缺,而且被提升的员工了解企业的经营状况,熟悉顾客和内部员工,一旦委以重任,能迅速进入角色,将工作开展起来。内部选拔让员工看到了发展的机会,也会促使员工更积极努力工作,这对鼓舞士气、稳定员工非常有利。但内部选拔也有一定弊端,如人员选择的范围较小,可能选不到优秀的员工,反而会影响企业的业绩,影响员工队伍的稳定性和企业的发展。因此,院长不应拘泥于一种方式选拔人才,而应视具体情况采用内外同时招聘的方式。

一般来说,美容企业对于基层的职位可从外部进行招聘,对于高层或关键的职位则从内部晋升或调配。当美容企业外部经营环境变化剧烈时,宜从外部选聘适合的人才。处于成长期的美容企业,外聘人才多;成长后期与成熟期,美容企业通过长期培养,已经积累了一定的优秀人力资源,内部选聘更为恰当。当美容企业需要调整发展战略,改造原有文化,宜从外部招聘,反之,可从内部晋升。

美容企业在招聘员工时会遇到各种各样的问题,需要招聘人员具备公正的态度和相应的知识储备,才能在招聘过程中避免各种误区,保证所招聘人员符合企业要求,否则,不仅不利于美容企业的发展,也不利于员工个人的职业生涯发展。

二、美容企业员工培训

员工培训是美容企业通过对员工有计划、有针对性地教育和训练,使其能够改进目前知识和能力的一项连续而有效的工作。

(一)员工培训对象

美容企业所有的员工,包括新来员工、美容师、美容顾问、店长、院长和其他员工都需要进行培训。

(二)员工培训目标

美容企业员工培训的目的是提高员工队伍的素质,促进美容企业的发展,实现以下四个方面的具体目标。

1. 更新知识 掌握最新美容服务理念与技能、最新美容产品知识和先进仪器设备的操作技能,特别是新项目。

2. 提高能力 包括沟通、用人、激励、决策、创新等综合能力。

3. 转变观念 使员工了解并尽快融于美容企业文化之中,形成统一的价值观念,规范员工行为,提高员工价值。

4. 交流信息 使员工能够及时了解美容企业在一定时期内的政策变化、技术发展、经营环境、绩效水平、市场状况等方面的情况,熟悉美容企业团队,准确而及时地给自己定位。

(三) 员工培训方法

美容企业员工培训包括管理人员的培训和一般员工的培训。

1. 管理人员的培训 美容企业的管理人员培训方法包括工作轮换、设置职务助理、临时职务代理三种。

(1) 工作轮换:美容企业工作轮换可以让受训人员熟悉、积累不同门店、不同部门的管理经验,丰富其技术知识和管理能力,培养协作精神和全局观念,使其明确美容企业系统各组成部分在整体运行和发展中的作用,从而在解决具体问题时,能自觉地从整个美容企业出发,处理好局部与整体的关系。

(2) 设置职务助理:美容企业可在较高管理层次设置职务助理,如店长助理、区域经理助理、院长(总经理)助理等,让其接触中、高层次管理实务,积累高层管理经验,促进其成长。同时,可以减轻主要负责人的负担,使之从繁忙的日常管理事务中解脱出来,专心致力于重要问题的考虑和处理。

(3) 临时职务代理:美容企业临时职务代理可以使受培训者进一步体验中、高层管理工作,并在代理中充分展示或迅速弥补所缺乏的管理能力,如代理店长。

2. 一般员工的培训 美容企业一般员工培训方法包括:导入培训、在职培训和离职培训。

(1) 导入培训:又称职前培训。是把人员招聘进来后,在上岗前进行的培训,或指美容企业内部的员工轮换到其他新的职位前所进行的培训。针对新员工的培训,这是美容企业最常见、最重要的培训,一般为 2 周时间。培训内容如表 4-1 所示。

(2) 在职培训:指员工不离开其工作岗位,在工作进行的同时所实施的培训。是美容企业最常见、最普遍的培训方式。具体方式包括:制订学习内容、安排学习时间;定期召开小型讨论会;让美容师轮流讲解产品知识、销售心得、技术探讨;师带徒,让新员工向优秀的老员工学习;定期进行横向的工作轮换,了解熟悉各工作环节之间的依存性;经常请外来老师讲课。

(3) 离职培训:为了使员工能够适应新的工作岗位,让员工离开原工作岗位一段时间,专心职外培训。离职培训有长期和短期之分,长期培训一般指三个月以上时间的学习培训,短期培训的时间从几天到三个月不等。美容企业应不定期选派优秀员工到先进地区学习,了解新的信息,开阔职业视野,学习新项目、新技术、新方法、新管理,即"充电"。在美容行业,大多员工非常看重离职培训,且表现出极大的兴趣,大家都会主动参加。离职培训成本很高,美容企业要将培训、员工职业规划与企业发展紧密结合起来,留住人才,用好人才。

表 4-1　某美容院新员工培训计划表

时　间			地　点	
培训目的	使新员工了解各方面运作，以最佳心态、最短时间进入工作状态			
培训周期	2 周			
培训对象	所有新员工			
日　期	时　间	培训内容		主讲人
第一天	8 小时	企业文化及文化诠释和经营特色 介绍产品品牌背景 管理架构 美容师、美体师行为规范（仪容、仪表、接待用语） 规章制度和福利奖惩制度		美容院院长
第二天	8 小时	书面考核与口试 各类表格的填写及重要性 美容物料车的物品设置与橱窗产品摆设规范		美容院副院长
第三天	8 小时	书面考核和口试 接待流程实操练习 对新客和常客的接待方式 工作中的坐、立、走、迎客形体姿势和礼仪		美容院院长
第四天	8 小时	书面考核与口试 卫生与消毒流程 工作流程 员工工作流程		美容院副院长
第五天	8 小时	书面考核和口试 疗程、护理卡和产品销售技巧 掌握顾客心理的技巧		美容院副院长
第六天	8 小时	书面考核和口试 美容师、美体师处理问题的技巧与举例说明 技术特点		美容院副院长
第七天	8 小时	皮肤的结构特征（结合产品和疗程举例说明）		美容院副院长
第八天	8 小时	仪器的作用机制和使用方法 美容护理疗程设置原理和疗程卖点		美容院副院长
第九天	8 小时	各系列产品的拳头产品和卖点介绍		美容院副院长
第十天	8 小时	运用销售技巧销售各系列产品并举例说明 销售模拟演练		美容院副院长
第十一天	8 小时	按摩手法优点和作用原理及实操		美容院副院长
第十二天	8 小时	理论考核 实操考核		美容院副院长

（迟淑清）

第三节　员工薪酬管理

一、美容企业员工绩效考核

绩效是企业员工一定时期内在具体条件下各项素质表现的综合反映,是员工素质与工作对象、工作条件等相关因素互相作用的结果。绩效会随着各项因素与条件的变化而变化,比如时间、空间、工作条件与工作对象都会直接或间接地影响绩效。因此,对于员工的绩效考核必须是多角度、多层次、多方位的。

绩效考核是企业绩效管理中的一个环节,是指考核主体对照工作目标和绩效标准,采用科学的考核方式,评定员工的工作任务完成情况、员工的工作职责履行程度和员工的发展情况,并且将评定结果反馈给员工的过程。

美容企业绩效考核是指美容企业定期对员工个人或团队的工作行为及业绩进行考评和测量的一种考核制度。绩效考核的范围比较广泛,可以涵盖美容企业战略目标的实现,同时还兼顾每一位员工的自身业绩目标完成情况。绩效考核内容主要包括能力、态度、业绩三个方面。

在企业人力资源管理中,绩效评估是非常实用的工具,美容企业通过使用此工具能够达到很多目的:对员工自身工作以及行为进行整体测评;提供员工与上级针对自身绩效沟通的机会;提供岗位调整的依据;提供薪酬与奖金调整的依据;提高员工工作积极性;提供员工培训的参照依据;提高企业的生产效率与竞争优势。

(一) 绩效制定的 SMART 原则

在制定美容企业员工绩效目标时,需要考虑制定的绩效目标是否具有可衡量性,员工是否可以完成,同时要规定完成的实践。因此,在绩效目标制定阶段可以考虑使用 SMART 原则。SMART 原则包括以下内容:

1. S 代表具体(Specific)　绩效考核要有具体的特定的工作指标,不能过于模糊。

2. M 代表可衡量(Measurable)　绩效指标是数量化或者行为化的,验证这些绩效指标的数据或者信息是可以获得的。

3. A 代表可实现的(Attainable)　绩效指标在付出努力的情况下可以实现,避免设立过高或过低的目标。

4. R 代表现实性(Realistic)　指绩效指标是实实在在的,可以证明和观察。

5. T 代表有时限(Time-based)　注重完成绩效指标的特定期限。

在美容企业的绩效目标制定中,无论是团队的工作目标还是员工的绩效目标,都必须符合上述原则,五个原则缺一不可。制定过程也是自身能力不断增长的过程,经理必须和员工一起在不断制定高绩效目标的过程中,共同提高绩效能力。

(二) 绩效考核原则

1. 客观、公平　美容企业的绩效考核应根据明确的考核标准,针对客观考评资料进行评价,尽可能减少主观性和感情色彩。

2. 科学、明确、公开　绩效考核标准和考核程序应科学化、明确化和公开化,这样才能产生信任,考核结果能够为员工理解和接受。

3. 坚持差别　如果考核结果不能产生鲜明的差别,也没有以此作为奖惩的依据,绩效考核就丧失了其激励作用。

4. 及时反馈　考核结果要及时反馈给被考核者本人,这样一方面可以防止考核中可能出现的偏见及误差,保证考核的公平与合理;另一方面,可以使被考核者及时了解自己的缺点和优点。

(三) 绩效考核类型

员工的绩效考核可以分为三种类型:年度考核、平时考核、专项考核。

1. 年度考核　每年七月份进行年中考核,翌年一月份进行年终考核,部分人员,比如销售人员每季度考核一次。

2. 平时考核　美容企业各级主管对于所辖人员就平时工作、能力、品德、知识、敬业精神等,随时做出考核,并在平时考核记录表上记录下来,以便作为年度考核或专项考核的重要资料。

3. 专项考核　考核年度内,员工具有特别优秀或特别恶劣的行为时,可安排专项考核,随时进行。

(四) 绩效考核工作程序

绩效考核工作程序分为封闭式和开放式考核。封闭式考核不将考核情况告知被考核者,不进行考核面谈,考核过程封闭进行;开放式考核通过被考核者填写"自我考核"部分,考核者与被考核者进行绩效面谈,交换意见,以达成观点的一致,考核过程开放进行。采取封闭式考核还是开放式考核,应根据美容企业管理水平进行选择。

(五) 绩效考核方法

美容企业绩效考核的方法有德能勤绩考核法、小组评议法、配对比较法、关键事件评价法、360 度考核法、强制分布法、目标管理法等。

1. 德能勤绩考核法

(1) 德:包括员工的思想素质、职业道德、全局观念、团结协作、事业心和职业心、遵纪守法情况等。特别是职业道德,它直接关系到员工的工作质量、为社会所作的贡献等。

(2) 能:美容企业对员工工作能力的考核。包括对其领导能力、办事效率、创新能力、协作能力以及相关的工作业务能力进行考核。能力是美容企业员工绩效的保证,同时也是由各种具体美容技能组合而成的综合能力。对能力进行考核要注意选择与绩效相关的关键能力进行考核,并根据各种不同能力的重要性赋予相应的权重。

(3) 勤:美容企业对员工出勤情况以及工作积极性、努力程度等进行考核。勤是一种工作态度,具有主观性,更容易反映思想问题,也能反映员工的责任心、进取心、纪律性、勤奋敬业精神以及团队意识。对勤的考核既要有量的衡量,也要有质的估量。

(4) 绩:美容企业对员工的工作任务完成结果进行评估。主要是对其工作量、工作质量、工作难度、工作效率以及工作效果进行衡量。对绩的考核是员工绩效评估的核心。

当然,各个考核要素的重要性不同,可以设计权重来解决,使其量化,考核工作也更加科学。

2. 小组评议法　考核人员组成评议委员会,对照职务说明书、规范或制定的标准,进行评议,采用一定的量表打分,以考核员工的绩效。

3. 配对比较法　把每一位员工的工作表现,与同一组的其他员工做比较,选出每一对中较好的一位,再就别的评定内容进行成对比较,在全部评价结束后,计算每个人被选为"较好"的次数之和,按被选次数的多少排出等级顺序。用这种方法,在每个人都工作得很好时仍能断定谁最佳,谁最差。它不仅是反映了一个人工作完成得好坏,而且说明这个人与所有的员工相比干得怎么样。其优点是判断范围小,准确度高,但是,如果被评人较多,则工作量较大。

4. 关键事件评价法 管理人员将下属在工作活动中所表现出来的非常优秀的行为或非常严重的错误记录下来,将此作为主要依据来评价员工的工作绩效。关键事件评价法一般与其他考评方法结合使用,并作为其他考评方法的一种补充。

5. 360 度考核法 又称全方位考核法,由美容企业员工的上级、下级、同事、客户等所有相关者对其进行评价,再结合员工本人的自我评价,通过加权平均得出考核结果。员工本人、下级、同事、客户只是绩效信息的提供者,考核主体是上级。

6. 强制分布法 按照预先确定的比例,将美容企业员工强制分布到相应的等级中,即在考核、分布中可强制规定优秀员工人数和不合格员工人数。如:优秀者比例占 20%,普通员工占 70%,不合格者占 10%。

7. 目标管理法 将美容企业经营管理目标层层分解到各部门、各员工,根据目标的完成情况,对美容企业部门和员工进行考核。该法的关键是,目标的制定和分解要合理,必须是管理者与员工共同建立目标的方式,实现双方工作态度的彻底转变,该法的核心是实现自我控制、自我管理。

这种方法优点明显,通过动态反馈,使每个人都非常了解自己的目标,并且由于亲自参与目标的制定,从而加强了责任感,也改善了上下级的关系,考评时主动性较高。

(六) 绩效反馈

很多企业的管理者和员工都遇到过这样的情况,当完成了繁杂的绩效考核后,各种考评的内容和结果最终都被束之高阁。很多考核和结论都只是为了考核而考核,最终并没有对实际工作起到促进和推动作用。原有的问题依然还在,员工的工作效果与之前相比,没有什么进步,绩效考核仅仅成了食之无味弃之可惜的鸡肋。问题的症结在于经过一系列的绩效考核后,管理者并没有将考评结果反馈给员工,管理者与员工之间并没有针对绩效结果进行良好的沟通与讨论。要使管理者与员工之间充分了解并更好地利用考核结果改进工作,就离不开绩效反馈这一环节。绩效反馈具有以下功能:

1. 明确员工在被考评绩效周期内的业绩水平,确认员工的业绩是否达到了初期制定的标准,针对当前的考评结果员工是否认同。针对同样的业务结果,管理者与被管理者之间很可能存在着不同的结论。很有可能在员工看来已经达到预期目标的业绩并没有让管理者满意,因此针对考评结果的反馈与沟通就显得尤为重要。通过这个环节使管理者双方对考评结果达成一致。

2. 寻找绩效差距的原因,制订合理的业绩改进方案。如果员工的绩效考评结果与最初制订的确实存在差距,并且员工本人也认可此差距,那么下一步就需要管理者与员工共同制订行动方案弥补存在的差距。制订的方案最终要切实可行,具有实际指导意义,如果有必要还需要对员工进行相应的技能培训。

3. 分解企业的战略目标,将企业战略与愿景落到实处。通过绩效考核与反馈,可以将比较抽象的企业战略目标与愿景变得更加具体、更具有操作性。企业的战略与愿景必须要通过每一名员工实现,在管理者与员工针对绩效结果沟通的过程中,员工能够更加清晰地了解企业的发展方向,并将自己的绩效目标与企业的发展相结合。

4. 管理者与员工之间针对下一考核周期的绩效目标进行讨论并最终达成一致,

形成绩效考核文件。这样做的好处是员工能够持续地为达到个人目标以及企业战略而努力,同时也能够明晰下一阶段的工作方向与工作重点,同时还有利于管理者在下一个考核周期更好地考核员工。

> **知识链接**
>
> **绩效考核结果的应用**
>
> 　　通常情况下,绩效考核要与工资晋升、绩效奖金的确定,以及员工的职业发展相关联。要根据绩效考核结果,结合其他考核,发掘出绩效突出、素质好、有创新能力的优秀管理人员和员工,通过岗位轮换、特殊培训等方式,从素质和能力上进行全面培养,在组织调整补充人员时,优先予以提拔重用。对那些绩效不能达到要求,能力改进并不明显的员工要考虑是否有其他合适的岗位比原岗位更能发挥其作用。通过对员工职业发展的考虑,使工作绩效、工作能力或行为方式与员工个人的职业前景互为连结,从而强化了提高绩效和能力的意识,促使所有员工努力去提高能力,完成绩效目标。也使将人力成本向绩效转化,向人力资本的转化得到具体落实。

二、美容企业员工薪酬管理

　　薪酬是指员工从美容企业中获得的基于劳动付出的各种补偿。广义上包括经济性薪酬和非经济性薪酬,狭义仅指经济性薪酬。

(一)薪酬的构成

　　狭义的薪酬包括基本工资、奖金、津贴和福利。

　　1. 基本工资　以美容企业员工的劳动强度、劳动熟练程度、工作复杂程度以及责任大小为基准,根据员工完成定额任务的实际劳动消耗而计付的报酬。它是员工报酬的主要部分,也是计算其他部分数额的基础。基本工资具有高刚性和高差异性。

　　2. 奖金　美容企业对员工超额完成任务以及出色的工作成绩而计付的报酬,其作用在于鼓励员工提高劳动生产率和工作质量。它可以是针对员工个人绩效的奖励,也可以是对集体绩效的奖励。奖金具有高差异性和低刚性。

　　3. 津贴　也叫附加薪酬,指美容企业为了补偿和鼓励员工在艰苦的工作环境下的劳动而计付的薪酬。它有利于吸引劳动者到工作环境脏、苦、累的职位上工作。津贴具有低差异性和低刚性。

　　4. 福利　为了吸引员工到美容企业工作或维持骨干人员的稳定而支付的一种补充性薪酬。包括法定社会保险、免费或折价工作餐、生活用品的发放等。它往往不是采用目前可花费的现金形式支付,多数是实物支付和延期支付。福利具有低差异性和高刚性。

(二)薪酬管理的作用

　　美容企业在经营战略和发展规划的指导下,综合考虑企业内外部各种因素的影响,确定自身的薪酬水平、薪酬结构和薪酬形式,并进行薪酬调整和薪酬控制。美容企业薪酬管理目的在于吸引和留住符合企业需要的员工,并激发他们的工作热情和各种潜能,最终实现企业的经营目标。美容企业薪酬管理有如下作用。

　　1. 吸引和保留优秀的员工　美容企业通过薪酬管理以吸引和保留优秀的员工。研究表明,在企业各类人员所关注的问题中,薪酬问题排在了最重要或次重要的位置。薪酬管理的实施,能够给员工提供可靠的经济保障,从而有助于吸引和保留优秀的员工。

2. 激发员工的工作积极性　有效的薪酬管理使美容企业能够在不同程度上满足员工的需要,同时薪酬水平的高低也是员工绩效水平的一个反映,从而可以实现对员工的激励。

3. 改善企业的绩效　薪酬可提高美容企业员工的工作绩效,进而使美容企业整体绩效得以提升。

4. 控制企业成本　通常情况下,薪酬总额在企业总成本中要占到40%~90%的比重。通过有效的薪酬管理,美容企业能够将可变成本降低4%~60%,这就可以扩大产品和服务的利润空间,从而提升企业的经营绩效。

5. 塑造良好的企业文化　合理的薪酬制度可以作为构建美容企业文化的制度性基础,对美容企业文化的发展方向具有重要的引导作用。

(三) 薪酬管理的策略

美容企业薪酬策略可以分为以下两方面。

1. 内部薪酬策略

(1) 采用"基本工资 + 技能工资 + 奖励工资"的结构:基本工资以学历为标准,每年浮动(工龄工资),应确保高中毕业生(中专生)在美容企业工作三年以后,能拿到高职高专毕业生基本工资,专科到本科也如此类推。通过这个原则来测算基本工资的标准和上浮标准是比较合适的。

(2) 技能工资:即技能等级工资,对不同的职位、不同的职业技能水平,可采用不同的技能等级工资标准。如美容师,经考核可设置 A 级美容师、B 级美容师、C 级美容师等级序列,通过考核进行薪酬调整,以此来测算技能等级工资和每年调薪的次数是比较合适的。

(3) 奖励工资:包括提成和各种奖金。这个主要体现多劳多得的原则,可以拉开工资的差距。提成的"门槛"要适度,要使优秀的员工能拿到同行业中较高的工资水平,这样才有竞争力和激励作用。

2. 外部薪酬策略

(1) 薪酬水平策略:薪酬水平策略主要是指企业将薪酬定在何种水平之上,可以分为四种类型。

1) 市场领先策略:是指企业实行领先于市场的高薪酬策略。市场领先策略由于可以为员工提供高额的工资回报,因而容易吸引行业内的优秀人才,有利于企业的快速成长。因此,这种策略往往被处于高速成长期的企业所采用。

2) 市场跟随策略:不主张提供高额的工资水平,而是采取跟随的方式,向标杆企业看齐。这是一种适中的薪酬策略,既可以帮助企业节省成本,同时也可以吸引到优秀的人才。

3) 成本导向策略:是以提供低薪资水平为核心理念。以这种策略主导的企业,其薪酬水平明显低于行业平均水平。成本导向策略以成本的节约为主要目的,这种策略多用于对技能要求不高、劳动力资源较为丰富的行业。

4) 混合薪酬策略:是将以上几种策略综合运用在同一个公司,针对不同部门、岗位和人才,采用不同的具体策略。

（2）薪酬结构策略：薪酬结构策略主要是指按照固定薪酬与浮动薪酬比例的不同而划分的薪酬策略。

1）高弹性模式：是一种短期绩效决定模式，辅助薪酬占较大比重，以绩效高低来决定员工薪酬的体系。

适用条件：员工的工作热情不高；企业的人员流动率较大；业绩伸缩范围较大的岗位，如销售等。

优点：激励功能较强；薪酬与绩效紧密挂钩，不易超支。

缺点：薪酬水平波动较大，不易核算成本；员工缺乏安全感。

2）高稳定模式：是一种基本薪酬占较大比重的模式，一般基于岗位、资历等来决定薪酬的高低，一经确定，则很少波动。

适用条件：员工的工作热情较高；企业的人员流动率不大；员工业绩伸缩空间较小。

优点：薪酬水平波动不大，容易核算成本；员工安全感强。

缺点：缺乏激励功能；企业人均成本稳定，容易形成较重的负担。

3）折中模式：兼具稳定性和弹性，既能激励员工的绩效，又能给员工一定的安全感。但要达到理想的效果，薪酬体系各个组成部分要合理搭配。一般情况下，基本薪酬部分趋于高刚性，配合与员工个人绩效紧密挂钩的奖励薪酬，或者与企业经济效益相关联的附加薪酬。

优点：兼具激励性和员工的安全感；薪酬制度灵活掌握，薪酬成本容易控制；适用面比较广泛。

缺点：薪酬理论水平要求相对较高。

（3）一企两制策略：顾名思义是指在同一个企业中实行两种工资制度。其适用于平均工资水平不能完全与市场接轨、薪酬竞争力不足的企业。这样的企业碍于较低的薪酬水平，很难吸引到优秀的人才。因此就需要建立薪酬的特区，对特殊的人才特殊处理，实行谈判工资制，使这部分核心员工的工资与市场接轨，提高吸引和保留优秀人才的能力。

知识链接

切勿盲目使用一企两制薪酬策略

在企业的人力资源管理案例中，很多企业迫于激烈的行业竞争，为了快速吸引优秀的同行业人才，往往采用一企两制的薪酬策略。给予外部高薪挖来的员工高于内部员工数倍的工资，这会导致内部员工心里失衡，影响员工士气以及企业凝聚力。

还有一种情况，有些关键岗位掌握核心技能的员工提出离职要求，很多企业会通过涨工资的方式挽留员工。这种方式不能从根本上解决员工离职的问题，只能维持短暂的时间。而且也会导致企业其他员工的抱怨与不满，影响员工的内部稳定。

（4）不同发展阶段公司的薪酬策略：薪酬策略与公司的发展阶段也有很大的相关性。根据企业生命周期理论，企业的发展大致可以分为初创期、成长期、成熟期和衰退期，处在不同发展阶段的公司需要采取不同的薪酬策略。

对于初期企业而言，由于公司刚刚起步，流动资金较少，为了降低运营成本可以采取低工资策略,同时还要保证员工的工作积极性,可以用高额的奖金作为激励手段。当公司进入高速成长期,为了保持公司的高投入高产出,提高公司吸引人才的能力,需要提供较有竞争力的薪酬。当公司发展相对成熟,企业获取丰厚利润后,已经具备了一定的高工资实力,企业就可以采取高工资高奖金的薪酬策略。进入衰退期的企业,为了防止人才的流失可以继续采取高工资的薪酬策略,但由于效益不佳、资金有限,只能采取低奖金甚至没有奖金的工资制度,而此时的高股权策略在某种程度上是可以起到留住核心员工的作用的。

(四) 薪酬管理的制度要求

合理的薪酬制度要具有公平性、竞争性、激励性、经济性和合法性。

1. 公平性　员工对薪酬分配的公平感,也就是对薪酬发放是否公正的判断与认识,它是美容企业设计薪酬制度和进行薪酬管理时需要首先考虑的因素。薪酬公平性表现为三个层次:

(1) 外部公平性:即与同地区美容行业中同等规模的不同企业中类似职务的薪酬应当基本相同。

(2) 内部公平性:美容企业内不同职位的员工所获得的薪酬应和其各自对企业所做的贡献成正比。

(3) 个人公平性:美容企业内同一岗位上工作的员工,其所获得的薪酬应与其贡献成正比。

2. 竞争性　在社会上和人才市场中,美容企业的薪酬标准要有吸引力,这样才足以战胜其他企业,招到所需人才,吸引员工。

3. 激励性　要在美容企业内部各类、各级职务的薪酬水准上,适当拉开差距,真正体现按贡献分配的原则,从而提高员工的工作热情,为企业做出更大的贡献。

4. 经济性　薪酬制度的制定及薪酬水平的确定,要考虑美容企业的实际承受能力。

5. 合法性　美容企业的薪酬制度必须符合现行的政策和法律,否则将难以顺利进行。

三、美容企业员工激励策略

(一) 激励的含义

从心理学认识的角度,激励是指激发人的行动动机的心理过程,是一个不断朝着期望目标前进的循环的动态过程。激励是对人的一种刺激,是促进和改变人的行为的一种有效手段。每一个人都需要激励,在一般情况下,激励表现为外界所施加的推动力或吸引力,转化为自身的动力,使得组织的目标变为个人的行为目标。

激励概念的内涵包括以下三个方面:

1. 激励是一个过程　人的很多行为都是在某种动机推动下完成的。对人的行为的激励,实质上就是通过采用能满足人的需要的诱因条件,引起行为动机,从而推动人采取相应的行为,以实现目标,然后再根据人们新的需要设置诱因,如此循环往复。

2. 激励过程受内外因素的制约　各种管理措施,应与被激励者的需要、理想、价值观和责任感等内在的因素相吻合,才能产生较强的合力,从而激发和强化工作动机,否则不会产生激励作用。

3. 激励具有时效性 每一种激励手段的作用都有一定的时间限度,超过时限就会失效。因此,激励不能一劳永逸,需要持续进行。

(二) 激励与工作绩效

员工激励的程度与其工作绩效密切相关。实践证明,经过激励的工作行为与未经激励的行为,其工作效果大不相同。激励能够使员工充分发挥其能力,实现工作的高质量和高效率。美国哈佛大学心理学家威廉·詹姆士通过对员工激励的研究发现,在计时工资制下,一个人若没有收到激励,仅能发挥其能力的20%~30%;如果受到正确而充分的激励,其能力就能发挥到80%~90%,甚至更高。由此,他得出一个公式:工作绩效 = 能力 × 动机激发。这就是说,在个体能力不变的条件下,工作绩效的大小取决于激励程度的高低。激励程度越高,工作绩效越大;反之,激励程度越低,工作绩效越小。

(三) 激励的理论研究

关于激励的研究,有很多成熟的理论,代表的有期望理论、双因素理论、需要层次理论、公平理论、强化理论、挫折理论等。

1. 期望理论 该理论是美国心理学家弗鲁姆在1964年出版的《工作与激励》一书中提出来的。该理论认为,当人们有需要,并且有达到目标的可能,其积极性才会高。弗鲁姆认为,激励是个人寄托于一个目标的预期价值与他对实现目标的可能性大小的乘积。用公式表示为:M=V×E。

式中:M表示激励力,指动机的强烈程度,表示个人对某项活动的积极性程度,被激发的工作动机的大小,希望达到活动目标的欲望程度,即为达到高绩效而作出努力的程度;V表示效价,指活动成果所能满足个人需要的程度;E表示期望值,指个体对实现目标可能性大小的估计。期望值也叫期望概率,数值在0~1之间。

期望理论具有较大的综合性和适用性,把握这一理论应注意如下几点:①对于效价应理解为目标的综合效价。即某目标给某人带来的好处、效益是多样的,效价应指各种效价之总和。②同一事件或同一目标对不同人的效价不一样,对同一个人在不同时期效价也不一样。③期望概率是指当事人主观判断的概率,它与个人能力、经验以及愿意付出的努力程度有直接关系;④效价与平均期望概率相互影响。平均概率小,效价相对增大;平均概率大,效价相对减小。

期望理论对美容企业管理者的基本启示是:①管理者应当抓多数成员认为效价最大的激励措施。②设置激励目标时应尽可能加大其效价的综合值。③适当控制期望概率与实际概率。期望概率要适度。实际概率在很大程度上是由组织或管理者决定的,它最好大于平均的个人期望概率,这样能收到较好的效果。④下属对报酬持有不同的价值观,重视下属的个人效价。

2. 双因素理论 此理论又叫激励保健理论,是美国行为科学家弗雷德里克·赫茨伯格提出来的。

保健因素的满足对职工产生的效果类似于保健对身体健康所起的作用。保健从人的环境中消除有害于健康的事物,它不能直接提高健康水平,但有保健因素的满足对职工产生的效果类似于卫生保健对身体健康所起的作用。保健不能直接提高健康水平,但有预防疾病的效果,它不是治疗性的,而是预防性的。保健因素包括公司政策、管理措施、监督、人际关系、物质工作条件、工资、福利等。当这些因素恶化到人们认为可以接受的水平以下时，就会产生对工作的不满意。但是，当人们认为这些因素很好时，它只是消除了不满意，并不会导致积极的态度，这就形成了某种既不是满意、又不是不满意的中性状态。

那些能带来积极状态、满意和激励作用的因素就叫做"激励因素"，也是能满足个人自我实现需要的因素，包括：成就、赏识、挑战性的工作、增加的工作责任，以及成长和发展的机会。如果这些因素具备了，就能对人们产生更大的激励。从这个意义出发，赫茨伯格认为传统的激励假设，如工资刺激、人际关系的改善、提供良好的工作条件等，都不会产生更大的激励；它们能消除不满意，防止产生问题，但这些传统的激励因素即使达到最佳程度，也不会产生积极的激励。按照赫茨伯格的意见，管理者应该认识到保健因素是必需的，不过它一旦使不满意中和以后，就不能产生更积极的效果。只有激励因素才能使人们有更好的工作成绩。

在企业和组织管理中，双因素理论有以下借鉴和应用价值：

（1）重视保健因素，创造良好的工作外部环境，可以消除员工不满意的负面情绪和态度，这对提高工作效率和管理效能有积极的作用。

（2）有效的管理，应在保健因素的基础上，多采用"赫氏的工作内容丰富化"的激励因素，即改善个人工作本身的激励因素，获取成就、赏识、责任、进步和成长的机会。同时增加核心工作要素及技能的多样性、任务的完整性、任务意义、自主权和反馈，使员工体验到工作的意义和赋予的责任，并知晓工作的结果。并给员工更多的主人翁感，多安排有挑战愿意、战略意义和关键性的工作，扩大工作范围，增强成就需要，让工作本身成为一种强有力的激励因素。

（3）要使工资和奖金分开，两者都称为激励因素。必须把它们与企业经营好坏，与部门、组织、个人的工作成效联系起来，才能受到应有的激励效果。如果不顾经济效益好坏，无论工作成绩大小，一律吃大锅饭，搞平均主义，把奖金变成"附加工资"，人人有份，则奖金就会变成"保健因素"，花再多钱，也起不了多大的激励作用。反而使员工认为这奖金是理所应得的；如果奖金取消了，或者个人没有得到，反而会造成员工的不满情绪。

案例分析

案例：一家美容院的老板，每年中秋节都会额外给员工发 1 000 元的奖金。但几年下来，这笔奖金已经丧失它应有的作用，因为员工在领取奖金的时候反应相当平和，并没有人会为这笔奖金表现得特别努力。既然奖金起不到激励作用，加上行业不景气，老板决定停发。但停发后的结果却大大出乎意料，公司上下几乎每一个人都在抱怨老板的决定，有些员工明显情绪低落，工作效率也受到不同程度的干扰。

分析：赫茨伯格认为保健因素（如工资、工作安全感等）的作用，只有等管理者和员工都树立"有良好工作成效就会有合理的报酬""工作成效越大，所得工薪越高"的观念后，工资、奖金才会成为增强员工工作成效的激励力量。

(四) 美容企业激励策略

1. 将美容企业经营目标与员工个人目标相结合　在激励中设置目标是一个关键环节。目标设置必须以体现美容企业经营目标为要求,还能满足员工个人需要,才能收到良好的激励效果。现在美容企业普遍设置的业绩提成,就是一种很好的薪酬激励,员工个人的目标业绩其实就是美容企业业绩目标的分解,关键是额度设置要适度,过高或过低,都起不了激励的作用,同时目标的分解过程需要员工的积极参与,这样的目标才能被员工转化为自我控制、自我管理的激励力量。

2. 物质奖励和精神奖励并举　每一个社会人都存在物质需要和精神需要。美容企业员工的激励方式既有物质激励(如工资、奖金、福利和各种实物等),也有精神激励(社交、自尊、成就、晋升、自我实现等)。物质激励是基础,精神激励是根本,在两者结合的基础上,逐步过渡到内在的、精神激励为主。如一些大中型美容企业设立一项特别的奖励,即"回报父母奖",每月 200~300 元,奖励获得 A 级级别的美容师,存入父母亲专用账户。这是基于少许物质的巨大精神激励,能让美容师在心理上获得已经自立、自强和自我实现的精神慰藉,同时也是一种感恩情怀的培养。

3. 因人而异,按需激励　激励的起点是满足员工未满足的需要,但员工的需要存在着个体的差异性和动态性,因人而异,因时而异,并且只有满足最迫切需要的措施,其效价才高,激励强度才大。所以,在制定和实施激励政策时,首先要调查清楚每个员工真正需求的是什么,并将这些需求整理归类,然后制定相应的激励政策,帮助员工满足这些需求。

针对员工的需求量身定制激励措施。美容企业提供的奖励必须对员工具有意义,否则效果不大。每位员工能被激励的方式不同,美容企业应该模仿自助餐的做法,提供多元激励,供员工选择。针对不同年龄段、不同工作阶段的员工,要采取不同的策略,例如对于在美容企业刚刚参加工作的大学毕业生,这个时期的员工对于生计的压力较大,因此一定物质和金钱上的奖励远比精神上的激励更具有时效性。对于工作已久的老员工,激励的策略往往更需要的是尊重以及自我价值的展现,让老员工认识到自己的重要性,并能够获得年轻人或者上司的信任与尊重,都会对其起到一定的激励作用。

4. 对员工适度授权　根据马斯洛需求层次理论,个体都有自我实现的需求,因此在工作中,无论从事何种职位或者工作内容的员工,美容企业管理者都可以相应适度地给予一定授权。得到一定授权的员工能够增加其主人翁意识,并更加能够体现其价值,通过适度授权能够对员工有积极正向的激励。

5. 激励需客观公平　客观公平是员工管理中一个很重要的原则,员工感到的任何不公的待遇都会影响其工作效率和工作情绪,并且影响激励效果。取得同等成绩的员工,一定要获得同等层次的奖励;同理,犯同等错误的员工,也应受到同等层次的处罚。如果做不到这一点,管理者宁可不奖励或者不处罚。管理者在处理员工问题时,一定要有一种客观公平的心态,不应有任何的偏见和喜好。虽然某些员工可能让你喜欢,有些你不太喜欢,但在工作中,一定要一视同仁,不能有任何不公的言语和行为。

6. 形象与荣誉激励　一个人通过视觉感受到的信息,占全部信息量的 80%,因此,充分利用视觉形象的作用,激发美容员工的荣誉感、成就感、自豪感,也是一种行之有效的激励策略。常用的方法是照片、资料张榜公布,借以表彰职业道德、业绩突出的标兵、模范,立标杆,可起到榜样激励的作用。如果有条件的话,还可以通过闭路电视系统传播公司的经营信息,宣传公司内部涌现的新人、新事、优秀员工、劳动模范、技术能手、模范家庭等。这样可以达到内容丰富、形式多样、喜闻乐见的效果。

7. 信任关怀激励 信任关怀激励是指美容企业的管理者充分信任员工的能力和忠诚,放手,并在下属遇到困难时,给予帮助、关怀的一种激励策略。这种激励策略没有什么固定的程序,总的思路是为下属创造一个宽松的工作环境,给员工以充分的信任,使其充分发挥自己的聪明才智;时时关心员工的疾苦,了解员工的具体困难,并帮助其解决,使其产生很强的归属感。这种激励策略是通过在工作中满足员工的信任感、责任感等需要达到激励作用的。

8. 多表扬少批评,让员工愉快地工作 让员工热爱美容企业,很重要的一条就是让员工在美容企业工作时感到愉快。无论是工作环境、工作责任、人员关系、技能,还是与顾客交流、沟通、服务都能处于一种良好的气氛中。经常表扬、赞美员工身上的亮点(优点),哪怕是衣服、装饰、发式、鞋子、工作态度、工作主动性等一些小细节,都是表扬赞美她(他)的借口,愉快充实满足的感觉就自然形成了。

在平常工作中,美容企业管理者应按照"用建议代替批评,用宽恕代替责备"的原则,尽可能避免当着其他美容师的面批评指责美容师。针对美容师的一些不足提出建议的时候,应该先恰当地赞美美容师的工作,然后针对具体存在的问题提出改善的意见和方法,引导美容师认同自己的观点。美容企业管理者对于员工之间的摩擦也应及时调解,教会美容师如何进行有效的沟通和建立良好的人际关系。

管理者要善于观察员工是否把美容企业当作自己生活、未来的主体部分,是否在此工作愉快,并仔细分析。比如,有一员工请的是三天休假,到休假第二天主动提前报到上班了,此时员工一定是感觉在此上班比较愉快。

9. 展现美容企业美好远景 美容企业美好远景,无非是宏观远景和现实前景。把美容企业优秀、好的一面进行广泛宣传和展示,把美容企业在行业中的地位适度进行夸张,把美容企业经济实力予以表现,把美容企业文化给予弘扬,把美容企业知名度进行很好利用,把美容企业人气牢牢抓紧,把美容企业发展规划告知大家。这样使员工对美容企业本身的远景充满信心,对美容企业发展之路不抱怀疑。这是让员工热爱美容企业本身的基本条件和环境。

10. 奖惩适度 奖励和惩罚不适度都会影响美容企业的激励效果,同时也会增加激励成本。奖励过重会使美容企业员工产生骄傲和满足的情绪,失去进一步提高自己的欲望;奖励过轻起不到激励效果,或者让员工产生不被重视的感觉。惩罚过重会让员工感到不公,或者失去对公司的认同,甚至产生怠工或破坏的情绪;惩罚过轻会让员工轻视错误的严重性,可能还会犯同样的错误。

第四节 美容企业员工流失对策

经营美容企业,最难的问题不是来自客源,而是美容师的流失,在中小美容企业更为突出。统计数字显示,美容行业的人才平均流失大概在30%~35%之间,相对于其他行业来讲比较高,有的美容企业达到50%,大型美容企业(连锁机构)相对理想一些,在5%~10%,处在一个比较合理、正常的范围。可以说,美容师的流失已经成为美容行业最为关切的核心问题。

一、美容企业员工流失原因

美容企业员工流失的原因主要可以从员工和美容企业两方面分析,员工的流失既有员工的内在原因,也有美容企业在经营管理等方面的原因。

(一) 员工内在原因

1. 发展空间有限　根据马斯洛需求层次理论,人有自我实现自我发展的需求,如果美容企业无法给予员工一定的发展空间,无法让有理想、有抱负的员工实现自己的人生价值,势必会影响到员工的稳定性。一个老员工,或者说一个比较有能力的美容师是很注重职业发展空间的。如果在店里没有可发展的空间,看不到希望,流失是正常的。很多美容企业经营者也知道这一点,然后就给员工"画美好蓝图",这很有必要,但一定要做到、能够兑现,帮助员工去实现。处于单店的、业务范围狭窄的中小型美容企业,发展空间相对比较有限。无论美容企业的规模大小都应该为员工设定合理的职业发展晋升的通道。帮助员工实现自身的价值。

2. 业绩目标设定过高　目标管理是一种科学的管理,它的突出特点是自我控制、自我管理,从而调动员工工作的积极性,以员工、部门目标的实现来实现企业的目标。科学、合适的目标制定是目标管理的关键。有些美容企业迫于经营的压力,将美容师的业绩目标设定过高,偏离"跳一跳,摘桃子"的设定原则,结果让人无法实现,久了也就失去了管理的意义。员工对老板的信任度自然就会下降,有条件者会选择离职,留下来的员工工作积极性也会逐渐消失,业绩不升反降。这是一个常理性问题,也是一个十分危机的问题。

3. 工作成就感缺失　工作成就感是相对于那些比较注重情感及责任心的员工,这些员工对金钱看得并不是很重,更在乎的是自己在工作中所得到的成就感、同事的认同、老板的肯定,这是一种自我实现式的高级情感需求。这些员工往往能够成为企业核心的员工,也是美容企业需要留住,而又不容易留住的优秀员工。

4. 工作氛围不佳　良好的工作氛围首先是由领导者布局的,如果不是经营者直接管理,那就是由店长来主导,没有员工喜欢在不好的氛围中工作。一个积极向上的工作氛围,能不断创造好的业绩。相反,员工之间缺少信任、认同与合作,而是相互使坏,进行不正当竞争,管理缺失公平、公正与公开,这样的工作环境,老员工会觉得没有什么意思,新员工得不到应有的指导和关怀而不能适应,离心"叛离"企业的自然会越来越多,更谈不上会有什么好的业绩。

5. 薪资待遇不公平　为追求更高的薪资待遇而选择离开是美容师流失最普遍的动机之一,而深层次的原因是美容师觉得在薪资待遇上自己受到不公平的对待。这种"不公平"是比较得来的,是把自己的付出与所得同其他美容师的付出与所得进行比较,当觉得不公平时,外部又存在机会,选择离开便是必然的。美容企业的薪资架构,不仅要符合行业内水平,而且要公平、公正、公开地评定薪资标准。

6. 生活枯燥,工作时间过长,造成心理疲劳　据统计,美容师平均工作8~10小时,月休 2~4 天,一般到晚上 9 点,加上晚间清洁卫生,至少要到 10 点以后才能休息,而人体以一天工作 8 小时为适。另外,美容师的工作大多没什么变化,整天就是在美容院狭小的空间内活动,要在单调中面对冗长的时间。这些会造成美容师生理和心理的倦怠疲劳,换工作的想法也就油然而生了。

7. 创业愿望驱动　不少美容师在从业之初,就有很强的创业意识。认为美容行业创业门槛相对较低,掌握了一定的技术就可以自己去开美容院。这里分两类人,一类是那些事业心强、用心地去做事情的美容师,成长快,离职创业是很正常的;另一类人创业愿望虽强,但心态浮躁,不会用心去做多少事,也没多少能力,离职对美容院来说,也不是坏事。

8. 美容企业同行"挖墙脚"　这是造成美容师流失的外部因素。同业竞争,挖人才墙脚,在人才需求大于供给的美容行业颇为激烈,往往造成严重的顾客流失和经济损失,影响恶劣。

9. 无合同约束　有的美容企业在招聘员工时没有与美容师签订劳动合同,美容师认为不能从法律上维护自己的权益,因此在条件成熟的时候,美容师选择离职也就不奇怪了。

(二) 企业自身原因

1. 美容企业自身业务发展停滞不前,竞争中处于劣势　美容企业出现这样的情况后会对员工的工作积极性以及未来的职业规划造成一定影响。企业业务发展缓慢甚至停滞,势必会影响员工的利益。员工在自身工作的企业看不到希望后,会开始寻找新的价值实现方式以及新的收入增长方式。

2. 企业没有良好的企业文化　想要吸引并留住优秀的员工,企业要有良好的企业文化。以下是一些常见的不利于保留员工的企业文化:

(1) 没有设定战略或者远景规划的企业:企业的管理者没有设定清晰的发展目标,经常变换发展方向,使员工不知道自己的努力方向和发展方向。久而久之,企业就失去了凝聚力与向心力,员工也失去了工作的热情,留下的员工就是混日子,不甘于此的员工必然会离开公司寻找新的发展平台。

(2) 组织机构繁冗,官僚气息浓厚:这一点主要针对的是比较大型的具有一定规模的美容企业或者美容机构。为了加强管理与控制,每个组织都会有自己的组织架构和管理体系,这些设定都是为了提高企业的生产效率与收益,而并非是为员工工作创造障碍。在这样的企业内工作,员工在做任何事情时都需要得到上级主管的批准与认可,企业成了一潭死水,变得僵化与教条,久而久之,企业也就失去了活力,员工失去了工作的热情与斗志。既不利于企业的发展,也不利于员工的保留。

(3) "关系"文化充斥,缺少务实与实干:正如上一点阐述,具备一定组织规模的美容企业往往容易形成官僚文化。如果得到赏识重用的员工都是一些善于钻营、溜须拍马的人,那对于一心只想踏实工作不善于此的员工来说,必然会对企业失去信心。这种情况不仅挫伤员工的工作积极性,还会导致只求搞好关系的错误观念。

3. 缺少长期的人力资源规划,管理观念短视　健全的人力资源职能对于优秀的企业来说至关重要。要想保留住优秀的员工,需要建立健全人力资源的培训与发展职能。对员工实施有计划、有系统的在职培训,不断提高员工的职业技能,是提高员工工作能力和工作热情的重要方式。

除了要重视培训外，美容企业还要鼓励员工进行一定的内部流动，包括不同岗位之间的流动，也包括一定的晋升。美容企业需要完善的岗位晋升机制，当企业内部出现空缺岗位时，应鼓励内部员工竞聘。而不是总要"空降"，或者坚持"外来的和尚好念经"的观点。

4. 管理者的风格与管理方式也直接影响着员工工作的稳定性　据某美容营销机构数据研究中心统计，因顶头上司因素而离职的员工占整个员工离职的35%。美容企业管理者分工不明确，规章制度缺失，任人唯亲，对待下属态度蛮横，以严厉代替宽容，以指责代替指导，以完成任务代替人性关怀，以居高临下代替人格平等，造成紧张僵硬的工作管理，美容企业的员工势必会选择离开。以下几种情况是管理者通常能够影响员工离开的行为。

（1）员工的工作得不到赏识与认可，干出了成绩是领导的，出了问题是自己的。

（2）自己的管理者在业务或者管理上水平一般，无法从与其工作中提高自己，感觉这么下去前途很渺茫。

（3）主管领导的授权不够，员工缺少一定的工作自由性。

（4）员工所在部门的领导做事不公正，没有一碗水端平，总是对善于搞关系或者与自己兴趣性格相投的人给予过多的关注与认可，忽略了其他下属的感受。

（5）上司很容易情绪化，经常批评和斥责下属，甚至做一些让员工意想不到的事情。

（6）上司的行为不检点，没有以身作则，经常做一些让人感觉不地道的事情。

5. 企业给付员工的薪酬缺乏行业竞争性　合理的薪酬应该是"对外具有竞争性，对内具有公平性"。一般来说，员工会将薪酬与其他企业相对比，若是企业能够给付员工合理的薪酬，那么就能够在一定程度上避免人员流失。合理的薪酬不仅具有竞争性，也具有公平性。有的美容企业或美容机构很少对市场进行调查，只是根据企业的情况或者低于企业的发展情况而给付员工薪酬，由于薪酬过低而导致员工走向其他高薪的企业，这就导致人才流失。有的企业也许公司给付达到甚至超越了同行业标准，但缺少内部公平，员工常常把自己的薪酬与比自己等级低的职位、等级相同的职位以及等级更高的职位上的人所获得的合理薪酬进行对比，从而通过这种对比来判断企业所支付的薪酬是否公平合理，员工一旦认为自己在薪酬方面受到了不公平的对待，就会造成核心人才的流失。

知识链接

业务部门负责人的人力资源培训

很多企业管理者认为业务部门的负责人最重要的是要懂得本部门业务，例如财务经理首先要懂得财务业务，这点确实毋庸置疑。但业务部门的负责人不单是本部门的业务负责人，还是本部门的"人事经理"，因为该部门的负责人既要负责业务的维持与发展，还要管理本部门的员工，要密切关注下属的工作状态、工作业务的执行等内容，也要调动员工的工作积极性、增强员工的集体归属感、提高对公司文化的认同感。这就需要适时地对部门负责人进行相应的人力资源培训，提高他们管理人的能力、提高他们的管理思维和管理技能。通过一定的培训，能够有效地提高部门负责人的管理水平，提高员工的满意度。

二、美容企业员工流失预防措施

企业员工流失,在一定合理的范围内,是正常的"换血造血",有利于企业的良性发展。真正影响美容企业发展壮大的是核心员工,留住核心员工才是美容企业管理必须解决的问题。以人为本,尊重人,爱护人,在制定、实施各项措施时处处留心,只有留住心,才能留住核心员工。在解决员工流失问题上,要从根本上进行解决,不能盲目。如果员工是因为对工资不满意导致的离职,不能单纯地依靠涨工资来解决这一问题,而是要从多方面入手。为了制定更好的政策或制度保留员工,我们要首先了解人性假设理论。

(一) 人性假设理论

在关于人性假设理论方面,有不少学者做过深入的研究,较为著名的有美国行为科学家道格拉斯·麦格雷戈提出的"x 理论 -y 理论",以及美国行为科学家埃德加·沙因归纳出的"四种人性假设理论",我们在此重点介绍后者。

沙因在《组织心理学》一书中把前人已经提出过的"经济人假设""社会人假设""自我实现人假设",同他自己提出的"复杂人假设"排列为四种人性假设,作为这方面理论的概括和比较。

1. 经济人假设(x 理论)　是古典经济学家和古典管理学家关于人性的假设。沙因把经济人假设归纳为以下四点:

(1) 人是由经济诱因来引发工作动机的,其目的在于获得最大的经济利益。

(2) 经济诱因在组织的控制之下,因此,人总是被动地在组织的操纵、激励和控制下从事工作。

(3) 人总是以一种合乎理性的、精打细算的方式行事,力图用最小的投入取得满意的报酬。

(4) 人的感情是非理性的,会干预人对经济利益的合理追求,组织必须设法控制人的感情。

2. 社会人假设　是人际关系学派的倡导者梅奥等人依据霍桑试验提出来的。沙因把社会人假设归纳为以下四点:

(1) 人类工作的主要动机是社会需要,而不是经济需要,人们要求有一个良好的工作气氛,要求与同事之间建立良好的人际关系。

(2) 工业革命和工作合理化的结果,使得工作变得单调而无意义,因此,必须从工作的社会关系中去寻求工作的意义。

(3) 非正式组织有利于满足人的社会需要,因此,非正式组织的社会影响比正式组织的经济诱因对人有更大的影响力。

(4) 人们最期望于领导者的是能承认并满足他们的社会需要。

3. 自我实现人假设(y 理论)　马斯洛的"需求层次理论"中最高一级即是自我实现的需要。阿吉里斯的"不成熟—成熟理论"中所谓成熟的个性,就是指自我实现的人。关于自我实现人的假设,有以下四个要点:

(1) 人的需要从低级到高级可分为多种层次,其最终目的是满足自我实现的需要,寻求工作上的意义。

(2) 人们力求在工作上有所成就,实现自治和独立,发展自己的能力和技术,以便富有弹性,能适应环境。

(3) 人们能够自我激励和自我控制,外部激励和外部控制会对人产生威胁,造成不良的后果。

(4) 个人的自我实现同组织目标的实现并不是冲突的,而是能够达成一致的。在适当条件下,个人会自动地调整自己的目标,使之与组织目标配合。

4. 复杂人假设(超 y 理论)　沙因等人认为,经济人假设、社会人假设和自我实现人假设,各自反映出当时的时代背景,并适合于某些人和某些场合。但是,人们都有着复杂的动机,不能简单地归结为一两种。人的工作动机,包括生理、心理、社会、经济的各个方面,再加上不同的情境和时间因素而形成。因此,提出复杂人假设,其要点有五个方面:

(1) 人的工作动机不单是复杂的,而且变动性很大。每个人都有许多不同的需求。人的动机结构不仅因人而异,而且同一个人因时而异、因地而异。各种动机之间交互作用而形成复杂的动机模式。

(2) 一个人在组织中可以形成新的需求和动机。因此,一个人在组织中表现的动机模式是他原来的动机与组织经验交互作用的结果。

(3) 人在不同的组织和不同的团体中可能表现出来不同的动机模式。在正式组织中与别人不能和谐相处的人,在非正式组织中可能是合群的,从而满足其社会需要。在某些复杂的组织中,各个部门可以利用不同的动机来达到其目标。

(4) 一个人是否感到心满意足,肯为其组织尽力,取决于他本身的动机结构与他同组织之间的相互关系;工作的性质、本人的工作能力和技术水平、动机的强弱、人际关系的好坏,都可能产生影响。

(5) 人可以依据自己的动机、能力及工作性质对不同的管理方式做出不同的反应。因此,没有一种适合于任何时代、任何人的万能的管理方式。复杂人假设产生了超 y 理论,成为权变理论的理论基础。

(二) 员工流失解决办法

1. 富有竞争力的薪资收入以及较为公平的薪酬体系　一个有竞争力的美容企业首先是员工有较高的收入,使员工的工资水平对外具有竞争力,这是美容企业经营者的责任。也就是说,让员工们生活得更好是经营者的职责。必须承认高工资对员工来说吸引力较大,然而如何提高工资,给哪些员工提高工资,是美容企业必须认真对待的问题。管理者应根据经营管理队伍、专业队伍和操作队伍的不同特点,在建立科学有效的评价体系、合理设立收入序列、完善奖惩办法等方面做深入细致的工作,让美容企业真正需要的人才脱颖而出,让真正为美容企业作贡献的人得到实惠,抓住核心员工才能抓住企业的核心。以"各得其所,永不满足"的工资分配理念,增强核心员工的归属感和成就感,解决他们在经济上的后顾之忧,让他们全身心地投入到工作中去,为美容企业创造最佳的经济效益。

目前,大部分美容企业实行的是奖励工资制,即基础工资加业绩提成。有些美容企业根据年度经营目标的完成与增长情况,在年终利润中抽出一定比例,奖励全体员工和作出突出贡献的员工,体现"奖励团队优于奖励个人"的原则。员工持股计划,可以使员工与美容企业利益紧密结合,结成同舟共济的利益共同体,能有效提高美容企业的工作效率,也是留住人才最有效的方式之一。

在合理的薪酬体系中体现出公平原则。在心理学的激励理论中,对薪酬设计和薪酬管理颇具影响的理论为斯塔西·亚当斯的公平理论。亚当斯的公平理论认为,员工首先会思考自己的收入与付出的比率,然后将自己的收入—付出比与他人的收入—付出比进行比较。如果员工感觉到自己的比率与他人相同,则为达到了公平状态;如果感到两者的比率不相同,即他们会认为自己的收入过低或者过高。这种不公平感出现后,员工就会试图去纠正它。不公平感的增加会加剧员工离职的风险。因此薪酬体系的设计要体现出劳动与报酬的公平性。

2. 打造优良的企业文化　从多角度多方面努力为员工营造良好的工作氛围,进而能够激发员工的使命感,凝聚员工的归属感,加强员工的责任感,使员工在工作过程中能够获得成就感。企业文化包括企业的经营哲学、价值观念、企业形象、企业制度等内容。优良的企业文化具备以人为本的特性,企业文化是一种以人为本的文化,最本质的内容就是强调人的理想、道德、价值观、行为规范在企业管理中的核心作用,强调在企业管理中要理解人、尊重人、关心人、注重人的全面发展,用愿景鼓舞人,用精神凝聚人,用机制激励人,用环境培育人。

3. 招聘引进　招聘引进员工是美容企业员工队伍建设的首要一环,引进人员的素质高低,决定着美容企业未来的发展,因此在招聘计划和策略上,美容企业应根据自身人员结构和岗位需求,合理、有的放矢地招聘美容企业需要的人员。如果美容企业招到的是不够忠诚、缺乏职业道德的员工,便很难通过后期的培养和共事让他(她)对美容企业忠诚。如果招进来的员工有频繁离职的经历,美容企业就有理由认为他(她)不能在工作岗位上踏踏实实地做下去。类似这样的人,即使能力非常出色也不能长久地服务于企业。他(她)们常常把企业当成自身成长的跳板,一有机会就会弃企业而去。所以一定要抓好招聘关,设立基本的职业道德规范标准,并实施相应的心理测评及背景调查,从人员选用阶段就把控住员工的基本素质。

4. 建立健全的沟通网络　没有沟通,就没有管理。著名组织管理学家巴纳德认为,"沟通是把一个组织中的成员联系在一起,以实现共同目标的手段"。美容企业的员工管理必须建立一个有效、健全的沟通网络,协调个人、群体、企业三者的关系和活动,使管理层工作更加轻松,使普通员工大幅度地提高工作绩效,增强企业的凝聚力和竞争力。

(1) 会议沟通:美容企业举行各种类型、各种规模、各种形式的会议,可以起到集思广益的作用。在会议讨论中,可以互相激发思想火花,各种不同思想的碰撞和交锋,从不协调到协调,从不同想法到获得相近或一致的见解。但美容企业的会议不能是简单的一端发送另一端接收指示的收听式,而应是有中心、有目的的汇聚群体成员的智慧、思想、经验和信息的互动式。

(2) 个别交谈:美容企业是一个整体,员工间必须相互关怀、互相了解。个别交谈既是彼此关心建立感情的渠道,也是探讨和研究问题的重要方式。个别交谈比会议讨论可能更深入、更细致,更容易获得双向交流提升信息的质量。

(3) 开放式讨论:美容企业开放式讨论采用的应是有主题无领导的讨论,事先向与会成员发出讨论的主题,要求每个与会成员事先做好发言准备。然后针对主题,在宽松的氛围中,大家敞开思路,畅所欲言,倡导创新思维,不断补充和完善,寻求多种决策思路。这是一种"头脑风暴式"讨论,是整体效益最佳的沟通交流过程,而非"1+1"的简单叠加。

(4) 网络沟通:充分利用网络,能快速地传递美容企业员工所获取的最新信息和创造的最新思想。这种快速的传递会达到快速的撞击,快速的撞击有时会获得意想不到的创新成果。

美容企业成员可以通过电子邮件等网络途径表示彼此的关心和实现个体劳动的联结,员工可以利用网络请求帮助和给予帮助以求企业群体的最优绩效。

另外,沟通是双向的,就美容企业员工和管理者关系而言,员工首先应该主动与管理者沟通,管理者也应该积极与部属沟通。任何一方积极主动,而另一方消极应对,沟通也是不会成功的。只有大家都真诚地沟通,双方密切配合,美容企业才可能发展得更好更快。

5. 合理配置人才资源　合理配置人才资源,就是要做到人尽其才,才尽其用。美容企业应通过建立合理的人才流动机制,创造公平的竞争环境,有效掌握人员流动方向和流量,形成合理的人员结构(知识结构、技能结构、年龄结构),保证核心员工迅速、有效、合理的配置。首先,要建立科学的人才选拔机制。美容企业要根据核心员工的不同特点,实行岗位动态管理,使能者上庸者下,吐故纳新,始终保持岗位人员的生机和活力。同时,要有针对性地淘汰不符合企业经营要求、知识要求、技能要求和文化要求的员工,并及时引进符合企业发展要求的新员工。这里特别注意防止二流员工的沉积。由于核心员工在知识、技能、品质等方面素质较高,往往不可避免地成为各美容企业争夺的目标,因而具有较强的流动性,二流员工由于知识技能等综合素质较差,往往容易沉积在企业,难以流动。因此,美容企业应当通过业绩考核、技能评估等评价办法,选拔出核心员工,淘汰综合素质较差的员工。

6. 职业生涯管理　美容企业要根据"管理人才、专业人才、操作人才"的不同特点,分别设计员工成长、成才的渠道,并有针对性地进行系统培训,是美容企业留住核心员工的重要手段。在培养过程中既要进行普遍培训,也要有针对性地将技术全面、综合素质好的员工进行重点培养,建立核心员工人才库,在岗位晋升、福利待遇等方面优先考虑。

在职业生涯设计过程中,要注意根据初始、成长、成熟、再提升四个阶段的特点区别对待。初始阶段为一个新进人员初来企业的头几个月。这期间,经过训练的新人,对企业内部事务渐渐由陌生到熟悉,对负责的工作刚摸索出一套处理模式。这一阶段,应注意使员工尽快适应环境,如果任其发展,很可能从此埋没这个员工,或导致其跳槽。因此,在此阶段应当采取"导师带徒弟"等方式,对新进人员加强培养。成长阶段由于员工在美容企业内已建立了一些特定的人际关系网络,对所从事的工作有了相当程度的掌握,因此是最容易施展才华、最有干劲的阶段。对这一阶段的员工,除了应给予工作上的肯定外,还应适度地安排相关的技能训练课程,提高其专业水平。

进入成熟阶段,员工的工作经验已较为成熟,但却面临成长、突破之瓶颈,这时美容院如能给予适度的培训、调职或晋升机会,将有助于员工职业生涯的良性循环。再提升阶段是每位企业员工必将面临的自然过程,如美容企业疏于关切和疏导,不但会影响企业的经营,对其他员工的士气也会产生不良影响。因此,美容企业要采取适当方式来疏导员工面临再提升期的问题。

7. 心理契约保障　美容企业防止核心员工流失的一个重要方面,是在员工管理过程中,美容企业要与员工建立起组织的心理契约。心理契约,是企业与员工彼此对对方应付出什么,同时又应得到什么的一种主观心理约定,其核心成分是雇佣双方内隐的不成文的相互责任。心理契约的内容相当广泛,而且随着员工工作时间的积累,其范围也越来越广。

美容企业要建立与员工的心理契约,首先在面试之初招聘人员必须清楚地意识到,口头的没有保障的承诺会造成员工不切实际的期望,降低员工对美容企业的信任感并会产生较高的离职率。所以,在面试过程中,招聘人员要尽量提供真实可靠的信息,把对员工的期望、职位的要求、责任和义务等信息进行明确公示。在招聘时对职位的有利方面和不利方面做一个实事求是的全面介绍,这样有助于维护双方的心理契约。由于心理契约是处于不断地变革与修正的状态,需要美容企业和员工双方不断调整已有的期望。通过广泛的沟通与交流,使员工与管理者详尽地相互了解企业与个人的精神、理念和事业追求,从而不断调整双方的认知和利益,产生满足相互需求的、步调一致的行为,建立起稳定的雇佣关系。

8. 降低对核心员工的依赖　美容企业各项工作的开展无疑离不开美容师的个人操作,但是美容企业千万不要把自己弄到某项工作离开了某个员工就无法运作的地步。美容企业应该通过优化业务流程,科学设计岗位,加强知识管理,来降低对个别能力出色的核心员工的依赖,弱化核心员工对企业资源的控制,避免因核心员工流失给美容企业造成无可挽回的损失。

9. 建立人才预警机制　"冰冻三尺,非一日之寒",跳槽事件都不是一朝一夕形成的,往往经历了漫长的积累过程,是美容企业内部管理矛盾达到极限发生的畸变,美容企业管理者不要忽略了员工的感受,可以定期对员工的满意度和忠诚度开展调查,建立科学的人才预警系统,在第一时间掌握员工的动态,防跳槽之患于初起之时。每隔一月或一个季度,对美容企业核心员工管理的现状进行调查,调查内容可以包括:核心员工的出勤率、工资状况、同业在核心员工管理上有什么新动向、市场平均薪酬是否上涨等。然后根据评估情况,不断完善各项管理工作。

10. 签订正规的劳动合同　美容企业在聘用员工之初,应该和每一位员工签订1~2年的工作合同,尽可能提高员工工作的稳定性。劳动合同是双方达成一致才签订的,它代表了双方共同的利益。

《中华人民共和国合同法》规定合同内容不得偏向任何一方,否则合同被视为无效。作为美容企业管理者,需要制定一份公平互惠的用工合同,这是经营正规与否的标准,也是让员工放心与美容企业签订合同的一颗定心丸。

另外,美容企业拥有大量的顾客资源和技术秘密,员工在一个合理的期限内有保密义务,这一要求也要在合同中确定下来,也可与核心员工签订竞业禁止协议,限制其离职后若干年加盟与本企业直接竞争的美容企业。

知识链接

员工满意度调查

员工满意度调查是一种科学的人力资源管理工具,它通常以问卷调查等形式,收集员工对企业管理各个方面满意程度的信息,然后通过后续数据统计和分析,真实地反映公司经营管理现状,为企业管理者决策提供客观的参考依据。通过进行员工满意度调查,企业能够及时地了解员工对公司的态度,以及员工在哪方面对公司满意,对公司的哪些方面还存在看法或者异议。针对员工不满意的方面,公司还能够及时地采取措施进行改进。这样可以增强员工对企业的认同感、归属感,不断增强员工对企业的向心力和凝聚力。

优秀美容师跳槽怎么办?

案例:顾女士是 A 城一家美容院的老板,她自 2002 年开始经营一家美容院以来,每月销售额都能达到 8 万多元。然而 2 个月前,正当她计划向每月 10 万元的目标大步迈进时,美容院的几位骨干美容师陆续地向她提出辞职,有的甚至直接离开。受这些员工的影响,店里的其他美容师也变得心绪不宁,客人的抱怨越来越多,不少顾客去了竞争对手的美容院,美容院的业绩直线下降,跌到了开业以来最低点。

小唐是 A 城的另一家美容院老板,店里有 3 位美容师。作为老板,她从不摆谱,很多时候更是为美容师着想,不管是在生活上、感情上遇到了什么样的问题,都会向小唐倾诉,小唐也都乐意为她们解决。有一天,一位美容师告诉她,由于租住房子的房东要收回房子,所以想请假另租住房子,虽然当时店里很忙,缺少一个美容师会有较大的损失,但是,小唐还是给她放了假。人性化、情感式的管理模式,让小唐逐渐赢得了美容师们的信任。融洽的工作氛围,顾客们也看在眼里,大家都说小唐的美容院就像一个大家庭,有一种暖暖的家的感觉。顾客们把这里当成了聊天、放松的好去处。

分析:作为老板,关心销售额、关心业绩无可厚非,但在关注业绩的同时,也要兼顾美容院员工的个体需求与工作状态。一味地关注利润而忽视了员工的心理状态和需求,最终由于缺乏沟通和健全的人才保留制度,导致员工离职是必然结果。所以无论美容院规模大小,作为管理者都应该时刻关注员工的需求,同时建立健全的人力资源制度,建立良好的企业文化,这样才能让员工满意,最终提高顾客的满意度,获取更多的利润。

彼得现象

英国学者彼得经过研究,发现这样一个事实:某个人被提拔担任管理工作后,任职初期由于缺乏经验,只能表现平平,甚至有点不自在。但随着工作时间的延长,管理经验不断丰富,能力不断提高,从而业绩不断改善。如果说初期他的能力和成绩只能勉强符合职务要求的话,那么现在可能远远超过了职务要求的水平。这时,组织便可能考虑将其进一步提升。提升后可能经历与前阶段类似的过程,即逐渐从"表现平平"到"超越职务需要",这样便可再度获得晋升的机会。这样一直延续下去,直至有一天,他被晋升到某个高层次的职务以后,能力不能继续提高,业绩不能继续改善,甚至不符合职务的要求,工作表现在职务要求"水平之下",即"爬到了能力所不及的阶层",因而给组织带来效率的滑坡。

这种现象被称之为"彼得现象",为什么会产生这种现象? 如何才能防止呢? 说说你的想法。

(刘大旭)

复习思考题

1. 简述人力资源的特征。

2. 美容企业招聘员工的原则是什么?

3. 什么是绩效考核? 绩效考核有哪些原则和考核方法?

4. 当前很多员工都是"90 后",员工年龄结构发生了很大变化,美容院如何针对这个年龄段员工的特点对其进行更好地激励?

5. 如何应用"双因素理论"保留美容企业的员工?

扫一扫
测一测

美容企业质量管理

学习要点

　　质量管理的相关概念;质量管理原则;质量管理体系的建立与改进方法;顾客服务流程,美容员工工作、接待、社交礼仪,提高个人礼仪修养的方法;美容院表格化管理;个人卫生管理要求及美容院内常用的消毒杀菌方法;美容顾客服务系统;美容顾客意见处理策略;美容顾客开发与维护。

第一节　质量管理体系概述

一、质量管理体系的组成

　　美容企业所提供的服务具有无形性、差异性等一系列特征,因此,在质量管理方面,服务型企业也不能像生产型企业一样采取工序质量、质量检验等管理方法进行质量控制。而美容企业都是以顾客需求为导向,服务质量是美容企业的生命和发展基础。"宾客至上,质量第一"是美容企业的宗旨,满足顾客的需求,提高消费者满意度是美容企业的重要目标。如何建立并运行美容企业质量管理体系,使企业管理工作系统化和规范化,不断提高顾客满意度,才能在激烈的市场竞争中取得主动。

(一) 基本概念

　　1. 质量　质量就是"一组具有固有特性且满足要求的程度"。"质量"可使用形容词如差、好和优异来修饰。就服务质量而言,它既是服务本身的特性与特征的总和,也是消费者感知的反应,因而服务质量既由服务的技术质量、职能质量、形象质量和真实瞬间构成,也由感知质量与预期质量的差距所体现。

　　2. 质量管理　质量管理是指为保障、改善制品的质量标准所进行的各种管理活动。其不仅包括在制品的制造现场所进行的质量检查,还包括在非生产部门为提高业务的执行质量而进行综合性的质量管理。进入 20 世纪后,质量管理有了迅速发展,大体经历了以下三个阶段(图 5-1)。

| 质量检验阶段
20世纪初—
20世纪40年代 | 统计质量管理阶段
20世纪40年代—
20世纪60年代 | 全面质量管理阶段
20世纪60年代—今 |

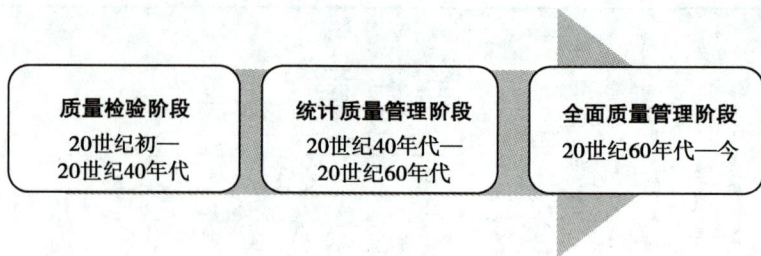

图 5-1　质量管理发展的三个阶段

3. 质量管理体系　是指在质量方面指挥和控制组织的管理体系。它鼓励组织分析顾客要求，规定相关过程，并使其持续受控，以实现顾客能够接受产品和服务。质量管理体系能够提供持续改进的框架，促使组织持续地改进产品和过程，以增加顾客和其他相关方的满意度，一般以文件化的方式，成为组织内部质量管理工作的要求。

知识链接

工业化时代的质量管理

质量检验阶段：20世纪初，人们对质量管理的理解还只限于质量的检验。质量检验所使用的手段是各种检测设备和仪表，方式是严格标准，进行百分之百的检验。

统计质量控制阶段：这一阶段的特征是数理统计方法与质量管理的结合。第一次世界大战后期，为了在短时期内解决美国300万参战士兵的军装规格是服从正态分布的。沃特·阿曼德·休哈特建议将军装按10种规格的不同尺寸加工不同的数量。美国国防部采纳了他的建议，结果，制成的军装基本符合士兵体裁的要求。

全面质量管理阶段：20世纪50年代以来，生产力迅速发展，科学技术日新月异，出现了很多新情况。主要有以下几个方面：科学技术和工业生产的发展，对质量要求越来越高；50年代以来，火箭、宇宙飞船、人造卫星等大型、精密、复杂的产品出现，对产品的安全性、可靠性、经济性等要求越来越高，质量问题就更为突出；要求人们运用"系统工程"的概念，把质量问题作为一个有机整体加以综合分析研究，实施全员、全过程、全企业的管理。

(二) 美容企业质量管理八项原则

1. 以顾客为关注焦点　顾客是企业之本，为此，了解顾客当前和未来的需求是美容企业经营的基本要素，将顾客需求或期望传达给整个企业，使员工加强与顾客联络，就有关顾客体验及反馈实施监测和汇总，从而持续改进组织的过程和产品，最终提升顾客满意度。

2. 发挥领导作用　美容企业领导者确立企业统一的宗旨及方向，如良好的企业文化和正确的价值理念。领导者在企业中营造使员工充分参与的内部环境，并重点保障和规划员工的利益和职业发展；加强员工的企业文化培训，使员工与企业发展步调一致，同心同德；从而建立起一支具有正确价值观导向、较高职业道德和行为规范的团队。

3. 全员参与　美容企业成员的充分参与是组织发展之本，调动成员的积极性，使成员具备"主人翁"的自觉性，方能为企业带来收益。企业中各岗位成员应接受赋权和职责,并具备解决问题的能力,成员合理分工,各负其责,协调并进,并通过积极有效的目标考核,使其主动提高能力,为自己的工作岗位和组织创造效益并提高企业形象。

4. 过程方法 将过程完整记录留存,其资料作为过程方法进行管理,可以更好地提高效率达到目标,为此,组织应当识别并确定为达到预期目标所需的过程,明确职责和权限,识别并确定过程之间的相互关联和相互作用关系,评估风险及其相关方的影响。

5. 系统管理 将相互关联的过程作为系统加以识别理解和管理,有助于组织提高实现目标的有效性和效率。如建立顾客管理、服务评价、员工考勤等系统的管理结构,综合运用并了解系统各过程之间的相互关联和相互作用关系。通过测量和评估以持续改进体系。

6. 持续改进 持续改进总体业绩、不断提高顾客满意度应当是美容企业的永恒目标。为此,企业员工都应将服务、过程和体系的持续改进作为目标,企业要为每个员工提供有关持续改进的方法和手段的培训,根据系统化管理中的验收准则评估、跟踪,使员工发现改进机会,追求卓越和预防问题发生。最终建立一套指导、识别和持续改进的方法。

7. 循证决策 循证决策是基于事实的决策方法。美容企业在决策前,应当测量和搜集所需的数据和信息,确保数据和信息充分、准确、可靠,并加以科学分析,使企业决策者能基于事实分析,做出决策并采取措施。

8. 关系管理 关系管理是为了持续成功,企业需要管理与供方等相关方的关系。组织应当识别和选择关键供方,在权衡短期利益和长期利益的基础上确立与供方的关系,与关键供方共享专门技术和资源,建立明确的、透明的沟通渠道,提倡双方共同开发与改进产品和过程,鼓励供方改进业绩。

质量管理八项原则是世界各国多年来的理论研究成果和实践经验,体现了质量管理的基本规律,形成了质量管理体系标准的基础。

(三) 美容企业质量管理体系

ISO9000 族标准就是指导我们建立质量管理体系的指南,指导我们如何建立符合国际的质量管理标准,满足企业质量管理要求的质量管理体系。

1. 质量管理体系总要求 第一,确定质量管理体系所需的过程及其在组织中的应用;第二,确定这些过程的顺序和相互作用;第三,确定为确保这些过程的有效运行和控制所需的准则和方法;第四,确保可以获得必要的资源和信息,以支持这些过程的运行和对这些过程的监视;第五,监视、测量(适用时)和分析这些过程;第六,实施必要的措施,以实现对这些过程策划的结果和持续改进。

2. 质量管理体系建立的准备 建立质量管理体系关键是要领导高度重视,将其纳入领导议事日程,并亲自参与。首先,最高管理者要任命一名管理者代表,负责建立、实施和改进公司质量管理体系;要对部门领导、骨干人员(负责体系设计、文件编写的人员)、全体员工进行分层次教育培训,使全体员工充分理解建立质量管理体系的意义,以及各自的职责,以保证质量管理体系的适宜性、有效性、持续性。

3. 质量管理体系建立的步骤 建立美容企业的质量管理体系一般需要以下七个步骤:

步骤一:确定顾客和相关方的需求和期望。美容企业进行质量管理的目的就是满足顾客和相关方的需求和期望,确定顾客和相关方的需求、期望是企业建立质量方针和质量目标的前提。

步骤二:建立组织质量方针和质量目标。质量方针是由组织最高管理者正式发布的该组织总的质量宗旨和方向。最高管理者应确保质量方针与组织的宗旨相适应,包括对满足要求和持续改进质量管理体系有效性的承诺,提供制定和评审质量目标的框架,在组织内得到沟通与理解,在持续适宜性方面得到评审。

质量目标是质量方面所追求的目标。最高管理者应确保在组织的相关职能和层次上建立质量目标。质量目标包括满足产品和服务要求所需的内容。质量目标应该是可测量的,并与质量方针保持一致。美容企业在质量方针的核心内容是顾客至上,关注顾客需求,提供让顾客满意的产品和服务。美容企业就应以将顾客满意作为质量目标,落实到相关职能部门,并定期对其进行修订,以持续改进。

建立质量方针和质量目标为组织提供了关注的焦点,确定了预期的结果,可以帮助企业利用资源达成这些结果。

步骤三:确定实现质量目标必需的过程和职责。

(1)识别过程质量管理就是对质量形成过程进行管理:为使组织有效运行,必须识别管理许多相互关联和相互作用的过程。组织应识别并确定为实现质量目标所需的过程及其在组织中的应用,确定这些过程的顺序和过程之间相互关联、相互作用的关系。

(2)确定实现质量目标必需的职责、权限与沟通:为使质量管理体系能够有效运行,最高管理者应根据实现质量目标的过程,规定组织内的责任和权限,确保组织内的职责、权限得到规定和沟通。企业内的职责和权限应包括总经理、管理者代表、其他分管领导、各个部门主管的职责和权限,以及各个部门、各接口单位之间的职责和权限。最高管理者应在组织内建立适当的沟通过程,并确保对质量管理体系的有效性进行沟通。

步骤四:确定和提供实现质量目标必需的资源。

美容企业确定和提供实现质量目标、满足顾客要求、增强顾客满意度所必需的资源,包括人力资源,基础设施与相应的工作环境。人力资源主要有确定从事影响质量工作的人员所必要的能力,通过招聘、培训或其他措施确保员工接受赋权和职责并具备实现质量目标的能力。基础设施与工作环境是指具有相应的工作场所和相关设施,相应的仪器设备,卫生控制、通信、运输等其他服务。

步骤五:确定为确保过程有效运行和控制所需的准则和方法。

为确保过程的控制和有效运行,美容企业质量管理体系范围的各个过程、质量活动都应建立相应的程序,这主要有如下几个方面:

(1)与顾客有关的过程

1)企业应确定顾客的有关要求如下:顾客规定的要求,即对交付和交付后活动的要求;顾客虽然没有明示,但规定的用途或已知的预期用途所必需的要求;有关的法律法规要求,组织确定的任何附加要求。

2)企业评审与服务有关的要求如下:评审应在组织向顾客做出提供服务的承诺之前进行;应确保有明确的服务规范,使服务的要求得到规定;对与以前表述不一致的合同或订单上的要求予以解决;企业应有能力满足规定的要求;对评审结果及评审所引发的措施记录应予以保持;若顾客提供的要求没有形成文件,企业在接受顾客要求前应对顾客要求进行确认;若服务的要求发生变更,企业应确保相关文件得到修改,并确保有关人员知道已变更的要求。

3)企业应对服务信息、问询及合同或订单的处理(包括对其修改)、顾客反馈(包括顾客抱怨)等方面进行确定,并与顾客进行有效沟通。

4)组织应对有关是否已满足顾客要求的信息进行收集,如使用顾客评价系统获取和利用信息。

5)收集顾客的感受,可以通过顾客满意度调查、来自顾客关于服务质量方面的信息、流失业务的分析、顾客赞美、索赔及销售报告等获得。

6)企业应保护在企业控制下的顾客财产,应妥善安置、保管顾客随身物品,并予以标识。若发生顾客财产丢失、损坏等情况时,应告知顾客,予以赔偿,并保持记录。

7)企业应保护用户的个人资料和隐私,严禁传播外泄。

(2)采购方面

1)采购信息:采购信息应针对性地表述拟采购的产品,主要内容如下:产品、程序、过程和设备的批准要求;人员的资格要求;管理体系的要求。在与供方沟通前,企业应确保所规定的采购要求是充分与适宜的。

2)采购产品的验证:企业应确定并实施检验或其他必要的活动,以确保采购的产品满足规定的采购要求。

3)采购过程:供方及采购方产品控制的类型和程度应取决于采购的产品对随后服务过程的影响。企业应根据供方按组织要求提供产品的能力评价和选择供方,制定选择、评价和重新评价的准则,对评价结果及评价所引起的任何必要措施的记录应予以保持。

(3)服务提供的控制:美容企业应策划并在受控条件下进行服务提供。受控条件应包括如下几点:获得表述服务特性的信息;制定服务指导手册;使用适宜的设备;获得和使用监视和测量装置;实施监视和测量;服务提供和服务提供后活动的设施等。

(4)产品的防护:美容企业应针对所提供的产品的符合性提供防护,这种防护应包括标志、消毒、包装、储存和保护。防护也应适用于产品的组成部分。

(5)不合格品的控制:美容企业应确保不符合要求的产品得到识别和控制,以防止非预期产品的使用或交付,如过期产品。不合格品控制及处置的有关职责和权限应在形成文件的程序中做出规定。

(6)纠正措施:美容企业应采取措施,纠正措施应与所遇到不合格的影响程度相匹配。应编制形成文件的程序,规定以下方面的要求:评审不合格(包括顾客意见与投诉),确定不合格原因;评价确保不合格行为杜绝措施的需求;确定改进和实施所需的措施;记录所采取措施的结果。

(7)预防措施:美容企业应确定措施,以消除潜在不合格的原因,防止不合格的发生。预防措施应与潜在问题的影响程度相适应。应编制形成文件的程序,规定以下方面的要求:确定潜在不合格及其原因;评价防止不合格发生的措施需求;确定和实施所需的措施;记录所采取措施的结果;评审所采取的预防措施。

步骤六:质量管理体系文件编制。

文件能够沟通意图、统一行动,文件的形成本身并不是目的,它应是一项增值活动。质量管理体系文件应包括以下几个方面:

(1) 形成文件的质量方针和质量目标。

(2) 质量手册。

(3) 本标准所要求的形成文件的程序和记录。

(4) 组织确定的为确保其过程的有效策划、运行和控制所需的文件和记录。

(5) 本标准所要求的质量记录。

步骤七:文件控制。

质量管理体系所要求的文件应予以控制,应编制形成文件的程序。记录是一种特殊类型的文件,应建立并保持,以提供符合要求和质量管理体系有效运行的证据。记录应保持清晰,易于识别和检索。应编制形成文件的程序,以规定质量记录的标识、储存、保护、检索、保存期限和处置的控制。

知识链接

ISO9000 族标准

ISO9000 族标准是国际标准化组织(ISO)在 1994 年提出的概念,是指"由 ISO/TC176(国际标准化组织质量管理和质量保证委员会)制定的所有国际标准"。ISO9000 族标准可以帮助组织建立、实施并有效运行质量管理体系,是质量管理体系通用的要求或指南。它不受具体的行业或经济部门的限制,可广泛用于各种类型和规模的组织,在国内和国际贸易中促进相互理解和信任。因此,ISO9000 族标准也称为质量管理体系标准。质量管理体系是指"在质量方面指挥和控制组织的管理体系"。

二、质量管理的工作程序

(一)基本概念

质量管理的工作程序一般都会遵循 PDCA 品质管理循环,针对品质工作按规划(plan)、执行(do)、查核(check)与行动(act)来进行活动,以确保可靠度目标之达成,并进而促使品质持续改善(图 5-2)。该循环由美国学者爱德华兹·戴明提出,因此也称戴明环。这个四步的循环一般用来提高产品品质和改善产品生产过程。

(二)质量管理工作程序

1. 规划(plan)　产品可靠度目标预测与订定、可靠度计划研拟与确定、可靠度组织与分工。建立一个明确的目标,并制订相关的计划和确定必要的程序。通过这样的方式可以在今后的过程中更好地衡量实现的结果和目标的差距,以便进一步修正。

2. 执行(do)　可靠度作业激励、命令与实施。执行上一步所指定的计划和程序,收集必要的信息来为下一步进行修正和改善提供依据。

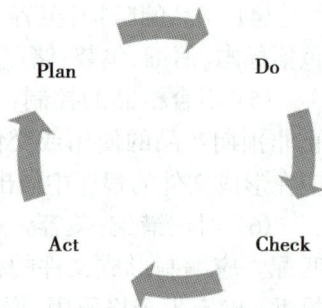

图 5-2　PDCA 戴明环

3. 查核(check) 产品可靠度评定与评估、可靠度作业管制与稽核。研究上一步收集到的信息,和预期设计进行比较(与计划阶段的目标进行对比)。并提出修改方案,包括执行后的改善和计划的完善,使计划的可执行性提高。用列表和数据图可以很好地显示出执行结果和预计结果的差距,这些差别是下一步行动中的必要数据。

4. 行动(act) 各种可靠度工作之作业单位间协调、可靠度改善对策订定、改善行动执行与跟催。这一步是寻找相当的方法来缩减计划目标和执行过程中的结果之间的差距。并且使得下一次计划变得更加完美。一般是通过对问题根本原因的研究,但是相当一部分问题寻因时间会很长,这往往会使得项目没有任何进展。所以一般会暂时采取短期符合目标要求的修改,与此同时创立新的项目来改进执行过程。其中很多时候会提出更详细的计划,要求使得下一次重新执行时的计划步骤更容易执行。其实 Act 在英文含义上另有修正案的意思,所以有的时候很多人更加趋向于使用修正(Adjust)来解释 PDCA 中的 A。这样的话,更能体现出 A 的改善的含义,而且很多的修正并不是这一次循环中进行的执行,而是在下一次循环的 D 环节进行执行。

三、美容企业质量管理体系的运行评价

任何一个质量活动的过程改进都要遵循 PDCA 循环规则进行,否则会徒劳无功。质量管理体系的有效运行是依靠体系的组织机构进行组织协调、质量监控、信息管理、质量管理体系审核和评审实现的。组织应利用质量方针、质量目标、审核结果、数据分析、纠正与预防措施以及管理评审,持续改进质量体系有效性。

(一) 美容企业质量管理体系的运行评价

1. 美容服务人员对所从事的服务活动的自检,是测量服务过程的重要部分。自检根据活动的特点分为操作者自检和所在部门的自检。两种自检方式将被单独或结合使用,自检将以顾客满意度评价与服务总结方式记录。

2. 职能部门对其主管活动的定期或不定期检查是对服务提供活动的另一种控制和评价方式。职能部门采取进行电话及网络回访、接受顾客投诉、汇总顾客评价、定期举办顾客座谈会等方法了解顾客满意和不满意的反馈;采取各种方式与顾客积极沟通,使顾客了解美容企业的真实情况,了解顾客潜在与现实的需求;职能部门通过定期与不定期的检查,对美容顾问、美容技师的服务做出总结,对美容技师和美容顾问的业绩、能力、服务质量做出评估,并做出顾客满意度报告。

3. 美容企业通过定期的内部质量审核和管理评审将对质量管理体系的全面状态做评价,其中包括对顾客服务质量的控制、服务质量效果的评价。内部质量审核将涉及顾客服务整个提供过程的每一项活动和特性。

4. 由管理者结合顾客满意度报告,内部质量审核和管理评审的结果做出整体业绩评估报告,并据此制定美容企业的策略,管理层通过调配资源,协调各部门的配合,制定相应的营销策略,不断完善和规范服务操作程序,并通过美容服务人员传递到每一个顾客,开始新的循环。

(二) 持续改进的方法

1. 选择改进的区域。分析和评价现状,识别过程中存在的问题,选择改进的区域。

2. 确定改进的目标。评价现有过程的有效性和效率;收集数据并进行分析,以发现经常性或典型问题;选择以上特定问题并确立改进目标。

3. 识别并验证问题的根本原因。

4. 确定解决问题的办法。寻求可能解决问题的方法，评价实施效果，确定解决问题的方法。

5. 实施新的解决办法。

6. 对已完成的改进措施的有效性和效率做出评价，确定目标是否已经实现。

7. 正式采纳新的方法并形成文件以规范化，防止问题及其根本原因的再次发生。并举一反三，考虑在组织的其他地方使用这种解决办法，消除潜在问题，预防潜在问题的发生。

案例分析

质量管理有效提高美容院业绩

案例：某个体美容店选址在某大型高层住宅小区，店面装修简约温馨，吸引了不少在小区内居住的年轻顾客光顾，但是开业一段时间后，经理王女士发现，美容院日间到访人数仅为晚间到访人数的30%，而且晚间由于美容院人员排班密度较低，导致晚间出现顾客长时间排队，且顾客抱怨集中在晚间等候时间长、服务人员精力不足这两点。针对顾客反馈，并通过一段时间顾客管理系统的客流量监控，王女士做出如下调整：一是员工值班安排，增加晚班人员排班，减少日间排班；二是延长晚间工作时间，并对增加时间纳入加班补助，提高员工积极性；三是使用顾客预约系统，可让顾客实时在线预约，避免到店等待；四是按设置阶梯优惠活动，日间服务可享受优惠价格。运作一段时间后，美容院客流量逐日上升，业绩屡创新高，员工收入水平也有较大提升，顾客满意度指标也不断提高。

分析：上述美容院店面装修简约温馨，符合住户休息时间的放松休闲需求。同时，美容院管理层通过顾客反馈意见及时发现问题，并针对工作时段和员工服务态度的问题，通过顾客管理系统的数据收集和分析，及时做出经营策略调整，通过修正营业时间、提高员工待遇、上线预约系统提升顾客体验等方式，有效提升了业绩和顾客满意度，是质量管理的典型体现。

（易　铭）

第二节　美容企业服务规范管理

服务创造价值，美容服务质量关系到美容院的业绩与生存，美容院的每个服务环节尤为重要。美容院只有提高服务质量，建立标准化服务流程，才能满足顾客的需求、赢得顾客的信赖、提升顾客的满意度；同时，只有提高服务质量，建立标准化服务流程，才能体现自身价值和满足自身发展的需求，因为只有服务得到了赞同和市场的认可，美容院才能在这个激烈竞争的市场中立于不败之地。

一、建立顾客服务规范

（一）建立标准的顾客服务流程

顾客服务流程是美容院管理的基础和主线，贯穿着美容院经营活动的全过程，衔接着美容院管理的各个环节，如顾客管理、货物管理、卫生管理以及安全管理等。

1. 顾客服务流程建立途径 建立美容院标准的顾客服务流程有助于保持每位顾客服务的一致化和优质性,也是美容院服务安全和质量的基础。

(1)由美容院管理者制定出店内服务纲领性文件,如顾客服务宗旨、特色服务声明等。服务纲领性文件应随着美容院的发展而逐步修改完善,并要求全体职员严格遵守。

(2)制定涵盖服务品质标准、服务操作流程、美容技术要求、员工服务礼仪等规范性文件。

(3)采取各种措施促进美容院服务不断提升,如用满意度调查法,通过电话回访、短信群发、网络媒体问卷调查等渠道调查顾客满意度,从中发现美容院的服务"短板",逐步修改完善,提高顾客的满意度。

(4)建立美容院顾客投诉渠道,让员工正确处理顾客的反馈信息,并在此基础上改进服务态度和服务品质,提高顾客的忠诚度。

2. 顾客服务流程 顾客服务流程贯穿美容院经营活动的全过程,如开始预约顾客、进入店门、享受各种服务项目、事后服务质量追踪等,整个过程包含了服务步骤、服务行为及接待语言等(表5-1)。

表 5-1 某美容院客户服务流程表

服务流程	员工行为	接待语言	人员与所用材料
员工仪容准备	穿戴工作服,梳理妆容		员工对照制度要求执行,店长检查
客户预约	接客户电话	您好! 您打算做什么服务? 预约什么时段? 欢迎您届时光临等	前台迎宾,填写"客户预约登记表"
客户进门	为客户泊车、开门、鞠躬、问询等	您好!欢迎光临 请问您做美容吗? (热心介绍服务项目)	保安 前台迎宾 客户基本资料登记表 美容消费项目介绍
寄放物品引导入座	走在客户旁并手势指引	请把您的随身物品寄放到这里 请这边走 请这里坐	前台迎宾
引导入座更衣	引领客户至美容间(指引沐浴更衣等)	这是您的美容间 请休息 我去给您倒杯茶来 请看一下电视	前台迎宾
美容技师自我介绍 为顾客卸妆、洗脸、去角质、按摩、敷脸等	美容技师自我介绍,以专业动作为客户服务	您好,我叫××(工号××) 我们现在开始做美容好吗	美容技师、美容设备和操作仪器等

续表

服务流程	员工行为	接待语言	人员与所用材料
确认客户种类	一面操作、一面确认客户身份(老客户还是新客户)、是否会员	您以前没有来过本店?有没有加入会员(介绍近期会员优惠活动或介绍入会优惠,充值送卡、打折、送服务等)	美容技师、会员卡
与客户愉快沟通	结合操作,了解客户的背景资料等个人情况	您的工作?方便留个电话联系?	美容技师、基本资料记录
推荐商品	与客户熟悉后,结合操作了解到客户体质、肤质推荐产品	您的肤质属于××,建议您用××疗法保养,现在买卡有××优惠,您还可以选购我店新到的××产品,效果很好,您可以试试看	美容技师
更衣,招待客户休息	告诉客户已经完成服务,告知有关注意事项,引导顾客休息	您已经完成保养,×小时内请不要洗澡	美容技师
付款	递工单给前台,引导顾客签单	您的会员卡……请签单您的消费额	美容技师
满意度调查	填写满意度调查表	您对我们的服务满意吗?占用您的时间填调查表	前台迎宾美容院顾客满意度调查表美容院优质服务系统评估表
顾客出门	协助取出顾客寄放物品,开门道谢保安协助取车	谢谢您本次光临,欢迎再次光临,请慢走	保安前台迎宾
顾客投诉处理	倾听顾客抱怨并做好记录,及时解决并致歉,礼送出门	您请坐,请喝茶,慢慢说	前台迎宾店长顾客投诉处理单
顾客回访	打电话、邮寄	您好,我是××美容院!上次在我们美容院进行了服务,不知现在效果如何	前台迎宾店长顾客访问报告表

美容院的标准服务流程一旦建立,全体员工必须遵守,管理者应负责监督并严格执行。

(1)顾客服务:包括接待服务→入座奉茶→填咨询表格(顾客档案)→肌肤(仪器)测试→问题(需求)咨询→护理建议→肌肤护理→效果与感受的确认→居家保养建议(配家居产品)→服务流程缔结→预订下次护理时间→送客出门→电话回访等。

1)接待服务:顾客进门的第一程序,关系到能否留住顾客。一般大型美容院专设迎宾小姐,中、小型美容院为节省费用可由美容师负责接待,或前台服务人员接待。接待时应注意仪表礼仪。

2)入座奉茶:对老顾客,应首先询问是否喝茶后再做护理;对新顾客,应先让座,再奉送茶水果盘,给其亲切、温暖、宾至如归的感觉。

3)填写咨询表格(顾客档案):新顾客光临,要详细填写顾客档案,如姓名、年龄、生日、工作单位、皮肤种类及以前做过何种护理或治疗等,内容应详细;给客人做完护理后,应填写护理程序及注意事项,以供其他美容师参考。

4) 医学经络仪器检测:有条件的美容院应配备经络测试仪,以便"对诊下药"。

5) 问题(需求)咨询:了解顾客亟待解决的问题,找出顾客的需求,如护理、亚健康调理、减肥等。

6) 护理建议:根据上述了解,综合考虑,结合顾客的消费水平,提供一套最合理、科学的美容服务项目建议。

7) 肌肤护理:顾客初次到美容院,多希望对院内技术、产品、服务做一详细了解,因此,在做护理的过程中应详细介绍每一份产品的功效及护理程序的作用,适时介绍一些日常护理的小知识。

8) 效果与感受确认:美容项目完成后,让顾客在镜子面前体验美容后的感受,帮其分析前后不同之处,让其看到真实效果,以得到顾客的认可。

9) 居家保养建议(配产品):顾客看到效果后,会确信产品的功效,应适时给其推荐美容产品,提出居家保养等建议。

10) 服务流程缔结:交费、填写美容项目卡(会员卡、积分卡),适时介绍近期优惠项目以及成为老顾客后所享受的特别待遇。

11) 预约下次美容时间:以提示顾客把美容保养形成一种习惯,同时也稳定了美容院的业绩。

12) 送客出门:美容院提倡"迎三送七",送客人时把客人送出门外,以增强美容院的宣传力度,同时也会稳定客源。

13) 电话回访:新顾客在第一次美容 3~4 天后,应进行电话回访,让其感受到关爱之情,7 天后应再次电话,以真诚打动客人,让顾客产生再次光临的念头,对于做过医学美容治疗项目的顾客,应随时给予电话关怀;老顾客应 7 天后电话回访,同时温馨提醒应坚持美容以保持效果,保证客源稳定,业绩上升。

(2) 美容师操作服务:美容师与顾客直接沟通,其工作流程与工作质量在美容院的经营管理过程中至关重要。

1) 上班签到后换工衣、戴工卡。

2) 领取必须用品,如口罩等,检查仪器设备等。

3) 接待顾客,调取顾客档案,确定服务项目。

4) 帮助顾客存放物品,换美容服。

5) 整理美容床,帮助顾客躺下。

6) 消毒双手。

7) 按各项目工作程序为顾客进行护理。

8) 操作结束协助顾客换衣服,取物品,帮助顾客整理头发、化妆。

9) 协助顾客到前台交款提货。

10) 将客人送走。

11) 清理工作场所,如换床单、毛巾,清洗、消毒美容物品等。

12) 做好护理记录,建立顾客档案。

13) 工作空余时间做好售后跟踪服务。

(3) 美容师接待服务

1) 面带笑容向顾客进行自我介绍,如"您好!我是××,很高兴今天的美容项目由我来为您操作,我会认真做好每个步骤,在美容过程中如果有什么不满意,请随时与我沟通。"

2) 引领顾客进入操作区(让顾客走在前面),操作前应先询问客人是否需要上洗手间,让顾客在更衣室内把随身物品放好,换上已经消毒的拖鞋,并帮顾客将鞋放在鞋柜中。

3) 拿出美容服协助顾客穿好,并向顾客解释衣服已经消毒,顾客换好美容服后,帮其把衣服挂在衣柜内。离开更衣间时,应提醒顾客把身上的贵重物品放入包内,放入衣柜并锁好。

4) 引领顾客到操作专区,协助顾客(双手轻扶顾客后背)躺在美容床上,帮其盖好被子,放好拖鞋。

5) 美容师坐下,带上一次性口罩,操作前将美容院内的项目产品及技术方法详细向顾客介绍,操作时用毛巾将顾客的头包好(如头发长,应卷起压在头下)。

6) 操作结束后,双手扶顾客坐起,轻按一下背部,扶其下床。

7) 顾客更衣后,美容师应帮其整理头发,带其到咨询室。

(4) 美容师护肤操作规范:按摩时,美容师应通过触觉了解顾客的身体状况,如有无紧张、不适、疼痛等现象。不同的肤质、肌肉组织可由手部触觉决定按摩手法,操作时应:顺着脸部肌肉的方向;手法灵活、稳定、位置准确;可采取不同的按摩动作;根据肌肉及皮肤状况,调节手部压力;手法力度应刚柔结合,保持节奏感;手法按摩频率不宜过快,应使顾客尽量放松;按摩动作次数视皮肤情况而定,注意控制时间;完成按摩前,应避免中途停止,双手离开脸时应轻柔缓慢。

(二) 服务礼仪规范

礼仪是人类维系社会正常生活而要求人们共同遵守的最基本的道德规范,它是人们在长期共同生活和相互交往中逐渐形成,并且以风俗、习惯和传统等方式固定下来的。美容业作为一个传播美的行业,从业人员的形象举足轻重,它不光体现行业的职业道德,同时也代表着所属企业的形象。一支训练有素、礼仪规范、举止得体、长于沟通的从业人员队伍是美容业经营者和美容顾客都渴求的。

1. 美容员工工作礼仪　美容工作礼仪是美容从业人员在日常工作中必须遵守的基本礼仪规范,包括仪容、仪态、服饰、语言、电话等方面。

(1) 仪容规范:仪容,也即容貌,由面容、发式及人体未被服饰遮掩、暴露在外的肌肤构成。在人际交往中,仪容是交往对象首先接触也最容易关注的一点,并将影响对方对自己的整体评价。保持容貌的清洁是美容从业者最基本、最普遍的仪容规范,尤其要注意细节部位的整洁,如眼部、鼻腔、口腔、指甲等。

通常来讲,仪容的修饰应注意以下四个方面:

1) 发部修饰:头发要勤梳洗,防止头皮屑或有异味,保持清洁干净,勤修剪,长短适中。男士以前不覆额、侧不遮耳、后不及领为原则,不烫发、不留大鬓角;女士应注意刘海不过眉,头发过肩要扎起(必要时统一发夹,用发网网住,夹于脑后),上班前要梳理整齐,发型应时尚但要适合脸型,切忌怪异,不得披头散发,避免使用夸张耀眼的发夹。

2) 面部修饰:应掌握两大原则,其一,形象端正者,要端庄秀丽、赏心悦目;其二,容貌修饰者,要扬长避短、改善容貌。强调仪容的自然美,尽管以貌取人不合理,但先天相貌良好,无疑会令人赏心悦目,感觉愉快。对于职业女性来说,通常需要化妆,适当的美容化妆是一种礼貌,也是自尊、尊人的体现,但妆容应以浅妆、淡妆为宜,不可浓妆艳抹,眼影以不易察觉为宜,眼线不要勾画太重,眼眉要描得自然,可擦较淡腮红,以体现人的精神饱满,但应注意避免使用气味浓烈的化妆品。

3)肢体修饰:注意手足的护理,防止粗糙、皲裂、红肿等,勤修指甲。美容师不能留长指甲,指甲边缝不得藏污纳垢,不涂指甲油,不美甲,注意保持指甲的干净清爽。

4)表情:通常是指由面部五官及肌肉运动反映出来的心理活动和情感信息。优雅的表情可以给人留下深刻的印象。美国心理学家艾伯特·梅拉比安把人的感情表达效果总结为:感情表达 =7% 言辞 +38% 音质 +55% 表情,足见表情在感情表达中的重要性。而构成表情的主要因素包括目光和笑容两方面。

目光:是面部表情的核心。"眼睛是心灵的窗户",美容从业人员在工作中,目光应当是亲切、友善、有神。在与顾客的交流过程中,目光应注视对方,让对方感受到诚恳与尊重。冷漠、呆滞、轻视、左顾右盼的目光都是不礼貌的。不同的注视部位,所传达的信息也会有所区别,美容工作中,通常注视区应在对方双眼到嘴的三角区内,也属于社交目光,这种目光表示礼貌、尊重,最易使人感觉放松。但应注意,注视时间的长短也会给对方带来不同的心理感受。交谈时目光与对方接触的时间大概占整个交谈时间的 50%~70%,以示对对方的重视,不可过长时间地紧盯着对方的眼睛,会引起对方的恐惧和不安,更不可反复上下打量对方。

笑容:在所有的面部表情中,笑容是最易与人沟通、最能引起人们共鸣的,是世界各民族地区普遍认同的一种表情。在美容工作中,笑容的功能是巨大的,但要笑得恰到好处,也不是一件容易的事,因此,微笑既是一门学问,又是一门艺术。合乎礼仪的笑容应做到笑而不声。美容接待中的微笑应做到嘴角自然上翘,呈弧形,露上齿(8 颗牙齿),不出声;在与顾客交谈时,要用柔和的目光注视对方,面带微笑,适时轻轻点头等给予回应;做完美容服务送顾客出门时应送到门口,微笑目送顾客离开。

(2)仪态规范:仪态是指人的姿势、举止和动作、样子,是人们在交际活动中的举止所表现出的姿态和风度,主要包括站姿、坐姿、走姿等。"站如松,坐如钟,走如风,卧如弓",是中国传统仪态礼仪的要求,在当今社会,仪态礼仪已被赋予了更为丰富的含义。不同国家、民族以及不同社会背景下的不同群体,仪态礼仪都会有所不同,美容业员工在工作中,也应当遵守行业内仪态礼仪规范,保持正确的站姿、坐姿、走姿、蹲姿、手势等,既能预防疲劳,更能体现个人的风度和气质。

1)站姿:站立时要挺胸、收腹、抬头,双眼平视前方,双肩保持水平放松,身体重心放到两脚之间。

女性站姿:两脚并拢或两脚尖略展开,右脚在前,将右脚跟贴于左脚内侧;两手自然并拢,大拇指交叉,右手放在左手上方,轻贴在腹前。

男士站姿:可将双手相握叠放于腹前或握于身后,双脚可叉开,但距离不应过大,两脚之间相距的极限应与肩同宽;嘴微闭,下颌微微内收,颈部挺直,面带微笑。

站姿禁忌:垂头、含胸、耸肩、腹部凸出、依靠物体、双手抱在胸前。不雅的站姿不仅缺乏美感,还会给人缺乏敬意的感觉。

2) 坐姿:入座要轻稳,通常从椅子的左侧入座,走到座位前,自然转身,右脚向后撤半步,平稳坐下。女性着裙装者,入座前要用手将裙子向前拢后坐下,入座后要注意脊背挺直(不能前俯后仰),双膝自然并拢,两腿不得叉开或跷二郎腿,不能把整个椅子坐满,通常坐在椅子的三分之二处,但对于首次接触的对象,应坐在椅子的三分之一处,以便于随时起身服务。起身时,右脚先向后收半步然后站起,起身不宜过于迅猛,起身时身体稍向前倾是对对方的尊重和谦虚的表现。

坐姿禁忌:坐下或站起行走时,动作过大;坐下后腰背部松塌懒散;双腿敞开过大;身体倚靠椅背;摇晃抖动双腿或一条腿架在另一条腿上;脚尖冲人或将脚架在自己或别的人座位上;落座时不礼让尊长,抢先就座等。

3) 走姿:为最能体现一个人精神面貌的姿态。“走有走相”,即在行走时应昂首挺胸、收腹提臀、重心稍前倾,眼睛直视前方、双肩平稳、两臂自然摆动,摆幅在 30°~35° 为宜,掌心向内,前摆时避免甩小臂,后摆时避免甩手腕。行走时步幅要适当,前脚跟与后脚尖相距一脚之长。走姿总的原则应为自如、轻盈、矫健、敏捷。

不良走姿:走路左右摇晃或两肩前后摆动,或臀部扭动幅度较大,给人一种轻浮、不稳重的感觉;走路时弯腰驼背,迈步大小不均匀,重心不稳,给人以老态龙钟的感觉;走路时明显的外“八”或内“八”、穿高跟鞋走路时上身前倾、重心后移等都将影响雅观。

4) 蹲姿:蹲姿与坐姿都是由站立姿势变化而来的相对静止的体态。蹲式是由站立姿势转变为两腿弯曲和身体高度下降的姿势。在一般情况下,美容员工中蹲姿不像站姿、行姿、坐姿一样使用频繁,因而容易被忽视。在美容服务行业中所采用的蹲姿,仅在比较特殊的情况下采取的一种暂时性体态。

适用情况:只有在整理工作环境、给予顾客帮助、提供必要的服务、捡拾地面物品等特殊情况下,才允许美容员工在工作中采用蹲的姿势。

标准蹲姿:正确的蹲姿是一脚在前,一脚在后,两腿向下蹲,前脚全脚掌着地,小腿基本垂直于地面,后脚要脚跟提起,脚尖着地。具体有:高低式蹲姿、交叉式蹲姿、半蹲式蹲姿、半跪式蹲姿。

蹲姿禁忌:下蹲时,两腿叉开,臀部向后撅起,是非常不雅的姿态,两腿展开平衡下蹲,其姿态也不够优雅,尤其是对于女性来说,下蹲时还要注意适时捂住衣服领口,以免露出内衣。

5) 手势:即运用手指、手掌和手臂动作变化来表达情意的一种无声语言。美容员工手势运用得体、适度,可使与顾客的交流锦上添花。使用手势礼仪时应规范、适度而合乎惯例,常用手势要求如下:

垂手手势:双手指尖朝下,掌心向内,在手臂伸直后分别紧贴于两腿裤线之处;双手伸直后自然相交于小腹处,掌心向内,一只手在上、一只手在下地叠放或相握在一起。双手伸直后自然相交于背后,掌心向外,两只手相握在一起。

桌上手势:身体靠近桌子,尽量挺直上身,将双手放在桌子上时,可以分开、叠放或相握;不要将胳膊支起来,或是将一只手放在桌子上,一只手放在桌子下。

递物手势:双手为宜,不方便双手并用时,也要采用右手,用左手通常视为无礼;将有文字的物品递交他人时,须使之正面面对对方;将带尖、带刀或其他易于伤人的物品递于他人时,切勿以尖、刃直指对方。

展示手势:一是将物品举至高于双眼之处,这适用于被人围观时采用;二是将物品举至上不过眼部,下不过胸部的区域,这适用于让他人看清展示之物。

指引手势:横摆式(即手臂向外侧横向摆动,指尖指向被引导或指示的方向,适用于指示方向时)、直臂式(手臂向外侧横向摆动,指尖指向前方,手臂抬至肩高,适用于指示物品所在)、曲臂式(手臂弯曲,由体侧向体前摆动,手臂高度在胸以下,适用于请人进门时)、斜臂式(手臂由上向下斜伸摆动,适用于请人入座时)。

招手手势:向近距离的人打招呼时,伸出右手,五指自然并拢,抬起小臂挥一挥即可。距离较远时,可适当加大手势。不可向上级和长辈招手。

手势礼仪禁忌:搔头、掏耳朵、抠鼻子、擤鼻涕、拭眼屎、剔牙齿、修指甲、咬指甲、打哈欠、咳嗽、打喷嚏(毫不掩饰)、用手指在桌上乱写乱画、玩笔等。

(3) 服饰礼仪:古今中外,着装服饰都体现着一种社会文化,更体现一个人的文化修养和审美情趣,是一个人的身份、气质、内在素质无言的介绍信,也展示了个体对美的追求及自我的审美感受。

1) 饰物礼仪:服装配饰主要包括领带、围巾、丝巾、胸针、首饰、提包、手套、鞋袜等。饰物在着装中起着画龙点睛、协调整体的作用。美容从业人员可整体巧用如围巾、丝巾等饰品,会收到很好的装饰效果;男士饰物可选择领带或领带夹等,以提升男性阳刚之气及潇洒之美;鞋袜的作用在美容整体着装中不可忽视,搭配不当会给人错觉,应根据着装统一配饰鞋袜。

2) 着装时注意的问题:着装应与自身条件相适应,选择服装时应与自己的年龄、身份、体形、肤色及性格和谐统一。如女式西装因能更好地体现女性腰部、臀部的曲线美,为首选服装。但注意经常清洗,保持服装干净整洁,无污垢,无异味,纽扣要扣齐,不得敞开外衣,卷起袖口、裤脚;如需佩戴工作牌,应佩戴在左上胸 15cm 处;不得穿拖鞋上班;女员工应穿与肤色相近的丝袜,但要注意袜口不要露在裤子或裙子外边。在为顾客做护理时,不得佩戴首饰,如戒指、手链、手镯、手表等。

着装应与职业、场合、交往对象相协调:就美容企业来说,统一着装是企业形象建设的需要,它标明了员工身份,表示着员工随时准备为顾客服务。因此,美容从业人员工作服装应尽量统一。统一着装应遵循端庄、整洁、稳重、美观及和谐原则。

总之,着装的基本原则在于体现"和谐美",饰物与服装色彩应相配,与美容职业、时令、季节环境相适应。美容师的服装应简单大方,整洁清爽。一般情况下,美容师在工作岗位应按季节、场合的变化穿统一规定的工作制服。

(4) 语言礼仪:语言是文化的表征,是思维的外壳,俗话说"良言一句三冬暖,恶语伤人六月寒",语言不是蜜,但能黏住人。说话是为了传递信息,增进与他人的沟通,说话时应注意说话内容及语音语调,既要对方能够听清明白自己的表达,也要注意语言中的礼貌问题。

1) 谈话距离:通常两人交谈时,保持一两个人的距离最为合适,这是常人感觉最为舒适的距离。离对方太远,会让对方误认为你对他有防备,不愿与其表示友好和亲近;但如果离对方过近,尤其是初次见面,则会使对方反感。

2) 手势语:在与顾客的交流中应恰当地使用手势语。如竖大拇指通常表示夸奖;背手表示自信,也可给自己壮胆,但有时也会给人狂妄的感觉;劈掌表示果断、决心,而手掌紧握伸食指则带有压制性特点；手臂交叉表示防御，一手握另一手腕，另一只手下垂则表示缺乏自信等。

3）日常用语

问候用语：标准式问候用语的常规做法为在问好之前，加上适当的人称代词，或者其他尊称。例如，"你好""您好""大家好"等。

欢迎用语：最常用的欢迎用语，例如，"欢迎""欢迎光临""欢迎您的到来""见到您很高兴""恭候您的光临"等，往往离不开"欢迎"一词。但在顾客再次到来时，可在欢迎用语之前加上对方的尊称，如"先生，真高兴再次见到您""欢迎您再次光临"等，以表明自己尊重对方，使对方产生被重视之感。

送别用语：最为常用的送别用语，主要有"再见""慢走""走好""欢迎再来""一路平安"等。

请托用语：通常指的是在请求他人帮忙或是托付他人代劳时，使用的专项用语。在工作岗位上，任何服务人员都免不了可能会有求于人。在向顾客提出某项具体要求或请求时，都要加上一个"请"字。

致谢用语：包括"谢谢""感谢您的帮助"等。致谢的几种情况，一是获得他人帮助时；二是得到他人支持时；三是赢得他人理解时；四是感到他人善意时；五是婉言谢绝他人时；六是受到他人赞美时。

应答用语：常用的应答用语主要有"是的""好""很高兴能为您服务""好的，我明白您的意思""我会尽量按照您的要求去做"等。一般情况下不允许对顾客说一个"不"字，更不允许对其置之不理。

推托用语：拒绝别人也是一门艺术。在工作中有时也需要拒绝他人，此时必须语言得体，态度友好，不能直言"不知道""做不到""不归我管""问别人去"等。

道歉用语：如"抱歉""对不起""请原谅"等。

4）交谈：古语曰："一言知其贤愚，口才是美容行业重要的交际手段、竞争手段，关系到个人的发展和美容企业的兴衰。口头交际是最直接、最及时、最省事、最经济，也是最有效的了解人的窗口。与顾客交谈时，应尽量用标准普通话；陈述意见时，应尽量做到平稳中速；与人交谈时，可通过改变语速来引起对方的注意，音量能让对方清晰听见，语言得体。

5）语言应答礼仪：指美容行业工作人员同顾客讲话时的礼节。解答问题时应起立，语气温和耐心，双目注视对方，集中精神倾听；处理问题时，语气要委婉；有事要打扰顾客，应说："很抱歉，打扰您了……"顾客提出的问题，在业务范围内能够解决的要及时解决，不能解决的不要允诺，可表示向有关人员反映或研究后答复；一时答不上来的，须先致歉意后查询。当顾客表示感谢时，应表示谦虚："别客气"，与顾客谈话态度要诚恳、自然、大方。

（5）电话礼仪：在美容行业工作中，经常会接到顾客的咨询电话或对顾客进行电话回访。日本一名学者曾经说过："不管是在公司还是在家庭里，凭这个人在电话里的讲话方式，就可以基本判断出其'教养'的水准。"接打电话也是一门艺术，学会电话礼仪技巧，可以树立良好的通话形象，不注意电话礼仪往往会给顾客带来不好的印象，也会影响到个人以及美容院的形象。

1）接听电话礼仪：电话交流与当面交流一样，第一印象至关重要。在接听电话时，第一句应当使用文明问候语,如"上午好／下午好／您好……"然后自报家门,询问对方有什么需要帮助,态度应热情、谦和,语调应平和,音量要适中。接听电话宜早不宜迟,一般响铃三声内要接起,如有其他原因较迟接听电话,应该说"对不起,让您久等了"以示歉意。电话机旁应随时备好笔和纸,方便做记录,接电话途中让顾客等待,是不礼貌的。接听电话时应停止一切不必要的动作,面带微笑地接听电话,使对方能够在电话中感受得到。通话结束后,首先要感谢对方来电,如"谢谢您的来电,请问还有什么可以帮助您的吗",然后等对方挂断电话后自己再轻轻挂断电话。

接听电话禁忌:说话声音过大;使用否定式语句,如"我不知道";突兀地打断顾客的话;未等顾客说完就挂断电话等。

2)打电话礼仪:要给顾客打电话时,首先一定要选择恰当的时间,如非重要事情,尽量避开对方休息、用餐的时间;打电话前,先考虑好要讲的内容、讲话的方式;电话接通后,先向对方通报自己的姓名、身份,询问对方是否方便,若对方不方便即应停止通话,用语如"对不起,打扰了,您方便的时候我再打给您";方便的情况下开始交谈,交谈过程中注意个人文明、礼貌用语,电话内容要简明、扼要;通话完毕要道"再见",等对方挂断电话后再轻轻放下话筒。

打电话注意:礼貌用语,需要转接电话时应说"劳驾"或"麻烦您",打电话时间不宜过长,掌握"3分钟原则"。

2. 美容员工接待礼仪　美容行业接待人员是美容企业的"形象代言人",或称美容企业的"门面",得体的接待礼仪能够给顾客留下一个良好的第一印象,也有利于顾客满意度的提升。因此,要求美容接待人员坐、立、行、走端正自然,保持良好的精神风貌。

(1)接待语言:美容从业人员在接待顾客时应做到"三到"与"三声",即:眼到、手到、意到;来有迎声、问有答声、去有送声。在接待顾客时,要诚恳、亲切,使用礼貌用语,热情、主动、周到。习惯使用文明五句——"您好""请""谢谢""对不起""再见";与顾客交谈时要注意尊重对方,不随意打听对方的私人情况;学会聆听,顾客在讲话时,不随意打断对方。交谈中一旦发现自己言语不当,要马上设法更正,学会恰到好处地运用幽默调节不当言语带来的尴尬气氛。

(2)迎客:当有顾客来访时,接待人员应起身站立、面带微笑,双手交叉放于腹部,热情、主动问候顾客,使用礼貌用语,耐心倾听顾客的来意,并根据顾客的需求积极予以帮助。

做好来访者的登记工作,若顾客提前有预约,应先请其稍等,并立即帮其联系。如果需要等待,应用规范的仪态引领顾客入座倒水。如果等待时间较长,期间应关照一下顾客并向其说明,不能置之不理。

(3)引领姿态:美容接待人员通常需要将顾客带到相应的操作间,此时也应注意引领姿态的规范。引领者应走在顾客二三步之前,并与顾客的步伐一致,让顾客走在内侧,约呈45°面对顾客。引领手势应手臂略屈肘上抬,距离腹前约10cm,五指并拢,手心向上与胸平齐,以肘为轴向外转,在拐弯、楼梯等地方提醒顾客"这边请""注意台阶"等。引领过程中不时观察顾客的行走进程,以配合顾客的行进速度,若顾客行进速度较快,将越过引领者时,引领人要迅速收回引领上臂,快步赶到顾客前方二三步位置继续引领。

（4）参观：美容接待人员起身倒水，"您稍等，请喝茶"，茶杯放在顾客左手上方，手掌自然向上示意，身体稍向前倾保持身体 45°，面带微笑，目光注视顾客的眉心处，态度大方热情，眼神真诚亲切，不可犹豫不定。

（5）引导：带顾客进美容间，将顾客服放置床上或物品柜，请顾客换上顾客服。

（6）美容护理环节：初次交谈不谈任何关于产品的问题（顾客自己问除外），只是谈心。

3. 美容员工社交礼仪　美容从业人员不仅要培养良好的与顾客之间的交往礼仪，还要具备与同事相处交往的能力素质，据调查，导致美容师流动性较大的原因中，与同事关系处理失当占有相当大的比重，因此，规范美容师社交礼仪对于建立稳定的交际圈、减少员工的流动性、提升美容企业形象具有重要的意义。

（1）社交礼仪功能

1）从自身的角度来看，学习培养社交礼仪有利于提升个人修养，树立良好的自身形象。

2）从社会角度来看，社交已经成为人与人之间交流的必需，学习社交礼仪，让自己知礼懂礼，有助于广泛获取信息，适应现代社会的需要。

3）从美容企业的角度来看，礼仪是企业文化、企业精神的重要内容，尤其是内部员工展现出来的礼仪风范，是企业形象的主要附着点。把员工的礼仪视为企业文化的重要内容，可以塑造良好的美容企业形象，提高企业的美誉度、增加顾客的满意度，最终达到增加美容企业的经济效益和社会效益的目的。

（2）美容礼仪知识

1）自我形象定位：由于美容从业人员工作的特殊性，通常需要做适当的装扮。美容从业人员首先要了解自己的身材、脸型、个性特征及工作需求等，对仪容进行必要的修饰，塑造美好的个人形象，不仅是对交往对方的尊重，更是自尊自爱的表现。

2）职业形象：美容师工作前要换统一工作服，要勤换衣服，消除身体异味，如有狐臭要搽药品或及早治疗；工作时间应着淡妆，不宜使用过于浓烈的香水；应束发，头发勤清洗，保证无异味、无油腻、无头皮屑；注意口腔清洁，早晚刷牙，饭后漱口，不能当着顾客面嚼口香糖，临上班前尽量不吃带有刺激性气味的食物；经常注意去除眼角、口角及鼻孔的分泌物。

3）手机礼仪：美容师在为顾客做美容项目服务时，尽量不携带手机（或关机）。若因特殊情况需要带手机时，应禁止玩手机游戏、发短信，不随意接听和拨打电话；开会时手机应当关闭或调至静音模式。

4）行走礼仪：几个人同行时，不要并排走，以免影响顾客的通行，确实需要并排行走时，要随时注意主动为他人让路，忌横冲直撞；遇到顾客要主动让路，不可抢行，并微笑做出手势"您先请"；一般不要随便超过前行的顾客，如需超过，应先说"对不起"，待顾客让开时说声"谢谢"，然后轻轻超过；与顾客或同事对面擦肩而过时，应主动侧身，并点头问好；行走时不得哼歌曲、吹口哨。

5）交谈礼仪：不仅在与顾客的交谈中，与同事或上级领导谈话时均要注意用柔和的目光注视对方，面带微笑；听他人讲话时不可整理衣物、拨弄头发、挖耳、挠痒等；对方讲话时，不要经常看表；讲话中多使用礼貌用语，不开过分的玩笑；谈话中如要咳嗽或打喷嚏时,应说"对不起",并转身向侧后下方,尽量用手帕遮住;任何时候招呼他人不能用"喂";他人讲话时不要随意插话。

知识拓展

美容师气质

1. **风度典雅**　具备清晰、悦耳的声音;亲切、高雅的谈吐;优美、协调的姿态;美观、合理的着装以及端庄、朴实的举止。

2. **情绪稳定**　能控制和调整自己的情绪,不流露令人不快的表情,善于平衡与顾客关系,主动排解顾客不满。

3. **态度亲切**　拥有令人愉快的情绪,随时微笑迎人,乐意承担责任,能够适应新环境,随时用真挚的微笑建立起人与人之间的感情桥梁。

4. **幽默感**　语言机智诙谐风趣,遇事不紧张,能用幽默的语言缓解、改变周围环境和气氛。

4. **提高个人礼仪修养的方法**　个人礼仪修养即社会个体在社会交往中受历史传统、风俗习惯、宗教信仰等因素影响而形成的能为人们认同的各项具体标准,用以克服自身的不良行为习惯,不断完善自我的行为活动。强调个人礼仪修养的培养有着极为重要的现实意义。加强个人礼仪修养有助于提高个人素质,体现自身价值;有助于营造和谐友善的气氛,增进人际交往;有助于促进社会文明,加快社会发展进程。

礼仪修养不是天生就有的,需要通过有意识地学习、效仿、积累而逐步形成,礼仪修养的培养是一个自我认识、自我养成、自我提高的过程。礼仪修养的培养可以通过以下途径:

(1) 加强道德修养:道德修养是礼仪的基础。一个有道德的人必然具备对别人的关爱和尊重的品德,有道德的人必定会以礼待人。为此,在培养礼仪的过程中,首先要强调道德修养的加强。

(2) 了解礼仪修养的基本知识:要想提高礼仪修养,首先要了解相关常识,美容企业可以定期开展礼仪修养专题讲座,或以集体探讨的方式了解礼仪修养基本知识。

(3) 强化学习:礼仪修养是一个人道德素质的外化,是能够通过学习提高的。要加强道德教育,开展必要的礼仪、礼节、礼貌学习活动,不断提高自身道德修养、完善自我。

(4) 专业训练:礼仪修养是可以通过后天训练形成的。专业的辅导机构可以帮助接受系统的训练,对每个动作的要求通常比较到位,是提高个人礼仪修养的便捷途径。

(5) 加强实践,循序渐进:学到的礼仪要注意在生活中应用,对美容从业人员来说,应兼顾自身工作特点,首先从运用较多的接待礼仪、服务礼仪着手,逐渐规范和细化,并加强实践,营造和维持处处讲礼仪规范、时时注重礼仪细节的氛围,久而久之,便会形成习惯,举手投足间尽显优雅,给人以美的享受。

案例分析

维护好个人形象

案例:赵某是一家大型企业的总经理。有一次,他获悉有一家著名的德国企业的董事长正在本市进行访问,并有寻求合作伙伴的意向。他于是想尽办法,请有关部门为双方牵线搭桥。让赵总经理欣喜若狂的是,对方也有兴趣同他的企业进行合作,而且希望尽快与他见面。到了双方会面的那一天,赵总经理对自己的形象刻意地进行了一番修饰,他根据自己对时尚的理解,上穿夹克衫,下穿牛仔裤,头戴棒球帽,足蹬旅游鞋。无疑,他希望自己能给对方留下精明强干、时尚新潮的印象。

然而事与愿违,赵总经理自我感觉良好的这一身时髦的"行头",却偏偏坏了他的大事。德方同行认为此人着装随意,个人形象不合常规,给人的感觉是过于前卫,尚欠沉稳,与之合作之事再作他议。

分析:交往中,每个人都必须时时刻刻注意维护自己的形象,特别是要注意自己正式场合留给初次见面的外国友人的第一印象。赵总经理与德方同行的第一次见面属国际交往中的正式场合,应穿西服或传统中山服,以示对德方的尊敬。但他没有这样做,也因此错失了与德方的合作机会。

二、美容服务表格范例

(一)美容院表格化管理

在现代企业管理实践中,表格化管理是最基础的管理手段,是提高管理水平,尤其是管理效率,做到"事有所知,物有所管,人尽其职,物尽其用"的最佳方式之一。美容院表格化管理具有简单明了、职责清晰、记录详细、包罗全面等特点。表格化管理中应采用系统思维的创新方法,通过深入分析和理清"职能"和"职责"的关系,杜绝职能分配管理"真空",运用流程控制的工作方法,规范职能运作,理顺业务流程,杜绝管理"盲区"和"死角"。以表格为载体,用表格化工作语言固化职能、优化流程、提高工作效率,实现管理创新。

目前国内大多数美容院采取了连锁经营的模式,总部对各门店相关数据的收集要求较为严格,往往需要各门店填写大量的报表,容易出现数据表格化管理误区,如有的怕麻烦、有的认为只要有业绩而报表无所谓、有的瞎编数字以应付差事、有的根本不会填表,甚至有的美容院认为表格是多余的。造成这些不良现象的原因在于:表格设计不合理;员工对报表重视不够,疏于填报;管理者不知如何运用表格进行管理。在美容院经营管理中应合理设计并精简表格,表格设计应突出为经营服务特点,严格要求填报程序,以规章制度加以强制要求,可利用信息技术借助软件实现表格数据管理,减少表格填报工作量。另外,美容院经营者应加强对表格化管理相关知识的培训和了解,以熟练运用表格化管理工具。

(二)美容院店务管理表格示例

美容院店务管理常用表格如下:

1. 员工考勤表格(表5-2)

表 5-2　某美容院员工考勤表

姓名：　　　　　　　　　　　　年　月

日期	上午	下午	迟到	早退	事假	病假	探亲假	调休	顶班	加班	假日	其他
1												
2												
3												
4												
5												
6												
7												
8												
9												
10												
11												
12												
13												
14												
15												
16												
17												
18												
19												
20												
21												
22												
23												
24												
25												
26												
27												
28												
29												
30												
31												

2. 目标任务表格（表5-3）

表5-3　某美容院目标任务表

项目	包月	包季	包年	单次	零售	小计	实际完成
累计							

3. 美容处方单（表5-4）

表5-4　某美容院美容处方单

姓　　名		性　　别		生　　日		
职　　业		电　　话		住　　址		
存在问题						
活动方案	外用产品	内调方法	精油调理	其　他	说　　明	
处方人签名						
操作人签名						

4. 员工状态调查表（表5-5）

表5-5　美容院员工状态调查表

调查事项	具体内容	现在状态	改进建议
产品			
项目			
技术			

调查事项	具体内容	现在状态	改进建议
服务			
工资福利			
培训教育			
岗位责任			
目标责任			
监督考评			
奖励处罚			
其他			

5. 顾客美容档案表　表 5-6 是某美容院顾客美容档案表,美容院可以根据自身特色增加或减少部分内容,制作出适合自己的顾客美容档案表,原则上越详细越好。

表 5-6　顾客美容档案表

顾客姓名		出生日期		年　月　日	职　业	
会员卡名		会员卡号			购卡时间	
购卡金额		QQ 号 / 微信号				
联系地址					联系电话	
联系方式					建档时间	
皮肤综合分析	皮肤类型	□油性不缺水　□油性缺水　□中型　□混合型 □干性　　　　□暗疮性　　□敏感性				
	皮肤状态	□娇嫩　　□光滑　　□洁白　□苍白　□红润　□晶莹　□活力 □松弛　　□晦暗　　□弹性　□雀斑　□黑斑　□无光泽　□黑头多 □面色黄　□角质层厚　□毛孔粗大				
	额头情况	□粉刺　　□暗疮　　□油脂　□浅皱纹　□深皱纹　□浅深雀斑 □暗疮印　□黑头　　□暗疮疤洞				
	眼部情况	□笑纹　　　□双眼皮　　□单双眼皮　　□浅鱼尾纹　□深鱼尾纹 □深横皱纹　□幼横皱纹　□松弛　　　　□单眼皮　　□脂肪过多 □脂肪略多　□上眼睑很黑　□下眼肚很黑　□下眼肚略黑 □美丽紧实　□略松弛　　□很松弛				
	鼻子情况	□黑头多　　□大黑头　　□小黑头　　□多暗疮　　□多油脂粉刺 □毛孔略粗　□毛孔粗大　□深浅雀斑　□有白头粉刺 □有暗疮疤洞　□有点暗疮　□深浅黑斑　□有黑粉刺油脂				
	面颊情况	□黑头　□多油脂　　□毛孔粗大　□有暗疮疤洞　□粉刺 □暗疮　□有暗疮印　□深浅黑斑				
	嘴角四周	□肌肉紧实　　□皮肤丰腴美丽　□肌肉松弛　　□严重双下巴 □稍有双下巴　□过粗过胖　　□皮肤已无弹力				
	下巴位置	□粉刺　□黑头　　□有暗疮疤洞　□暗疮 □油脂　□暗疮印　□深浅雀斑				
曾接受哪些护理						
目前使用的产品						
希望解决的问题						

6. 会员电话跟踪表格（表 5-7）

表 5-7　会员电话跟踪表

姓名：　　　　　　会员号：　　　　　　电话：　　　　　　页码：

日期	拜访内容	拜访人

7. 某项目护理规范表格　如表 5-8、表 5-9 所示，为某美容院纤体瘦身理疗记录表、冷光量子治疗表。

表 5-8　纤体瘦身理疗记录表

姓　　名		会员卡号		身　　高	
体　　重		有无病史		有无药物过敏史	
月经周期	□约 21 天　□约 25 天　　□约 28 天　□约 30 天　□约 35 天 □约 40 天　□无规律乱经　□停经				
体　　型	□超重（超过标准体重 10% 以内）　　□肥胖症（超过标准体重 10% 以上） □轻度肥胖（超过标准体重 10%~20%）　□中度肥胖（超过标准体重 20%~40%） □重度肥胖（超过标准体重 40% 以上）				
平时摄取食物种类	□脂肪类较多　□糖类较多　□蛋白质较多　□蔬菜水果较多 □均衡　　　　□不一定				
身体状况	□不好　□一般　□良好　□优良　□有器质性病变　□体质敏感 □体质较敏感　□体质不敏感　□无器质性病变				
脂肪类型	□硬脂　□软脂　□浮肿　□蜂窝组织				
治疗安排					
治疗前体重		治疗后体重		治疗前尺寸	
第一次治疗尺寸		治疗后尺寸			

顾客签字：　　　　　美容顾问签字：　　　　　院长签字：　　　　　日期：　年 月 日

表 5-9　冷光量子治疗表

姓名：　　　　　　　　会员号：

症状分析	皮肤属性：	雀斑：	晒斑：		老年斑：		黄褐斑：	妊娠斑：
	蝴蝶斑：	深层斑：	红血斑：		面部潮红：		黑眼圈：	痤疮印：
	凹凸洞：	毛孔粗大：	皱纹情况	深层：		浅层：		

日期	选择光头	能量	脉冲宽度	输出模式	温度	打出发数	美容师	顾客确认签字	备注

（黄　峰）

第三节　美容企业卫生管理

一、个人卫生管理

美容师给顾客的第一印象是非常重要的，是美容院形象的具体展示。因此，美容师的穿着妆容要洁净得体，提高顾客的第一印象好感度，反之，美容师将可能失去与顾客建立信任和了解的机会，严重者会导致顾客流失。良好的清洁习惯，高标准的卫生要求，不仅能增加美容师的自尊、自信，也是美容工作的需要，其具体要求如下。

（一）面部

美容师的面部皮肤要洁净、润泽，肤色健康，如果皮肤颜色不好，可以淡施粉底，切不可浓妆艳抹，给人粉饰过重的感觉；平日要注意皮肤的清洁和养护，如有皮屑和粉刺等要及时清除。

（二）头发

头发要保持清洁，经常洗发，头发不要黏腻，带有头皮屑；发色要正常、健康，不要怪异；发型要适合脸型，美观。留长发者，工作时要束发。

（三）口腔

口气清洁，无异味；如有口腔疾病要及时治疗，胃肠功能不好、气味污浊的，要进行调理；工作前不吃葱、蒜、韭菜等异味食品，饭后要漱口；不吸烟、不喝酒，工作中不嚼口香糖。

（四）手部

1. 手部直接接触顾客皮肤，卫生清洁消毒最重要。操作之前，不仅要洗手，还要用酒精消毒双手,操作中途接触过其他物品,如仪器、护肤品盒、瓶、面盆等,也要先消毒后再行操作。每次做完护理后要彻底清洁,做完纹刺后更要消毒双手,以免交叉感染。

2. 美容师不能留长指甲,较长的指甲易碰伤客人的皮肤,并且甲缝里容易藏存污垢,因此,在清洗双手时,要注意清洗指甲,并清除甲缝里的污垢。美容师操作时不能戴戒指,不能涂指甲油。

(五) 服装

1. 工作时要身着工作服。美容师的工作服要舒适、合体、美观、大方,适合美容服务工作的需要。工作服要经常清洗并消毒。

2. 工作时不穿高跟鞋,保持鞋袜清洁无异味,保持工作鞋面洁净。

二、美容院内卫生管理

(一) 卫生守则

1. 美容院环境　美容院整体环境整洁是吸引顾客上门寻求美容服务的基础,因此要求光线、温度、通风要符合标准,墙壁、窗帘、地板、地毯保持清洁无灰尘;电器、电线、插座安装放置妥当;供应充足的冷、热水;卫生间有冲洗装置及洗手池,供应肥皂、纸巾;室内不得住宿、煮饭;不得饲养宠物等。

2. 消毒要求　有效的消毒措施能使美容院和美容工具保持清洁,免受细菌污染,促进公共卫生、预防疾病和保障消费者及美容师的健康。如毛巾专人专用,用后应及时清洗晾晒,并放在密闭消毒柜内;任何工具或物品落地后不经消毒不得使用;废弃物品应放置在专用加盖容器内,不可随地乱丢;使用乳剂或其他黏稠剂时不得用手直接接触;脸部护理所用盆碗应专人专用;美容工具使用前后须消毒等。

(二) 消毒及杀菌方法

1. 物理方法

(1) 高温干燥杀菌法:将美容物品放置于 300~320℃高温下杀菌。

(2) 沸水消毒法:将美容物品浸没在沸水中蒸煮 20 分钟以上进行消毒,该法简单易行。

(3) 紫外线辐射消毒法:把清洗干净的美容物品放置在紫外线消毒柜内进行消毒。

2. 化学方法　主要使用消毒剂,大都是液体状的化学药品,是美容院内消毒的必备品。消毒时应先用肥皂清洗,使工具或物品表面清洁;再将上述工具或物品放入化学药液中彻底浸泡 20~30 分钟,达到消毒的效果。美容院常用的消毒剂见表 5-10。

表 5-10　美容院常用消毒剂

名称	形态	浓度	作用
酒精	液态	75% 溶液	清洗手、皮肤及小的擦伤
碘伏	液态	1%~2% 溶液	消毒刺伤、割伤及其他伤口
硼酸	粉末状	2.5% 溶液	洗眼
甲醛	液态	35% 溶液	清洗工作台、美容工具等
次氯酸钠	粉末状	0.5% 溶液	洗手
金缕梅酊剂	液态	14% 酒精	清洗手、毛发等,常用于修眉和美甲

（三）消毒容器

目前市场上销售的消毒容器有：

1. 消毒液容器　市场上有各种类型的消毒液容器，购买时应注意容器的容积。此外，还应注意有些消毒液不宜用金属的容器存放。

2. 干燥消毒箱　一般由木材、金属、玻璃或塑料制成，用于保存消过毒的工具，以备使用。

3. 紫外线消毒柜　箱内安装发射紫外线的灯管，操作时应严格按照操作规范进行。一般用于不耐高温的材料消毒，因其安装方便，消毒效率较高，得到市场的青睐。

（易　铭）

第四节　美容企业顾客管理

一、美容顾客服务系统

顾客服务系统是一个由人员、业务流程、技术和战略相协调的系统，它提供获取企业组织资源的正当渠道，通过一种互动的沟通方式来创造客户价值和企业价值，又称客户服务系统。其核心理念是客户满意度和客户忠诚度，企业通过取得顾客满意和忠诚来促进相互有利的交换，通过塑造优质服务和强化良好的公共形象，创造有利的舆论环境，并争取有利的政府政策，最终实现企业目标，实现企业的长期发展。

美容行业主要以服务取胜，最终目的在于创造顾客并留住顾客，顾客是美容企业的生存之源。每一个美容企业都应该清楚地认识到，做好服务工作，以真诚、温情打动顾客的心，培养长期顾客，刺激重复消费，才是谋求发展的长久之道。

（一）美容服务的特殊性

美容服务的一般特征包括：无形性、同步性、异质性、易逝性和缺乏所有权。

美容顾客服务不仅包括对现实顾客的服务，而且也包括对潜在顾客的服务；不仅要提高顾客现实的（售后）满意程度，还要提高预期的（售前）满意程度。

美容企业通过硬、软服务策略，追求的是买卖双方的共同满足，获得双赢。硬服务是"物对人的服务"，以"物"的形态如服务设施来实现；软服务是"人对人"的服务，由美容师来提供。相对于硬服务来说，软服务更有弹性，更容易"变形"。美容企业"软服务"的质量往往取决于经营管理者的重视程度，管理者抓得紧一点，其质量就会有明显提高，稍一放松，它就很容易滑坡。即使美容企业中只有一位美容师服务态度差，顾客也会对再次上门接受服务有所顾忌。

服务可以使美容企业创立个性，增加竞争优势，有效地增加美容企业的新销售和再销售的实现概率。如果一家美容企业或一位美容师认为"别人能做到的，我也能做到；别人做不到的，我也做不到"，这种完全没有"个性"化的服务态度，顾客对其评价将会是"既不特别满意，也不特别不满意"。顾客是既需要"标准化服务"，也需要"个性化服务"，"个性化服务"并不是对"标准化服务"的否定，因为顾客所需要的"个性化服务"是建立在"标准化服务"基础之上的。

（二）建立顾客服务系统

一个完整、成熟的美容顾客服务系统应由传送系统、生产系统和管理系统三部分组成,三个系统各有侧重。传送系统主要属于前台迎接工作;生产系统主要侧重于美容师提供美容技术服务,是支持顾客服务传送系统正常运作的、顾客接受服务的平台;管理系统主要是对前两个系统进行资源整合,也就是为了协调、控制客户服务传送系统和顾客服务生产系统的正常运行而设置的。这样既能提高顾客服务的效率,又能提高顾客服务的质量水平。完整的顾客服务系统可用图 5-3 来表示。

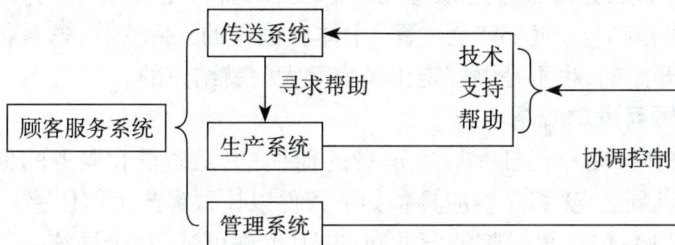

图 5-3　顾客服务系统的组成要素

美容顾客服务系统包括顾客进入美容院的心理需求和服务需求两方面,美容企业应有意识地从"功能"和"心理"两方面去赢得顾客的满意,也就是应该自觉地为顾客提供包括"功能服务"和"心理服务"在内的"双重服务"。

1. 顾客的美容心理诉求　心理性服务是指一种不一定能够为顾客解决实际问题,却能够让顾客得到心理上满足的服务。这是一种较高层次的服务,需要美容师良好的个人修养、崇高的敬业精神和健康的心理素质。

(1) 顾客的心理诉求:包括舒缓压力的休闲需要、以求品牌保证的安全需要、心理评价的实惠需要以及实现美丽梦想的需要等。

1) 对美充满希望:人们把美容院比做"出售美丽和梦想"的场所。

2) 安全感:市场上的美容产品繁多,品质良莠不齐,产品安全越来越受到顾客的关注,顾客安全感是美容企业首先要满足的。

3) 满足身心需求:美容不仅能改善顾客的外在形象,满足生理需求,还能为顾客带来愉悦的心灵感受,满足心理需求。

4) 休闲:美容院是人们舒缓压力的理想场所。

5) 实惠:美容院在提供优质服务的同时,又让顾客享受到价格的实惠,从而使顾客在心理上得到平衡,提高顾客的满意度。

心理性服务使服务更具诱导力,给人以美的享受,是服务的魅力因素,良好的心理性服务会使服务的层次上升,让顾客感到心满意足,物超所值。

(2) 做好心理性服务:心理性服务是在为顾客提供功能性服务的同时,还能使顾客得到心理上的满足。美容企业要做好心理性服务,应该做到如下几点:

1) 营造一种轻松的气氛。

2) 善解人意。

3) 不直截了当地批评顾客的错误。

4) 使顾客有被尊重感。

5) 当个好听众。

2. 顾客对美容消费的服务需求　功能性服务是指能够为顾客解决实际问题的服

务,美容师以技能、技艺为顾客提供的服务就是功能性服务,如化妆、护肤、丰胸、减肥等。在提供功能性服务时,要求服务程序周全、品料质价相当、操作技能优质高效。美容师的功能性服务是服务的基础,更是服务的必要因素。

美容院的顾客服务过程包括售前服务、售中服务及售后服务三个方面。美容顾客服务是个全程的系统工作,美容师需要用心在服务过程中加以实践,给顾客以服务好感,留住顾客。服务过程中应以感谢的态度、正确的礼仪、记住对方姓名来尊重顾客,使顾客与美容师打交道的"全过程"中体验愉快的人际交往,这种体验,并不是顾客进美容院才开始的,也不是顾客走出美容院大门就结束的。

(三) 美容顾客满意战略

1. 顾客信任策略　信任是顾客消费的前提,更是质量和服务的保障,没有了信任,一切将无从谈起。美容企业应具备如下条件以让顾客产生信任感。

(1) 合法证照:包括美容院的营业执照、卫生许可证、物价局统一的价目表、医疗机构执业许可证(医疗美容项目)等,以上证件应在审核的有效期内。

(2) 专业卫生消毒设施:美容院是"公共"服务场所,使用的毛巾、床罩、洗脸海绵扑、化妆品、卫生环境都必须具备一定的水准,早、晚要用紫外线灭菌消毒,避免交叉感染。

(3) 优秀的美容师:美容师应为顾客提供优质的技术服务,同时也为顾客提供专业的美容知识。

(4) 建立和维护顾客档案:通过建立和维护顾客档案,美容院可为顾客提供如应季皮肤护理计划在内的全面、周到的系列服务,对顾客情况进行查询、分析、归类,制订个性化顾客服务计划。

(5) 保护消费者权益:当顾客不慎被误导或用错化妆品,致使面部受到不同程度的损伤,或发生争议时,美容院应及时采取有效措施,保护消费者的合法权益,同时也保证了美容院的可持续发展。

(6) 专业皮肤检测设备:专业、规范的美容院在接待新顾客前,应进行科学的皮肤检测。皮肤检测是专业美容院的一项基本工作,既能体现美容院的专业性和权威性,又为顾客提供最佳的美容护理疗程及产品搭配,达到理想的护理效果,提高顾客满意度。

2. 顾客满意策略　美容院的顾客满意策略应从顾客角度出发,"顾客第一"和"顾客至上"理念贯穿着从美容产品采购到销售的全过程,做到如下几方面:

(1) 走进顾客内心,探求顾客期望:应站在顾客立场上看问题,消除美容院与顾客之间的信息不对称性,直接深入顾客内心找出对美容院、产品及员工的期望。具体方法可采用:焦点放在顾客身上;找出顾客和美容院对服务定义的差异;利用重质胜于重量的研究方法,找出顾客真正的期望。

但应注意,找出顾客对服务的期望远比找出其需求困难得多,原因在于服务很难标准化,顾客对服务的判断会因为服务者和本人参与程度而产生偏差。然而,这种探求所带来的收获,却是实质性的业绩和利润。

(2) 重视"关键时刻":顾客光临美容院时的一瞬间就是"关键时刻"。虽然经过短暂的接触,但顾客对服务质量,甚至对产品质量也已有所了解。"关键时刻"存在于任何与顾客打交道的时候,美容院文化、美容院形象、美容院信誉就在这许许多多的"关键时刻"中形成。

把美容院与顾客的认知缺陷找出来,让员工清楚地了解顾客认知与实际情况的落差,以找出服务盲点。员工要具备良好的职业道德素质,以适应不同层次的服务需求,为顾客营造良好的服务环境。

3. 招徕顾客策略

(1) 营造顾客喜爱的店面形象:店面形象是美容院吸引顾客的首要因素,是美容院开拓客源的基本依据。美容院的内外装潢及整体经营品位对吸引新顾客具有很大影响。多数新顾客会在多次观察美容院的店面环境以及进出顾客人数后,才会抉择。

(2) 丰富店内活动:美容院的宣传工作有着自身特点,顾客之间的口碑宣传对开拓客源有着相当大的影响力。因此,为激励顾客进行口碑宣传,开拓客源,美容院可通过平时店内的活动,向顾客宣传美容技术和服务项目,给顾客留下美好的印象。

(3) 顾客组织化:多数美容院都以一定区域内的顾客为服务对象,以确保固定客源,实行顾客会员制,谋求固定的组织化非常重要。常用方法包括:一般会员制度、入场券会员制度、介绍卡会员制度、美容讨论会员制度等。组织方式各种各样,美容院应选择适合自身的组织方式。组织顾客的方法不能局限于美容院的服务方面,还可以不定期地举办一些活动,如趣味讨论会、美容研讨会、服饰研究会等,以加强与顾客思想、感情的交流。

(4) 充分利用老顾客转介绍:各个渠道的顾客总是有限的,但是在每个顾客背后还有更多的准顾客。美容师应选择恰当时机主动与顾客沟通,让顾客转介绍。对于老顾客,美容师可找一个合适理由,如介绍卡、新品上市、促销或宣传单等,让转介绍取得一定成绩。

4. 不同类型顾客接待方法　待客,作为一门专业的接待技术,是专业美容师必备的技能。顾客的个性心理差异很大,需求也有所不同。顾客在美容院停留的时间平均每次在两个小时左右,体会店内气氛的机会较多,但损害顾客心情的机会也相对增多。美容院可采取以下方法,接待不同性格的顾客。

(1) 含蓄型:该类型顾客性情固执,对周围事物不熟悉,规规矩矩,一丝不苟,对别人的关心不加理睬。美容师应从其动作或表情中留意其想要的事物或购买动机,谨慎对答,仔细观察其肢体语言以给予正中下怀的服务。

(2) 健谈型:该类型顾客聪明,适应性强,为人大方,但多对人漠不关心,常感情用事。此类顾客有发表倾向的个性,美容师很容易探查其购买动机及对产品的意见,从交谈中掌握其偏好,适时促销。

(3) 性急型:该类型顾客性情急躁,容易动怒,性格多变。对此类顾客的服务应迅速招呼接待,切勿让其感到不耐烦。

(4) 迟钝型:该类型顾客性格爱好不强烈,不易兴奋,不会轻易决定购买或确定服务类型。美容师应耐心倾听,与对方多沟通,以使其接纳最合适的服务项目或产品。

(5) 抑制型:该类型顾客爱好永久性事务,不易兴奋,眼神不定,难作决定。美容师应详细说明产品类型、颜色、效果、价格或服务项目等,设法排除顾客的抵触心理,给顾客内心以安全感,方能两全其美。

(6) 疑虑型:该类型顾客聪明,缺乏独创性,且多疑,嫉妒心强。此类顾客个性偏执、多疑,谈话时美容师应耐心细致地解开其心中各种疑虑,以使其成为长期顾客。

(7) 知音型:该类型顾客易兴奋,爱好改变不强烈,对产品似懂非懂。美容师应设法迎合,争取共鸣,关心顾客对产品的使用心得,可以请教方式与其沟通。

(8) 包容型：该类型顾客外表斯文，自尊心较强，乐观，亲切，害怕权威。此类顾客好面子，所以对话时要客气、谨慎，使其感觉实在、可信度高。

(9) 挑剔型：该类型顾客个性偏执，爱挑剔，不轻易相信他人。对此类顾客，切忌多言，言多必失；切忌与其恶言辩论；细心听取顾客意见，想办法解开其心结。

(四) 顾客服务管理

1. 相关概念 部分业者认为，"好的顾客服务"就是端茶倒水，拿杂志，与顾客聊天，亲切有礼地迎送等，但这都只是表面性的顾客服务。顾客服务是一个过程，是在合适的时间、场合，以合适的价格、方式向顾客提供合适的产品和服务，使顾客的需求得到满足，价值得到提升的活动过程，又称为客户服务。

顾客服务兼具营销与管理的功能。当一个好的服务使顾客有所感受、有所感动时，所得到的回报就是口碑宣传。当企业共同管理这个使顾客满意的服务系统时，就会建立起一个共同努力的目标，企业的竞争力和盈利能力就会不断地得到提升。

顾客服务管理是指企业为了建立、维护并发展顾客关系而进行的各项服务工作的总称，是了解与创造顾客需求，以实现顾客满意为目的，全员、全过程参与的一种经营行为和管理方式。其目标是建立并提高顾客的满意度和忠诚度、最大限度地开发利用顾客。包括营销服务、部门服务和产品服务等几乎所有的服务内容。

2. 运作并管理优质的顾客服务系统

(1) 树立正确的客户服务理念：美容院应制定以顾客需求为导向的服务宗旨，动员和鼓励全员参与，树立满意的员工造就满意的顾客服务、服务就是为顾客创造价值的服务理念。

(2) 认识顾客：美容院必须要熟悉顾客，而且必须了解顾客对美容院的喜好，以及希望如何改善。顾客的消费需求与期望，消费的动机，满意程度如何，以及如何才能持续赢得顾客的心，美容院应建立顾客信息档案，使美容师对所服务的顾客有一个全面的认识。

(3) 建立服务品质标准：顾客服务并不是抽象的概念，每一项业务都可能在改善之后形成特有标准的服务操作流程。例如在做美容护肤时，如何正确判断顾客的肤质，并建议顾客选用适当的护理项目和护肤品；在护肤时，通过标准的操作过程，正确表达每一个程序对顾客皮肤的作用。正确的资讯传递会使顾客产生信任感。

(4) 与顾客维持密切的关系："优质服务系统"的诀窍在于持续不断地联系、研究顾客，并从中学习，而当中"倾听"是最重要的技巧。当顾客接受您的服务或购买您的产品之后，你们之间才真正建立起关系，而且此时也是销售、留客的最佳时机。

(5) 唯才是用：唯有称职的员工才能提供优质的顾客服务，才能有效地留住顾客。为此，企业就必须雇用优秀的员工，并有效、有系统地培训员工，使员工确切了解美容院的服务标准，为顾客提供最佳的服务。对突发事件的危机处理能力是美容师培训教育的重点。

(6) 建立合理的激励机制："鼓励是灵魂的补药"，奖励杰出者的表现是绝对必要的。同样，顾客的优良行为也值得奖赏，美容院的善解人意将使顾客对美容师产生信任感。认同顾客，才能和他们建立长期的合作关系。

(7) 好,还要更好:没有任何一个系统是完美的,美容企业必须持续努力改善服务顾客和保留顾客的实施计划。顾客和员工对于企图超越现状的动机,通常都会给予正面的评价,因为他们了解企业正在尝试做到最好。

(8) 建立标准化的信息管理系统:顾客档案管理应采用电子信息化技术。顾客的基础资料,美容护理资料,消费记录,办卡记录,都需要随时可以查询,随时记录,顾客生日随时能够提醒,顾客消费频率也需要提醒,这样顾客才能真正感受到好的、标准化的服务。

二、美容顾客意见处理策略

(一)顾客对美容院的意见反馈

1. 美容师素质　顾客对美容师的反馈意见,包括:

(1) 专业知识不够,产品或美容疗程认识不足,产品的特性及副作用讲解不清楚。

(2) 部分美容师未受过专业训练,由学徒或家庭佣工充当美容师为顾客服务。

2. 收费及缴费模式　常见的反馈意见包括:

(1) 疗程长及产品的收费高。

(2) 没有明确列出各项收费,随意性较大,或因人而异。

(3) 因疗程套餐多有期限,或遇上美容院停业,消费者权益难获保障,预先缴费的模式对顾客不公平。虽然购买疗程套餐比单次服务获若干折扣优惠,但美容院可先提高价钱,才给予折扣,因此也不一定划算。

3. 销售及广告手法　常见的反馈意见包括:

(1) 热衷介绍高价产品或疗程。

(2) 夸大产品或服务的效用。

(3) 硬推销产品或疗程。

(4) 在疗程进行时,向顾客推销产品或疗程,甚至未经顾客首肯,已替其涂上用料。

(5) 以免费或优惠价试做招徕顾客,却出现顾客不购买疗程套餐,便收取材料或服务费用,或以半价优惠,其实只做半边面等欺骗顾客的现象。

(6) 利用优惠期有限等手法,让顾客没有充裕的时间考虑,而立即做出购买决定。

4. 环境及方便程度　反馈意见包括:

(1) 希望美容院扩宽铺面,改善环境及卫生,增加设施和美容仪器等。

(2) 希望改善预约安排及延长工作时间,方便上班族。

此外,顾客对美容院在环境、设施等方面还有如下要求:空气应流通;提高清洁程度;播放轻音乐,舒缓情绪;间隔距离适中,光线不能刺眼;应增设先进仪器;美容师谈话声音勿大等。

(二)获取顾客意见的途径

1. 顾客主动反馈　为了获取顾客主动反馈的信息,美容院应方便顾客投诉,并鼓励投诉。如设立免费投诉电话、投诉台、意见簿、投诉电子邮箱等。为鼓励顾客主动投诉,可对提出有价值意见的顾客奖励,或对提出意见的顾客表示衷心感谢。但最好的鼓励方法是根据顾客反馈的情况,立即查清事实,尽快给予明确答复。

2. 顾客流失分析和新顾客调查　美容院应高度重视流失顾客的意见,尤其是流失核心顾客的意见。深入了解他们流失的原因,才能发现经营管理中存在的漏洞,及时采取改进措施,防止其他顾客流失,甚至将流失的顾客拉回来。

同时,深入了解新顾客购买的产品和服务的原因,则有利于保持提升企业产品和服务相对竞争优势,提高市场沟通活动的效果。

3. 人员接触　美容院工作人员与顾客频繁接触。美容院必须培训员工沟通和倾听的技巧,形成重视顾客意见的意识,同时还应采取奖励措施,鼓励员工反馈顾客意见。管理人员更应利用各种途径接触核心顾客,了解他们的意见。

4. 战略性活动的开展　如邀请核心顾客参加新员工的招聘活动;选聘与核心顾客有较多相似性的员工;邀请顾客参与产品和服务的设计活动;邀请顾客加入企业的管理决策机构,参与部分经营决策,这是一种更高层次的战略性活动。

(三) 顾客投诉管理

在当今的服务经济时代,顾客对服务越来越挑剔,顾客从最初接触美容到最终达成服务,其中的任何阶段都有可能产生投诉,顾客对美容院的投诉无论合理与否,美容院都应积极应对。不要害怕顾客的投诉,实际上,一定问题的发生能促使美容院更好地反思自己,从而成为美容院提高服务质量的催化剂,成为增进与顾客关系的重要媒介,进一步促进美容院信誉度的传播。

1. 顾客投诉原因　顾客提起投诉的原因很多,但概括起来主要有以下几个方面:美容院没有兑现承诺;美容院没有按顾客要求提供服务;美容师素质不高或不专业,没能及时准确地处理好顾客的问题;美容师没有礼貌热情地为顾客提供服务;美容院怠慢顾客或看不起顾客而引起投诉。

顾客投诉如果不能正确解决,受损失最严重的就是美容企业。美容院没有了顾客,再大的企业也会面临困境。

2. 处理顾客投诉的原则　与顾客发生摩擦后,美容院首先要从自身方面寻找原因,要相信顾客是上帝,顾客不是我们"教育"和"改造"的对象,与顾客争输赢最终的失败者永远是美容院。但面对顾客的责难或投诉,美容院也不应一味迁就,而是要遵循顾客投诉处理的原则和提供更优质的服务赢得顾客,最终达到双赢。

知识拓展

顾客总是对的吗?

经常听到美容院老板对美容师说:"顾客总是对的,所以我们应该⋯⋯"如果顾客总是对的,难道美容院或美容师总是错的吗?其实,顾客并不总是对的,当美容师与顾客产生矛盾时,有时是美容师不对,有时是顾客不对。然而,如果我们不把"顾客总是对的"当作事实,当作美容院对美容师提出的必须达到的目标,美容师可以和顾客一争高低,其结果是美容师辩赢了顾客,但也将永远失去这名顾客,旁观者也会因为美容师竟然与顾客争吵,而认为美容院服务态度不好,对美容院失去信心。对于美容师来说,难就难在对于一些存在过错的顾客,你还要说"顾客总是对的"。

事实上,顾客到美容院是"花钱来买享受"的,不是来开展批评与自我批评的,因此,即使顾客有错,为了留住顾客,我们也不应该说顾客不对。但这并不是让美容院、美容师一味迁就顾客,这里就有一个处理问题的技巧和掌控处理关系的原则了,把握得好,就会取得双赢效果。

（1）真诚接待投诉顾客：有调查显示，每位不满意的顾客至少会告诉 11 个人；100位不满意的顾客中，约有 4 个人会抱怨，而大多的顾客会默默转向其他美容院；争取一位新顾客花费的成本是留住一位老顾客所需成本的 5 倍以上；对于抱怨的顾客，如果能妥善处理，七成以上会留下来，并且信任度会明显提高。所以美容院不要害怕顾客投诉或抱怨，拿出诚心来解决问题才是上策。

（2）设身处地为顾客着想：人与人之间的相互理解是化解矛盾的良药，美容院要换位思考，从顾客的角度设身处地看待和处理纠纷，要让顾客知道你理解她们为什么而生气，并且愿意为顾客提供帮助，对失去控制的顾客也不可言辞过激，相互指责，适当的委曲求全实际是为美容院求得更大的利益。

（3）仔细倾听顾客的抱怨：在顾客讲话过程中，即使内容出现错误也不要中途打断，进行反驳，但要不失时机地附和一下，以表示你在认真倾听。仔细倾听，一方面是对顾客的尊重，另一方面是为了更好地弄清顾客投诉的真正原因和要达到的结果，以便制订解决的办法。

（4）诚恳地道歉：在顾客服务中，应牢记"顾客总是对的"这句话，不应与顾客较真谁对谁错，有时美容院花费大量时间想去分清是非，结果即使弄清顾客是错的，也得罪了顾客，永远失去了这个顾客，最好的办法是说声"对不起"，诚恳道歉，主动化解矛盾。

（5）提出解决问题的办法：解决问题是投诉的关键，美容院对顾客的投诉要制订双方都能接受的解决方案，尤其是让顾客满意的方案，如打折、赠送礼物、提供商品或服务，也可通过个人关系给予顾客诚挚关爱，通过私人交往提升美容院声誉等。

总之一句话，就是美容院要把顾客当上帝。要善待每一位顾客，不能对顾客"另眼相看"；要尊重每一位顾客，让顾客有自豪感；要对顾客和蔼可亲，做感情上的富有者；要提高自己的技能，提供优质服务。

（四）处理棘手顾客的投诉和抱怨技巧

如何处理合理的或不合理的顾客投诉和抱怨，关系到美容院的信誉与长期健康发展。无论是从个人经验还是从职业经验来说，我们都不可能满足所有顾客的要求，让他们都满载而归，但是我们一定要有改进服务、争取顾客满意的愿望和方法。

1. 学会倾听　倾听是认识了解对方真意的一种技能。唯有倾听，了解顾客真意，方能谋而后定。美容师应抱着积极的态度去听，不仅用耳朵听，而且还应调动自己的眼睛、身体、声音，激发对方说话的兴趣。倾听的关键在于集中精力，全神贯注。倾听的一般做法有：

（1）表现出兴趣，不争辩。

（2）全神贯注，不打断。

（3）使用中性短语迎合对方，重复陈述。

（4）该沉默时必须沉默，不做与谈话无关的活动。

（5）摘记要点，总结反馈等。

2. 积极寻找解决办法　通常可先提出一种办法供顾客考虑，然后询问顾客的办法，再将两个方案进行比较。让顾客提出解决办法的优点是先了解顾客的要求，清楚自己所处的确切位置,方能找到解决办法,并使他满意。

如果尽了一切努力,但与顾客关系依然无法处理好,此时应尽可能地幽默,避免以争吵的方式让其离去。一位不可理喻的顾客拂袖而去并没有什么,但是他怒气冲冲地离开,告诉别人美容院的产品、服务恶劣,对美容院的负面影响就会很大。因此,有效地掌握处理棘手顾客的方法和技巧显得尤为重要。

(五) 提高顾客满意度技巧

目前,美容院已遍布全国各地,经营者对顾客满意度的关注日益加强。顾客对服务的质量和期望值需求也日趋强烈,他们不但需要纯正的专业技术服务,同时希望能以最低的价格获得最满意的服务。

1. 有效沟通　提高顾客满意度首先应建立彼此友好和谐的人际关系。有效的沟通可帮助美容师超出美容话题,进而延伸到表达关心及了解顾客心理、生理状况的层面,以真正了解顾客需求,并满足其需求。

2. 微笑服务　微笑服务是世界通用的语言,人际关系的润滑剂。

3. 自我介绍　一种友善得体的自我介绍,有助于美容师避免或化解面临消极不利的状况而发生的不愉快,或消除被误会为助理的窘境。其次,说明交谈目的,可以引起顾客的注意,表示对他的关心,以此达到不同类型顾客的满意度。

4. 聆听和询问　善于言谈者必善于聆听。

5. 传达信任　"话中带有感情"是美容专业人员应具备的一个重要特色。如果期望自己的话会带来重大的意义,就必定先发展和顾客之间的信任关系。

6. 彻底了解顾客　顾客导向型的企业认为顾客是最宝贵的资源。因此,美容院必须像管理其他资源一样对顾客进行管理,像了解企业商品一样了解顾客,像了解库存变化一样了解顾客的变化。

7. 内部顾客也是"上帝"　员工在经营中的参与程度和积极性,很大程度上影响着顾客满意度。某著名快递公司认为:"无法想象一个连内部顾客都不满意的企业能够提供令人满意的服务给外部顾客。"当其内部顾客的满意率提高到85%时,他们发现公司的外部顾客满意率高达95%。

8. 现场管理更高效　在体育比赛中,选手身边都有教练在急切地关注着他们,注意他们的每一个细节,并在必要时给予鼓励或建议,这就是现场管理。在美容院员工改进服务态度和技巧的过程中,类似的方法非常有效。

三、美容顾客开发及维护

(一) 顾客开发策略

顾客开发是美容院收集和利用顾客信息的一项基础工作,也是提升美容院销售业绩、保持良性运作的必要方法。以下介绍几种开发新顾客的方法:

1. 开展促销,就近派发宣传资料　这是美容院最常用的方法,即由美容师或其他工作人员在美容院的周围四处派发一些诸如传单、优惠券、免费卡之类的宣传资料,以吸引新顾客。

2. 老顾客转介绍　美容院的老顾客向同事或亲戚朋友介绍自己的美容经历,说服其来美容院体验,为美容院带来新的顾客。

3. 电话营销　主要对象包括老顾客和潜在顾客。营销时间分为非促销时间和促销时间。非促销时间的电话营销主要是与老顾客保持一定的联络,为潜在客户提供产品和服务信息,以吸引新顾客的光顾。促销期间的电话营销主要向团体客户提供促销信息,以吸引他们前来消费。

4. 开发团体客户　首先应确定开发对象。开发对象以商圈内 20 人以上的行政机关、企事业单位、公司为主,并收集他们的基本资料,包括正确的名称、电话、地址、人数。其次以电话事先预约。方式大抵同电话营销,但主要以见到面为原则。然后登门拜访,拜访完毕应做好拜访登记。

5. 缔结关联店　即联合其他企业进行双赢的促销活动。一般美容院规模小、实力弱,单个促销往往达不到有效的目的,容易湮没于嘈杂的市场之中,而联合其他企业一道促销,招徕客源,则可以达到投入少、影响大的目的,为美容院带来显著的客源增长。

缔结关联店应注意选择客源与本店有互补作用,其主要顾客为本店目标消费群体,且消费频率高的关联店;商圈范围以 1km 内为佳。同时,还应考虑关联店的成立时间和经营状况,以形象较佳、成立较久、经营财务状况良好者为主。关联店的合作方式包括:基本顾客资料交换;宣传资料相互寄放或联合寄发宣传资料;共同举办区域性联合促销活动或社区休闲、公益活动。

6. 网络营销　在这日新月异的时代,网络营销已被越来越多的企业所重视。就网络企业本身而言,它们十分重视美容,如著名的新浪、网易、搜狐等网站,都开设了专门的栏目。而专业美容网也越来越多,如中国美容网、中国美容人才网等,此外还有很多地方性网站也有相关内容。这些都为美容院的拓展提供了一个良好的平台。

7. 电视报纸广告宣传　这也是美容院经常采用的一种方法,它不仅为美容院带来可观的客源,还能有效地扩大美容院的知名度。

(二) 老顾客维护管理策略

许多企业的实践证实,顾客忠诚度与企业的获利能力有着密切的关系,顾客忠诚率提高 5%,企业的利润就能增加 25%~85%。

1. 忠诚顾客的行为特征

(1) 经常性高频率地重复购买本店产品。

(2) 经常惠顾本店提供的其他产品或服务。

(3) 建立良好的口碑宣传。

(4) 对竞争对手提供的产品和促销活动有"免疫力"。

2. 影响顾客忠诚度的因素

(1) 顾客满意度:根据鲍勃·哈特利(Bob Hartley)和迈克尔·W·斯塔基(Michael W. Starkey)在 1996 年出版的《销售管理与客户关系》一书中的研究,在高度竞争领域,导致客户忠诚的客户满意的基点较高,满意和比较满意难以有效地令客户产生再购买以及积极的人际宣传行为。如果客户的满意度下降,客户的忠诚度会急剧下降。如果客户不满意,不仅不会再购买,而且可能劝阻其周围的人购买,甚至通过现代信息传播媒介劝阻更多的人购买,从而置企业于困境。只有让客户感到相对主要竞争对手而言,高度满意或者意外惊喜,才可能令客户产生高度忠诚。

(2) 顾客信任感:通常,顾客对所购产品或服务首先会建立起一种信任预期,在这种信任预期指导下建立自身的消费体系。凡是符合自身信任预期的产品或服务,就会成为可选购的目标,不符合自身信任预期的商品则被排斥。这就是说,信任感是顾客产生首次购买及持续忠诚购买行为的主要影响因素。信任购买与购买风险密切相关,购买的风险越大,顾客信任感对其忠诚度的影响就越强。

(3) 有效信息和情感沟通:顾客忠诚包括行为忠诚和情感忠诚两个密切相关的组成部分。行为忠诚是情感忠诚的基础,而情感忠诚反过来左右行为忠诚。忠诚度越高,情感成分所起的作用就越大。

(4) 购买便利程度:"酒香不怕巷子深"早已过时,如果顾客不能较方便地购买,即使对以前的购买高度满意或信任,也会因急于需要而转向购买竞争对手的产品或服务。如果此时竞争对手能满足其需要并能令其高度满意,再想挽回顾客就比较困难了。

3. 培养顾客忠诚度的作用

(1) 可以减少营销费用。

(2) 增进交叉销售的成功率。

(3) 赢得更多正面的口碑效应。

(4) 减少失败的费用。

(5) 减少顾客成本的花费。

4. 培养顾客忠诚度的手段

(1) 逢年过节的问候。

(2) 顾客生日时送礼物。

(3) 记住顾客,并能提供个性化的服务。

(4) 举办顾客联谊会。

(5) 适时递送最新生活与时尚资讯。

(6) 适当的时候能满足顾客的一些特殊要求。

(7) 适当的时候进行电话联系。

(8) 当知道顾客家中有事时,登门拜访。

(9) 给予老顾客的其他优惠。

5. 提高顾客忠诚度的策略

(1) 给顾客提供超值服务:顾客认为美容院技术好,其实包含着心理上的满足感。

(2) 以树立美容师专业形象来提升顾客满意度:一个优秀的美容师,不仅要具备娴熟的专业技术和专业知识,更要具备像专业医师一样的"专业形象和权威"。

(3) 将顾客组织起来:将顾客组织起来不应局限于美容院的服务,可举办如假日休闲活动、聚会、美容新知识咨询会、流行发布会、亲子活动会等活动。此外,如果时间与能力许可,还可以定期发行会讯或俱乐部会刊。

(4) 预防顾客喜新厌旧:研究显示,美容院是一个经营美丽和流行时尚的服务行业,如果认为只要技术和服务好,就不怕顾客不上门,这是完全不正确的。因为顾客难免有喜新厌旧的心理,所以若没有推陈出新的观念或领先的技术,即使技术和服务再好,顾客心理上也会觉得疲乏和无趣,若有其他选择的可能,顾客就会试一试。

为了避免这一现象的发生,经营者必须考虑如何根据季节的变换来改变店面形象,如更新产品、更换海报、更换橱窗,以及根据季节性皮肤问题而推出新的疗程设计等。

(5)注意小细节:一个小小的细节折射到顾客心里的却是个人素质、员工形象、公司管理、企业文化,以及由此种种堆砌而成的美容院品牌大厦。顾客对企业的信任就蕴藏在美容服务中的每一个细小的环节中,处理好了细节,巩固了企业的形象和信誉,才能真正地赢得顾客的信任。

(三)稳定客源维持策略

美容院的顾客80%以上都是附近地区的居民及上班族,其中90%左右为稳定客源。据有关调查:每年有10%的稳定客源被替代,即每年有10%的稳定客源流走。因此,不论是竞争对手原因,还是企业自身因素,或是顾客喜新厌旧的心理,都必须采取对策留住顾客。

1. 尝试改变店面形象或店内的风格 可结合气候季节的变化,改变店内的色彩、背景音乐。定期变换橱窗的陈列和布置,结合顾客生活品质的需要,提供相关的生活情报和流行资讯。

2. 稳定客源的宣传要点(表5-11) 必须清楚地了解自己所处的地域环境及地域发展趋势,然后考虑与之适应的宣传策略。

表 5-11 稳定客源的宣传要点

地区	对顾客的宣传要点	固定客源平均百分比
住宅区	宣传其服务热情、亲切、给顾客良好的印象	90%
商业区	一般顾客的流动性大,因此,宣传对象不只是固定客源,而且还要注意对自由流动的顾客进行宣传,开拓新客源	80%
写字楼办公区	宣传以办公室工作人员为主要对象,应特别宣传技术上的方便性(预约制、技术、速度、服务等)	80%
火车站前面	因交通便利,商业圈能够扩大到很宽的地区,应特别加强技术方面的宣传,树立时尚形象	75%
乡镇	加深时尚印象,强调与大城市的美容服务之间没有技术差异,同时宣传服务热情、亲切	93%
农村	应给在本店美容的顾客轻松爽快的印象,不仅宣传美容,还要宣传休息室	95%

为稳定客源,必须耐心细致,对个别顾客可采取电话宣传、会员制度、票券优待、预约制度等宣传方法。

3. 培养顾客的信赖心理 为了培养顾客的信赖心理,要求每一名美容师都必须同时是一名合格的生活艺术导师,真正做到详尽地了解顾客日常生活中的美容细节,并能针对顾客的身体状况、皮肤特征制订一个作息计划和饮食计划。当然,这与美容师自身文化素质有相当关系,如果美容师对专业或医学知识知之甚少,那么这些专业指导就无从谈起了。

4. 服务见真情 美容院的服务并不是无目的的漫谈,而是要让顾客从进门到出门的每一环节中都能体验到美容院的服务精神。服务的重点在于"人性化服务",而不是教条的机械化过程。服务的要素在于微笑和细心。发自内心的微笑可舒缓对方的情绪以及增加亲和力,而细心观察、细心对待顾客是留住人心的关键。

5. 专业技术让人有美的享受　一般而言,专业美容师令人信服的程度无法高于或达到和专业医师一样的专业权威。究其原因:一是美容专业教育环境未上轨道,二是美容师的工作包含了浓重的商业色彩。为此,美容师更应该加强专业技术的培训,毕竟专业技术是美容院经营的存亡关键,顾客满意最终还是取决于美容效果。

此外,美容师还要求保持得体的仪容仪表,做到针对顾客的皮肤类型谨慎推荐保养品和护理疗程,注意顾客的时间,提高服务效率。

6. 热情周到的专家服务　近年来有的美容院融合了穿着打扮、全身美容的技术等服务内容,美容不仅包括服饰在内的全身美容,也包含美化心灵的心理美容。美容师应有经考核得到承认的技术职称,同时也是美容专家。

7. 亲切的美容交流　在美容院的经营调查中,有一个问题:在你的美容院里,美容师与顾客交谈,除了发型之外,还谈论诸如服饰等其他方面的内容吗?这个问题主要是从顾客对美容院的信赖感和美容师的美容知识两个方面,来调查顾客与美容师之间的思想交流达到何种程度。调查结果表明,美容师接受顾客疑问而且能热情回答问题的美容院,其拥有固定顾客的比例在90%左右。顾客没有疑问而且美容师又缺乏美容方面知识的美容院,其拥有固定顾客的比例在60%以下。

8. 密切关注顾客对美容院的评价　美容院经营有三要素:店面形象、顾客服务和美容技术,而顾客正是根据这三要素,从不同的立场对美容院进行评价的。而美容院的特征就是待客时间比一般商店要长,顾客在店内的时间越长就越容易发现美容院的不足之处。因此,必须调查顾客对美容院的评价,研究顾客是从哪个角度来评价,以此作为开拓客源的参考依据。

(四) 顾客沟通技巧

1. 美容师的语言素质　美容师也是服务员,必须遵循服务行业的礼仪要求,特别是在与顾客交流时,也必须遵守语言规范。

(1) 多用请求式语言:美容师在与顾客沟通时,应避免用命令式语言,多用请求式语言。请求式的语言,可分成三种说法:

1) 肯定句,例如:"请您稍等"。

2) 疑问句,例如:"请稍微等一下,可以吗?"

3) 否定疑问句,例如:"马上就好了,您不等一下吗?"

一般来说,疑问句比肯定句更能打动人心,尤其是否定疑问句,更能体现出美容师对顾客的尊重。

(2) 多用肯定式语言:肯定语与否定语都是常见语,它们的意义虽然恰好相反,但如果运用得巧妙,肯定句可以代替否定句,而且效果更好。例如:

顾客:"这款还有其他颜色的吗?"

回答:"没有。"

这里用的就是否定语,顾客听了这话,一定会说:"那就不买了"。如果换个方式回答,顾客可能就会有不同的反应。比如回答:"真抱歉,这款目前只有黑色的,不过,我觉得高档产品的颜色都比较深沉,与您的气质、身份、使用环境也相符,您不妨试一试。"

（3）推荐产品或服务时，应先贬后褒，如果顾客说："太贵了，能打折吗？"回答不外乎两种：

1）"质量虽然很好，但价钱稍微高了一点"。

2）"价钱虽然高了一点，但质量很好"。

这两句话除顺序颠倒以外，字数、措词没有丝毫变化，却让人产生截然不同的感觉。先看第一句，它的重点放在"价钱"高上，顾客可能会产生两种感觉：一是该商品尽管质量很好，却不值那么多；二是这位美容师可能小看我，觉得我买不起这么贵的东西。再分析第二句，它的重点放在"质量好"上，顾客就会觉得正因为商品质量很好，所以才会这么贵。

（4）语言要生动委婉：先看看下面三个句子。

1）"这件衣服您穿上很好看"。

2）"这件衣服您穿上至少年轻十岁"。

3）"这件衣服您穿上很高雅，像贵夫人一样"。

第一句说得很平常，第二、三句比较生动、形象，顾客听了便知道你是在恭维她，心里会很高兴。除了语言生动以外，委婉陈词也很重要。对一些特殊的顾客，要把忌讳的话说得很中听，让顾客觉得你是尊重和理解他的。比如：对较胖的顾客，不说"胖"而说"丰满"；对肤色较黑的顾客，不说"黑"而说"肤色较暗"。

2. 美容师用语的技巧

（1）"是、但是"法：在回答顾客异议时，这种方法比较常用，也非常有效。具体而言就是：一方面美容师表示同意顾客的意见，另一方面又解释了顾客产生意见的原因及其看法的片面性。这种方法可以让顾客心情愉快地改变对商品的误解。

（2）高视角、全方位法：任何产品都不可能是十全十美的。因此，顾客可能会抱怨产品某个方面的缺点，此时美容师可以通过强调产品的突出优点，以弱化顾客提出的缺点。当顾客提出的异议基于事实根据时，可采用此方法。

（3）问题引导法：有时可以通过向顾客提问题的方法引导顾客，让他们自己排除疑虑，找出答案。通过提问，美容师可以让顾客自己比较商品的差异，作出选择。

（4）直接否定法：当顾客的问题来自不真实的信息或误解时，可以使用直接否定法。然而，这是回答顾客问题时的最不高明的方法，等于告诉顾客他的看法是错误的，是对顾客所提意见的直接驳斥。故必须有比较明显的事实和充分的理由。如：

顾客："你们的产品比别人的贵"。

美容师："不会吧，我们这里有同类产品不同企业的报价单。我们产品的价格是最低的"。

（5）"介绍他人体会"法：利用使用过产品的顾客的"现身说法"来说服顾客。一般而言，顾客都愿意听听使用者对产品的评价，所以那些感谢信、表扬信等，都是说服顾客的活教材。当然，这种情况必须实事求是，不能杜撰。

（6）"展示流行"法：通过揭示当前美容流行趋势，劝说顾客改变自己的观点，从而接受美容师的推荐。

3. 接待顾客的技巧

（1）接近的技巧：接近顾客时，美容师的动作宜迅速而敏捷，同时注意接近顾客时的角度,最好能与顾客面对面。千万不要过于唐突或无礼,以免惊吓到顾客。必要时,不妨给顾客一些动作暗示,再伺机与之搭讪,试探其需求。

(2) 招呼技巧:尊重对方最基本的表现,是主动与对方打招呼。作为美容师,如果不能主动向客人打招呼问好,很容易被误认为是骄傲、耍威风、看不起人,从而招致反感。美容师向顾客打招呼时应注意:

1) 要先向对方打招呼。

2) 要显得很开朗、有诚意,保持亲切的态度。

3) 要使用有创意的话题。如恭维的、顾客感兴趣的、幽默有趣的话题等。

4. 询问顾客的技巧　对顾客的到来,美容师不能视而不见,而应主动、积极地与其交谈,询问他们的需要,同时也应注意询问技巧。

(1) 不连续发问。

(2) 产品或服务的说明要与顾客的回答相关。

(3) 询问顾客应先易后难:如选购护肤品,先问皮肤类型等容易回答的问题,若先向顾客询问"预算价格",一定会引起反感。只有引导顾客进入"接受询问、回答问题、再听说明"的心理流程后,顾客在回答私人问题时才不会产生抗拒感。

(4) 促进购买心理的询问方法:美容师在询问之前,要先预测这样的询问是否能够得到促进购买心理的回答。例如:当顾客对产品爱不释手、一再观看时,就可判定"顾客喜欢这个产品"。此时,美容师应该过去询问"您中意吗?"让顾客回答"是啊"或"这产品不错",如此才可达到销售效果。

(5) 使用询问以达成让顾客回答的目的:如果美容师独自说话太多,是不会得到好效果的。

案例分析

如何留住顾客

案例:小田虽然已经离开美容行业多年,但作为一名有美容习惯的女性,仍然十分关注美容院的情况,只要听说哪里有新美容院开业都会去体验。然而,每次坚持时间都不长,不是嫌美容院距离太远,就是不满意新美容院的服务或技术。

有一天,小田得知公司附近一家新美容院开业了,且对新顾客有优惠,于是与同事相约下班后去做美容。一进门,就迎来前台小姐的热情接待,并很快安排美容师做基础护理。之后,小田和同事都觉得效果不错而且方便,于是都办了会员卡。可自从成为那里的会员后小田就后悔了,平均5天一个电话,不是介绍新产品,就是介绍新项目,且没有针对小田的皮肤状况提出什么有价值的护理建议,让其不胜其烦。同为会员的同事也纷纷表示不满,皮肤最差的小何说:"我去得最多了,也没多少优惠,经常让我买这买那,说我这有问题那有问题。没问题我去美容院干什么?"最挑剔的小美则说:"每次去都要问我贵姓,还会员呢!"

分析:美容院可以通过会员卡的形式,把临时的顾客变成相对固定的顾客。但如何接待老顾客,并把老顾客稳定下来,需要美容院员工各方面的努力,应从小细节入手,如待客技巧、电话回访、产品推销等,应注意与顾客进行恰当交流,并取得顾客信任感,防止顾客的满意度、忠诚度下降。

针对一些美容意向强烈且又挑剔的顾客,美容院要热情地为其量身定做美容项目,并适时给予一定的优惠以留住顾客。

课堂互动

中国互联网络信息中心报告显示,截至 2018 年 6 月,中国网民规模达 8.02 亿,互联网普及率为 57.7%,我国手机网民规模达 7.88 亿,网民通过手机接入互联网的比例高达 98.3%。互联网已深入我们的生活,互联网越来越为企业重视。试讨论美容院如何利用互联网拓展客源。

（黄　峰）

复习思考题

扫一扫
测一测

1. 简述美容院质量体系建立的七个步骤。
2. 美容机构如何运用质量控制规范进行美容服务质量管理?
3. 简述提高个人礼仪修养的方法。
4. 美容院让顾客产生信任感的条件有哪些?
5. 新顾客开发的方法有哪些?
6. 影响顾客忠诚度的因素有哪些?

第六章

美容企业财务管理

课件
06章PPT

扫一扫
知重点

学习要点

美容企业财务管理原则及管理制度;美容企业利润与分配管理;美容企业资金筹集;美容企业成本费用管理;美容企业财务分析。

第一节　美容企业财务管理概述

美容企业财务管理是指美容企业组织财务活动、处理财务管理的一项经济管理工作。企业财务活动是以现金收支为主的企业资金收支活动的总称,即筹集资金、投资活动、资金运营活动和资金分配活动。企业财务关系是指企业在财务活动中与所有者、债权债务人、投资者、国家税务机关、企业内各部门及职工之间所发生的经济利益关系。

美容企业财务管理是美容业经营管理的重要组成部分,它能够动态地反映美容企业的经营状况,同时还能够影响和促进美容企业的其他各项管理工作,如节约资金、增加积累、实行经济核算等。加强企业财务管理,发挥财务管理制度的应有作用,提高美容企业的经济效益,对美容企业的可持续发展有着重要意义。

一、美容企业财务管理原则

美容企业财务管理原则是美容企业在组织开展各种财务活动时应遵循的基本规则。这些规则是人们在长期的财务管理实践中总结出来的,带有普遍意义、体现理财活动的规律性,是企业财务管理必须遵循的一般要求。

(一) 资金合理配置

美容企业要通过资金活动的组织和调节来保证各项物质资源具有最优化的结构比例。企业物质资源的配置情况是资金运用的结果,同时它又是通过资金结构表现出来的。在资金占用方面,有对外投资和对内投资的构成比例、固定资产和流动资产的构成比例、货币性资金和非货币性资金的构成比例等;在资金来源方面,有负债资金和主权资金的构成比例、长期负债和短期负债的构成比例等。

资金配置合理、资源构成比例适当,就能保证生产经营活动的顺畅运行,并由此取得最佳的经济效益,否则会危及企业内部购、产、销活动的协调,甚至影响企业的兴衰。因此,资金合理配置是企业持续、高效经营的必不可少的条件。

(二) 收支平衡

所谓收支平衡,就是要求资金收支不仅在一定期间总量上取得平衡,而且在每一个时点上也要协调平衡。

资金收支平衡归根到底取决于企业购、产、销活动的平衡。企业应坚持生产和流通的统一,使企业购、产、销三个环节相互衔接,保持平衡,既要量入为出,又要量出为入。

(三) 成本效益

这里的“效益”是指收益,“成本”是指与效益相关的各种耗费。成本效益是投入产出原则的价值体现,它的核心是要求企业在成本一定的条件下应取得尽可能大的效益,或是在效益一定的条件下应最大限度地降低成本。

(四) 收益风险均衡

在财务管理中,风险与收益形影相随,高收益的投资机会必然伴随高风险,而风险小的投资机会收益又较低,两者呈同向变化。

收益与风险均衡原则的核心是要求企业不能承担超过收益限度的风险,在收益既定的条件下,应最大限度地降低风险;在风险既定的条件下,最大限度地争取更多收益。例如:在流动资产管理方面,持有较多的现金,可以提高企业的偿债能力,减少债务风险,但是银行存款的利息很低,而库存现金则完全没有收益;在筹资方面,发行债券与发行股票相比,由于利率固定且利息可在成本费用中列支,对企业留用利润影响很少,可以提高自有资金的利润率,但是企业要按期还本付息,需承担较大的风险。

所以,企业决策时应对风险和收益做出全面的分析和权衡,以便选择最有利的方案,特别是要注意把风险大、收益高的项目,与风险小、收益低的项目,适当地搭配起来,分散风险,使风险与收益平衡,做到既降低风险,又能得到较高的收益。

(五) 利益关系协调

利益关系协调原则要求企业在收益分配中,包括税金交纳、股利发放、利息支付、工薪计算等方面,应兼顾国家、企业自身和员工的利益,兼顾投资人和债权人的利益,兼顾所有者和经营者的利益,不断改善财务状况,增强财务能力,为提高效益创造条件。

二、美容企业财务管理制度

企业财务管理直接关系到企业内部的资金流通问题。健全完善的财务管理制度对于美容企业的资金流通具有一定的保障作用,能够让企业顺畅地运营,帮助企业在日常的经营过程中减少投资风险,增加盈利。

(一) 财务管理人员职能

1. 建立健全美容企业财务管理的各种规章制度,编制企业财务计划,加强企业经营核算管理,反映、分析企业财务计划的执行情况,检查监督企业内的财务纪律。

2. 积极为美容企业的经营管理服务,促进企业取得较好的经济效益。按照经济核算原则,定期检查,分析企业财务、成本和利润执行情况,挖掘增收节支潜力,考核资金使用效果,及时向企业领导者提出合理化建议,做好企业资金流通参谋。

3. 进行企业成本费用预测、计划、核算、控制、分析和考核,督促企业有关部门降低消耗,节约费用、提高经济效益。

4. 合理分配企业收入,及时完成需要上交的税收及管理费用。

5. 配合财政、税务、银行等部门,检查企业财务工作,主动提供企业有关资料,如实反映情况。

6. 完成企业交给的其他工作。

(二) 财务工作管理

1. 企业的会计凭证、会计账簿、会计报表和其他会计资料必须真实、准确、完整,并符合会计制度的规定。

2. 财务工作人员办理会计事项时应填制或取得原始凭证,并根据审核的原始凭证编制记账凭证,有关人员都必须在记账凭证上签字。

3. 财务工作人员对本企业实行会计监督,对与事实不合的原始凭证,不予受理;对记载不准确、不完整的原始凭证,予以退回,要求更正、补充。

4. 财务工作人员应当会同主管进行财务盘点,保证账簿记录与实物、款项相符。

5. 财务工作人员发现账簿记录与实物、款项不符时,应及时向主管领导进行书面报告,并请求查明原因,做出处理。财务工作人员对上述事项无权自行做出处理。

6. 财务工作人员应根据账簿记录每月编制会计报表上报主管。

7. 财务工作人员调动工作或者离职,必须与接管人员办清交接手续。财务工作人员办理交接手续时,应由主管部门监督交接。

(三) 财务工作流程

1. 每日工作流程

(1) 将昨日晚班的收款小条与现金进行核对整理,发现问题及时提出。

(2) 准确收取营业款项,保管好收款账本,以作业绩统计。

(3) 填写日营业收入单。

(4) 填写产品日销售表。

(5) 保管、汇总领用产品表。

(6) 根据产品进销存明细表,看是否需要订货,填写订货单(每周一次)。

2. 每月工作流程

(1) 每月定时盘点产品,填写产品进、销、存明细表,如实反映缺损情况。

(2) 做出每月领用产品汇总表,以监控产品用量与开卡数量的比例是否相符。

(3) 做出月营业收入表。

(4) 做出月产品销售表。

(四) 财务收支管理制度

1. 生产性开支 在满足美容企业提供美容服务的正常需要,又要库存合理的前提下,产品采购人员根据"请购单"和主管审批的用款计划,购买产品,一般情况下采用货到验收付款的方式。

2. 严格控制非生产性开支。

3. 严格管理固定资产购置。

（五）现金和支票管理制度

1. 美容企业可在下列范围内使用现金

（1）职员工资、津贴、奖金。

（2）个人劳务报酬。

（3）出差人员必须携带的差旅费。

（4）结算起点以下的零星支出（结算起点由主管确定）。

（5）企业主管批准的其他开支。

2. 财务人员支付个人款项，超过使用现金限额的部分，应当以支票支付；确需全额支付现金的，应店长批准后支付现金。

3. 美容企业固定资产、办公用品、劳保、福利及其他工作用品必须采取转账结算方式，不得使用现金。

4. 财务人员支付现金，可以从企业库存现金限额中支付或从银行存款中提取，不得从现金收入中直接支付。

5. 财务人员从银行提取现金，应当填写"现金领用单"，并写明用途和金额，由店长批准后提取。

6. 财务工作人员要进行往来业务的现金提送，数额巨大时，应加派人员办理。

7. 每日营业结束，除留取次日营业开始时必要的一部分支付资金外，所有款项应尽量送存银行。

8. 美容企业职员因工作需要借用现金，需填写"借款单"，经财务工作人员审核，交主管批准签字后方可借用；超过退款期限即转应收款，在当月工资中扣还。

9. 凭发票、工资单、差旅费及美容企业认可的有效报销或领款凭证，填制记账凭证，经手人签字，财务工作人员审核金额数量无误，主管批准后支付现金。

10. 工资由财务工作人员依据每月提供的核发工资资料，代理编制职员薪资表，交主管审核和签字后按时提款，当月发放工资，填制记账凭证，进行财务处理。

11. 无论何种汇款，财务工作人员都需审核"汇款通知单"和有关凭证，分别由经手人、主管签字。

12. 财务工作人员应当建立健全现金账目，逐笔记载现金支付；账目应当月结，每日结算，账款相符。

13. 支票由财务管理人员专人保管。支票使用时需有"支票领用单"，经店长批准签字，然后将支票按金额填上，加盖印章，填写日期、用途、登记号码，领用人在支票领用簿上签字备查。

14. 支票付款后凭支票存根、发票由经手人签字、财务管理人员核对、店长审批；填写金额无误，完成后交财务管理人员；财务管理人员统一编制凭证号，按规定登记银行账号。

15. 凡与企业业务有关款项的支票，不分金额大小由主管审批签字。

（六）财务盘点制度

1. 盘点范围

（1）化妆品：使用一次美容产品，价值即变成营业收入者（无形消费商品的营业收入），属于每日需盘点的对象，如洗面奶、化妆水、润肤乳等。

（2）固定资产：一次购入即可长期使用，只须每年盘点一次的物品，如空调、美容仪器、床铺、凳椅等。

(3) 消耗品：辅助美容服务，不需盘点，如办公用纸、笔、纱布、棉花、卫生纸等。

(4) 现金、票据、租赁契约等。

2. 盘点方式

(1) 年中、年终盘点。

(2) 月末盘点。

(3) 不定期抽点。

3. 盘点注意事项

(1) 财务管理人员拟定判定计划表，主管批准后，签发通知，按期限办理盘点工作。

(2) 盘点应尽量采用精确的计算器，避免用主观的目测方法，每项项目数量确定后，再继续进行下一项，盘点后不得更改。

(3) 现金、存款等项目，除年中、年终盘点外，店长至少每月抽查一次。

(4) 现金、存款等项目盘点，应于盘点当日下班未行收支前或当日下午结账后办理。

(5) 存货盘点，以当月最后一日或下月第一日进行为原则。

(6) 盘点物品时，实际盘点数均应详细记录于"盘点统计表"。

(7) 盘点完毕后，财务管理人员应对盘点情况进行汇总，编制"盘点盈亏报告表"，核算盘点盈亏金额。

三、美容企业财务报表范例

(一) 财务日报表

财务日报表见表6-1。

表6-1　财务日报表

年　　月　　日

人数	操作者	收款金额	新会员	旧会员	免费试做	项目	赠品	销售产品	备注
开支金额							赠品金额	产品金额	总计
收入金额			赊账金额						
总人数			新客总数　　　　人 旧客总数　　　　人		包月人数				

美容师业绩：　　　　　　护理：

销售：　　　　　　　　　付清会员：

其他：	查核人：	店长：

（二）财务月报表

财务月报表见表 6-2~表 6-4。

表 6-2　美容师财务月报表

年　月　日

项目日期	脸部	眼部	轮廓	健胸	减肥	卵巢保养	手护	唇护	纤臂	会员卡	年卡	月卡	单次	特惠	产品销售	扣款	奖金	总计	美容师签名	店长签名
总计																				

底薪：　　　　　　护理提成：　　　　　　销售提成：

扣款：

实领金额：

店长签名：

核签：

表 6-3　美容院营业情况月报表

年　月　日

	产品销售收入				购入成本			
	单位	单价	数量	金额	单位	单价	数量	金额
（一）院装产品								
1								
2								
3								
4								
5								
6								
（二）客装产品								
1								
2								
3								
4								
5								
6								

续表

	产品销售收入				购入成本			
	单位	单价	数量	金额	单位	单价	数量	金额
（三）销售收入合计								
（四）服务收入								
（五）其他收入								
（六）经营收入合计								
（七）毛利								
（八）经营费用								
（九）营业净利润								
其他　1. 业务人员费用								
其他　2. 水、电费								
其他　3. 房租、电话								
其他　4. 设备折旧费								

说明：
本表格适用于产品经营状况的核算；
本表每栏目要详细填写；
本表核算方法为：
（一）+（二）=（三）
（三）+（四）+（五）=（六）

表 6-4　现金流量表

年　月　日　　　　　　　　　　　单位:元

项目	行次	上月数	本月数
一、经营活动产生的现金流量：			
销售商品、提供劳务收到的现金	1		
收到的其他与经营活动有关的现金	8		
现金流入小计	9		
购买商品、接受劳务支付的现金	10		
支付给职工以及为职工支付的现金	12		
支付的各项税费	13		
支付的其他与经营活动有关的现金	18		
现金流出小计	20		
经营活动产生的现金流量净额	21		
二、投资活动产生的现金流量：			
收回投资所收到的现金	22		
取得投资收益所收到的现金	23		
处置固定资产、无形资产和其他长期资产所收回的现金净额	25		
收到的其他与投资活动有关的现金	28		

续表

项目	行次	上月数	本月数
现金流入小计	29		
购建固定资产、无形资产和其他长期资产所支付的现金	30		
投资所支付的现金	31		
支付的其他与投资活动有关的现金	35		
现金流出小计	36		
投资活动产生的现金流量净额	37		
三、筹资活动产生的现金流量：			
吸收投资所收到的现金	38		
借款所收到的现金	40		
收到的其他与筹资活动有关的现金	43		
现金流入小计	44		
偿还债务所支付的现金	45		
分配股利、利润或偿付利息所支付的现金	46		
支付的其他与筹资活动有关的现金	52		
现金流出小计	53		
筹资活动产生的现金流量净额	54		
四、汇率变动对现金的影响	55		
五、现金及现金等价物净增加额	56		

注：此表反映一个月的现金流水账，用来监控现金流状况。核算等式：经营活动产生的现金流量净额 + 投资活动产生的现金流量净额 + 筹资活动产生的现金流量净额 + 汇率变动产生的影响 = 现金及现金等价物净增加额。

（三）财务年报表

资产负债表见表6-5。

表 6-5　资产负债表

年　月　日

单位：元

资产	行次	年初数	期末数	负债和所有者权益（或股东权益）	行次	年初数	期末数
流动资产：				**流动负债：**			
货币资金	1			短期借款	68		
短期投资	2			应付票据	69		
应收票据	3			应付账款	70		
应收股息	4			应付工资	72		

资产	行次	年初数	期末数	负债和所有者权益（或股东权益）	行次	年初数	期末数
应收账款	6			应付福利费	73		
其他应收款	7			应付利润	74		
存货	10			应交税金	76		
待摊费用	11			其他应交款	80		
一年内到期的长期债券投资	21			其他应付款	81		
其他流动资产	24			预提费用	82		
流动资产合计	31			一年内到期的长期负债	86		
长期投资：				其他流动负债	90		
长期股权投资	32			流动负债合计	100		
长期债权投资	34			**长期负债：**			
长期投资合计	38			长期借款	101		
固定资产：				长期应付款	103		
固定资产原价	39			其他长期负债	106		
减：累计折旧	40				108		
固定资产净值	40			长期负债合计	110		
工程物资	44						
在建工程	45			**负债合计**	114		
固定资产清理	46			**所有者权益（或股东权益）：**			
固定资产合计	50			实收资本	115		
无形资产及其他资产：				资本公积	120		
无形资产	51			盈余公积	121		
长期待摊费用	52			其中：法定公益金	122		
其他长期资产	53			未分配利润	123		
无形资产及其他资产合计	60			所有者权益（或股东权益）合计	123		
资产合计				**负债和所有者权益（股东权益）总计**	135		

此表反映企业的资产、债务与收益情况。核算等式：资产 = 负债 + 所有者权益。

(四) 产品领用管理表

产品领用管理表见表6-6。

表6-6　产品领用管理表

年　　月　　日

序号	货号	产品名称	规格	单位	数量
合计：					

(五) 产品销售表

产品销售表见表6-7。

表6-7　产品销售表

年　　月　　日

序号	货号	产品名称	规格	单位	数量	金额
合计：						

　　美容企业只有充分地认识到并且运用控制好财务表格及财务管理制度，财务管理才能完善健全，财务问题才能得到最根本的改善，减少不必要的开支，巩固财务部门的稳定性。

第二节　美容企业财务管理内容

一、美容企业利润与分配管理

　　利润是企业在一定时期内所取得的收入减去其所发生费用之后的余额。利润是企业及其投资者所追求的直接目标，财务活动的最终结果，利润额的大小直接关系到企业的生存发展。美容企业开展利润管理就是要努力寻求利润来源，增加企业利润总额。

(一) 企业利润构成

企业利润总额包括营业利润、投资净收益和营业外收支净额。其计算公式是：

利润总额 = 营业利润 + 投资净收益 + 营业外收入 − 营业外支出

营业利润 = 主营业务利润 + 其他业务利润 − 营业费用 − 管理费用 − 财务费

主营业务利润 = 主营业务收入 – 主营业务成本 – 主营业务税金及附加

其他业务利润 = 其他业务收入 – 其他业务成本 – 其他业务税金及附加

主营业务利润是指美容企业经营主要业务所取得的利润。

主营业务收入是指美容企业经营主要业务所取得的收入。它是指美容企业按照营业执照上规定的主营业务内容所发生的营业收入。

营业费用是指美容企业产品销售过程中发生的费用。包括广告费、展览费、保险费、运输费、装卸费、包装费，以及为销售本企业产品而专设的销售机构的职工工资、福利费、业务费。如：差旅费、办公费、折旧费、修理费、物料消耗、低值易耗品摊销等经常费用。

管理费用是指美容企业为组织和管理企业生产经营所发生的各种费用。包括管理部门经费，如职工工资、修理费、物料消耗、低值易耗品摊销、办公费和差旅费等；工会经费；待业保险费；劳动保险费；职工教育经费；研究与开发费；排污费；存货盘亏或盘盈（不包括应计入营业外支出的存货损失）；计提的坏账准备和存货跌价准备等。

财务费用是指美容企业为筹集生产经营所需资金而发生的费用，包括利息支出（减利息收入）、汇兑损失（减汇兑收益）以及相关的手续费等。

投资净收益是指美容企业投资收益与投资损失的差额。

营业外收入与支出是指与美容企业生产经营无直接关系的各项收入与支出。固定资产盘盈、处理固定资产净收益、资产再次评估增值、债务重组收益、接受捐赠转入、罚款净收入、确实无法支付而按规定程序经批准后应付款项归属营业外收入。固定资产盘亏、处理固定资产净损失、资产评估减值、债务重组损失、罚款支出、捐赠支出、非常损失等则归属营业外支出。

(二) 企业利润管理

利润管理是指企业对利润的形成与分配进行计划、监督和控制。美容企业利润受美容服务营业额、美容用品销售额、成本、价格等多因素变动的影响。企业进行利润管理一方面要努力扩大服务范围，提高服务质量，开展增收节支活动，降低服务成本，增加企业利润；另一方面要加强利润分析，从利润总额变动情况、利润率变动情况和利润总额构成项目三个方面，全面分析影响企业利润的各种因素的影响程度和方向，加强服务过程和销售过程的管理与控制，实现企业的利润目标。

(三) 企业利润分配

利润的分配影响到企业的长远利益和股东的收益。美容企业一方面通过降低成本减少风险，增加企业内部的积累，保留更多的盈余进行各种新的投资；另一方面也要考虑股东的近期收益，发放一定的股利，以调动股东的积极性。

根据现行的《企业财务通则》规定，美容企业缴纳所得税后的利润按下列顺序进行分配。

1. 弥补企业以前年度亏损　企业发生的年度亏损，可以用下一年度的税前利润来弥补。下一年度利润不足弥补的，可以在 5 年内继续弥补，5 年内不足弥补的，用税后利润弥补。税前弥补和税后弥补主要反映在当年缴纳的所得税的不同。

2. 提取法定盈余公积金　法定盈余公积金按照税后利润扣除弥补企业以前年度

亏损后的 10% 提取。盈余公积金已达到注册资金 50% 时可不再提取。法定盈余公积金用于弥补企业亏损、扩大企业生产经营或者转为增加企业资本金。但转增资本金后，企业的法定盈余公积金一般不得低于注册资金的 25%。

3. 提取公益金　公益金通常是按照税后利润扣除弥补企业以前年度亏损后的 5%~10% 提取。公益金主要用于企业职工集体福利设施支出。公益金属于所有者权益，因而不能用于职工个人消费性福利支出。

4. 向投资者分配利润　企业弥补亏损和提取法定盈余公积金、公益金后所余利润，才是可供投资者分配的利润。对于以前年度没有分配的利润，可以合并到本年度向投资者分配。企业利润按照股东的出资比例或按照股东持有的股份比例分配。

企业向投资者分配多少利润，取决于企业的利润分配政策、法律规定、股东要求以及企业经营需要等多方面因素加以确定。

(四) 利润表与附表阅读分析

利润表是反映企业在一定期间经营成果的会计报表，是把一定会计期间的营业收入与同一会计期间的营业费用（成本）相配比，以"收入－费用＝利润"会计等式为基础，按照各项收入、费用以及构成利润的各个项目分类分项编制而成的、反映企业经营成果的会计报表。利润表是一张动态会计报表，也称为损益表、收益表，是基本会计报表之一。

利润表的主要作用是为报表使用者提供企业盈利能力方面的信息。通过利润表提供的信息，可以了解企业利润的形成情况，据以分析考核企业经营目标及利润指标完成情况，分析企业利润增减变动情况及原因，据以检查企业是否足额交纳了税款，评价企业的经济效益、盈利能力，评价或考核企业经营管理者的经营业绩和能力。

1. 利润表的格式　利润表一般有表首、正表两部分。其中，表首说明报表名称、编制单位、编制日期、报表编号、货币名称、计量单位等；正表是利润表的主体，反映形成经营成果的各个项目和计算过程。

利润表正表的格式一般有两种：单步式利润表和多步式利润表。

单步式利润表是将本期发生的所有收入汇聚在一起，将所有的成本、费用也汇聚在一起，然后将收入合计减成本费用合计，计算出本期净利润，如表 6-8。

表 6-8　单步式利润表

收入	1. ……
	2. ……
费用	1. ……
	2. ……
利润	

多步式利润表是将利润表的内容做多项分类，即从营业收入到本期净利润，要做多步计算，分别计算出主营业务收入、主营业务利润、营业利润、利润总额和净利润，以便形成几种损益信息。组合列示如表 6-9。

表 6-9 多步式利润表

一、主营业务收入 　－主营业务成本 　－营业税金	三、营业利润 　＋投资收益 　＋/－营业外收支净额
二、主营业务利润 　＋其他业务利润 　－营业费用 　－管理费用 　－财务费用	四、利润总额（税前利润） 　－所得税 五、净利润

在我国,利润表采用多步式,每个项目通常又分为"本月数"和"本年累计数"两栏分别填列。"本月数"栏反映各项目的本月实际发生数,在编报中期财务会计报表时,填列上年同期累计实际发生数。如果上年度利润与本年度利润表的项目名称和内容不相一致,则按编报当年的口径对上年度利润表项目的名称和数字进行调整,填入本表"上年数"栏。在编报中期和年度财务会计报告时,将"本月数"栏改成"上年数"栏。本表"本年累计数"栏反映各项目自年初起至报告期末止的累计实际发生数。

2. 利润表的内容　利润表主要包括以下四个方面内容。

（1）构成主营业务利润的各项要素:主营业务利润是以主营业务收入为基础,减去为取得主营业务收入而发生的相关成本、税金后得出。

（2）构成营业利润的各项要素:营业利润是在主营业务利润基础上,加上其他业务利润,减去营业费用、管理费用和财务费用后得出。

（3）构成利润总额的各项要素:利润总额是在营业利润基础上,加减投资收益、补贴收入、营业外收支后得出。

（4）构成净利润的各项要素:净利润是在利润总额的基础上,减去所得税费用后得出。

例:某美容公司 2017 年度利润表,如表 6-10。

表 6-10 某美容公司利润表

2017 年 12 月　　　　　　　　　　　　　　　　　　单位:万元

项目	行次	上年数	本年累计数
一、主营业务收入	1	60	80
减:主营业务成本	4	34	46
主营业务税金及附加	5	2	2.4
二、主营业务利润（亏损以"－"号填列）	10	24	31.6
加:其他业务利润（亏损以"－"号填列）	11	0.8	1.5
减:营业费用	14	3	3.5
管理费用	15	4.8	5
财务费用	16	1.2	1.5
三、营业利润（亏损以"－"号填列）	18	15.8	23.1

续表

项目	行次	上年数	本年累计数
加：投资收益（亏损以"–"号填列）	19		1.5
补贴收入	22		0
营业外收入	23	0.2	0.2
减：营业外支出	25	1	0.8
四、利润总额（亏损以"–"号填列）	27	15	24
减：所得税	28	4.95	7.92
五、净利润（亏损以"–"号填列）	30	10.05	16.08

3. 利润表附表　利润表附表即利润分配表。利润分配表是反映企业利润分配和年末未分配利润结余情况的会计报表。利润分配表按年编制，属于对外报送的会计报表，是利润表的附表。

利润分配表的重点是基本部分。利润分配表也采用"多步式"结构，要通过几个步骤分别计算出主体可供分配的全部利润、可供投资者分配的利润和年末结余的未分配利润。具体方法是：

计算企业可供分配的全部利润：

可供分配的全部利润＝净利润＋年初未分配利润＋其他收入

计算可供投资者分配的利润：

可供投资者分配的利润＝企业可供分配的全部利润－提取的法定盈余公积金－提取的法定公益金－提取职工奖励及福利基金－提取储备基金－提取企业发展基金－利润归还投资

计算年末结余的未分配利润：

年末结余的未分配利润＝可供投资者分配的利润－应付优先股股利－提取任意盈余公积－应付普通股股利－转作资本（或股本）的普通股股利

以表6-9利润表中的净利润为例，该美容公司2017年度利润分配情况为：按税后利润的10%提取法定盈余公积金；按税后利润的10%提取法定公益金。年初未分配利润为1.7万元，来说明利润分配表的编制应用。

根据上述资料编制利润分配表，如表6-11。

表6-11　某美容公司利润分配表

2017年12月　　　　　　　　　　单位：万元

项目	行次	本年数	上年数
一、净利润	1	16.08	
加：年初未分配利润	2	1.7	
其他转入	4		
二、可供分配的利润	8	17.78	
减：提取法定盈余公积金	9	1.608	

续表

项目	行次	本年数	上年数
提取法定公益金	10	1.608	
提取职工奖励及福利基金	11		
提取储备基金	12		
提取企业发展基金	13		
利润归还投资	14		
三、可供投资者分配的利润	16	14.564	
减：应付优先股股利	17		
提取任意盈余公积金	18		
应付普通股股利	19		
转作资本（或股本）的普通股股利	21		
四、未分配利润	25	14.564	

二、美容企业资金筹集

资金筹集也称资本筹集，简称筹资，是美容企业根据其生产经营、对外投资和调整资本结构的需要，通过金融市场，运用筹资方式，经济有效地筹措和集中资本的财务活动。

（一）企业筹资目的

为了自身的生存与发展，具体概括为以下四个方面。

1. 企业创建的需要　因设立企业而筹资。美容企业的创建，是需要充分的资本准备的。

2. 企业发展的需要　因扩大经营规模或追加对外投资而筹资，通常是处于成长期的美容企业会有这种筹资需要。

3. 偿还债务的需要　为偿还某项债务筹资。有两种情况，一是为了调整原有资本结构而举债，使资本结构更加合理；二是企业现有支付能力不足而被迫举新债还旧债。

4. 外部环境变化的需要　企业外部环境的变化，会直接影响企业生产经营所需的筹资总额。例如，国家税收政策的调整会影响企业内部现金流量的数量与结构，金融制度的变化会影响企业筹资结构，通货膨胀会因原材料价格上涨而导致资本需用量的增加等，这些外部环境的变化都会产生新的筹资需要。

（二）资金筹资要求

以最低的成本，适量、适时、适度地筹集企业生产经营所需的资本。具体地讲，有以下基本要求：

1. 筹资的数量应当合理　企业无论从什么渠道、用何种方式筹资，都应首先确定一个合理的资本需要量，使资本的筹集量与需要量达到平衡，防止筹资不足影响生产经营或筹资过量而降低筹资效益。

2. 筹资的时间应当及时　筹资要按照资本的投放使用时间来合理安排,使筹资与用资在时间上衔接,避免因筹资时间过早而造成使用前的闲置,或因筹资时间滞后而延误有利的投资时机。

3. 尽可能降低筹资的成本　企业用不同渠道和不同方式筹资的难易程度、资本成本和筹资风险有所不同,因而在筹资时应综合考虑各种筹资方式的资本成本和筹资风险,力求以最小的代价取得生产经营所需的资本,提高资金筹集效益。

4. 负债经营要适度　指负债在全部资本中的比重应适度。利用负债开展经营具有很多优点。比如,负债可以降低资本成本。债务资本的利息率一般低于权益资本的股息率,且负债利息在税前利润中列支,负债利息的支付可以使企业少交所得税。因而,债务资本成本一般低于权益资本成本。负债可以减少货币贬值损失,在通货膨胀比较严重的条件下,利用负债扩大经营,可以把一部分财务风险转嫁给债权人。负债还有利于企业经营的灵活性。债务资本的增加,意味着企业总资本来源的增加,有更多的资本可用于生产经营,从而给企业经营带来较大的灵活性。

然而,过多的负债会使企业财务风险增加。当企业的总资产报酬率小于债务资本利息率时,负债比率越高,企业的亏损越大,财务风险越大。因此,企业应合理安排负债比率,使负债经营适度。

(三) 美容企业资金筹集的类型

1. 按所筹资本权益性质分为权益资本和债务资本　权益资本,又称自有资本,是指企业依法筹集并长期拥有、自主支配的资本来源。其内容包括实收资本、资本公积、盈余公积金和未分配利润。债务资本,又称负债或借入资本,是指企业依法筹措并依约使用、按期偿还的资本来源。其内容主要包括银行或非银行金融机构的各种借款、应付债券、应付票据等。

2. 按筹资是否通过金融机构分为直接筹资和间接筹资　直接筹资,是指企业不通过银行等金融机构,用直接面对资本供应者借贷或发行股票、债券等方式所进行的筹资活动。在直接筹资过程中,筹资者和投资者通过双方都接受的合法手段,直接实现资金从所有者转移到资金使用方。间接筹资,是指企业借助于银行等金融机构进行的筹资,其主要形式为银行借款、非银行金融机构借款、融资租赁等。它具有筹资效率高、交易成本低的优点,但筹资范围较窄。

(四) 美容企业权益资本的筹集

美容企业权益资本主要通过吸收直接投资、发行股票和企业留存收益等方式筹集。

1. 吸收直接投资　是指美容企业以协议合同形式吸收个人、其他法人、外商等直接投入的资本,形成企业资本金的一种筹资方式。投资主体可以是个人、其他法人和外商,以个人资本金为主;投资的方式有现金、实物资产和无形资产。

吸收直接投资是美容企业筹资中最常用的一种方式,筹资速度快捷,风险较低,但筹资成本较高。

2. 发行股票　股票是股份公司为筹集权益资本而发行的有价证券,是股东拥有公司股份的凭证。股票筹资是美容股份公司筹集权益资本的基本方式。

股票筹资没有固定的股利负担,也无需偿还,筹资风险小。同时,普通股筹资形成权益性资本,能增强公司信誉。但股票筹资,相对于债券,资本成本较高。

3. 留存收益筹资 也称为"内部筹资",它是美容企业将利润的一部分甚至全部作为资本来源的一种筹资方式。

留存收益筹资的具体方式有:按法定要求提取盈余公积金、当期利润不分配、不向股东送红股(即股票红利)等。留存收益的实质是所有者向企业追加投资,对企业而言是一种筹资来源。

(五) 美容企业债务资本的筹集

债务资本是美容企业一项重要的资金来源,是美容企业依法筹措使用并按期还本付息的资金。债务资本筹集方式主要包括银行借款、发行债券、融资租赁和商业信用。

1. 银行借款 银行借款是美容企业根据借款合同从银行借入的款项,是债务资本筹集的一种重要方式。

根据借款期限,银行借款可分为短期借款和长期借款。前者的偿还期为1年以内,包括周转借款、临时借款和结算借款;后者偿还期为1年以上,包括固定资产投资借款、设备更新改造借款、科技开发和新产品试制借款。

根据借款是否需要担保,银行借款分为信用借款和担保借款。前者是以借款人的信誉为依据而获得的借款,无需以财产做抵押;后者是指以一定的财产做抵押或以一定的保证人做担保为条件所取得的借款。作为抵押的财产一般有房屋、建筑物、机器设备、股票、债券等。

银行借款的资金成本是支付借款利息。银行借款的利息支付方式主要有收款法、贴现法和加息法。

收款法是在借款到期时向银行支付利息的方法,是最常见的利息支付方式。

贴现法是指银行向企业发放贷款时,先从本金中扣除利息部分,而到期时借款企业则要偿还全部本金的一种计息方法。采取这种方法,企业可利用的贷款只有本金减去利息部分后的差额,因此贷款的实际利率高于名义利率。

例:某美容院从银行取得借款50 000元,期限1年,年利率(即名义利率)10%,按照贴现法付息。计算企业实际可利用的贷款额和实际利率。

$$实际可利用贷款额 = 50\ 000 \times (1-10\%) = 45\ 000(元)$$
$$实际利率 = 5\ 000/(50\ 000 - 5\ 000) \times 100\% = 11.11\%$$

加息法是银行发放分期等额偿还贷款时采用的利息收取方法。在分期等额贷款的情况下,银行要将根据名义利率计算的利息加到贷款本金上,计算出贷款的本利和,要求企业在贷款期内分期等额偿还。由于贷款分期均衡偿还,借款企业实际上只使用了贷款本金的平均半数,却支付了全部利息。这样,企业所负担的实际利率便高于名义利率大约一倍。

例:某化妆品店借入年利率为10%的一年期借款100 000元,按月等额偿还本息。要求计算该项借款的实际利率。

$$实际利率 = (100\ 000 \times 10\%)/(100\ 000 \div 2) \times 100\% = 20\%$$

2. 发行债券 债券是债务人为筹集债务资本而发行的,约定在一定期间内向债权人还本付息的有价证券。发行债券是企业筹集负债资本的重要方式,通常是为大型投资项目筹集大额长期资本。

债券有很多种类,按其是否需要担保,可将其划分为信用债券和抵押债券。前者无需担保,后者必须以特定的财产作抵押。

我国《公司法》规定,股份有限公司、国有独资公司和其他两个以上的国有投资主体投资设立的有限责任公司,具有发行公司债券的资格。美容行业,以民营经济成分占绝对优势,就规模来说,多为中小型美容机构,只有极少数的大型美容民营股份有限公司能够发行债券筹集资金。

3. 融资租赁 租赁是一种契约性协议,它是以承租人支付一定租金为条件,出租者在一定时期内将资产的占有权和使用权转让给承租人的一项交易行为。租赁是一种融物筹资,用以解决企业急需设备而又资金不足的困难。传统的租赁形式是经营租赁,通常为短期租赁。

融资租赁又称财务租赁,是指租赁公司按承租人的要求融资购买设备,在契约或合同规定的较长期限内提供给承租人使用的租赁业务。融资租赁一般是为了满足美容企业对长期资金的需求。融资租赁是现代美容企业租赁的主要形式。

融资租赁筹资速度快,限制条件少,财务风险小,其最主要缺点就是资金成本较高。一般来说,其租金要比举借银行借款或发行债券所负担的利息高得多。

4. 商业信用 商业信用是企业在商品交易中以延期付款或预收货款的方式进行购销活动而形成的借贷关系,是企业之间的直接信用行为。它形式多样、适用广泛,已成为美容企业筹集短期资金的重要方式。主要形式有:

(1) 应付账款:应付账款是美容企业购买商品或接受劳务暂未付款而形成的欠款。对于卖方来说,延期付款等于向买方融通资金购买商品或接受劳务,可以满足短期资金需要。应付账款有付款期限、现金折扣等信用条件。

(2) 应付票据:应付票据是美容企业延期付款时开具的表明其债权债务关系的票据。根据承兑人的不同,应付票据分为商业承兑汇票和银行承兑汇票,支付期最长不超过 9 个月。应付票据可以为带息票据,也可以为不带息票据,我国多数为不带息票据,且使用应付票据提供的融资,一般不用保持补偿余额,所以资金成本很低,几乎为零。

(3) 预收账款:预收账款是在卖方交付货物前向买方预先收取货款的信用形式,主要用于生产周期长、资金占用量大的商品销售,在美容企业使用较少。

知识链接

资金时间价值

资金时间价值是指资金在生产和流通过程中随着时间推移而产生的增值额。资金不会自动随时间变化而增值,只有在投资过程中才会有收益,通常以利息率进行计量。

利息率的实际内容是社会资金利润率,一般的利息率除了包括资金时间价值因素外,还包括风险因素和通货膨胀因素。资金时间价值通常被认为是在没有风险和没有通货膨胀条件下的社会平均利润率,这是利润平均化规律作用的结果。因此,作为资金时间价值表现形态的利息率应以社会平均资金利润率为基础,而不应高于这种资金利润率。

资金时间价值可以看成是资金的使用成本。比如:银行贷款的年利率为 10%,而企业某项经营活动的年息税前资金利润率低于 10%,那么该项经营活动是不合算的。

三、美容企业成本费用管理

成本费用是指企业在生产经营过程中发生的各种耗费。合理降低成本费用对美容企业节约资金使用、增加利润具有决定意义。

(一)成本与费用的界定

成本与费用虽然同是企业在生产经营过程中的耗费,但是成本在财务管理中有严格的规定,是费用的一部分,如图 6-1。

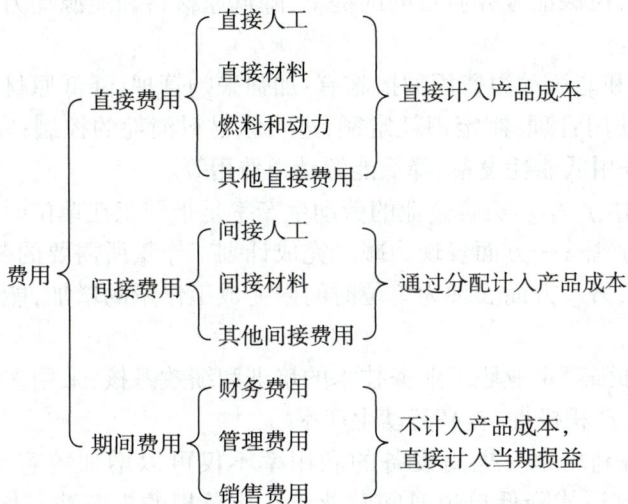

图 6-1　成本与费用界定

(二)成本费用管理的基本要求

1. 以提高经济效益为中心　美容企业提高经济效益,必须降低成本费用。成本费用是美容企业各种生产服务耗费的集中体现,成本费用越低,效益越高。因此,美容企业的成本费用管理,必须以提高经济效益为中心,不断挖掘潜力,努力降低成本费用。

2. 遵守国家规定的成本开支范围和费用开支标准　成本开支范围和费用开支标准,是国家对产品成本费用的经济内容所作的统一规定。美容企业在生产经营过程中,要发生多种费用,有些费用按规定可以列入产品成本,通过产品成本得到补偿;有的费用则不得列入产品成本,直接体现为当期损益。

企业在遵守成本开支范围的同时,还必须遵守国家规定的费用开支标准。企业不得任意调整开支标准,如职工福利费、工会经费的标准、业务招待费的开支标准等。

3. 实现成本管理的现代化　现代化成本管理,即全面成本管理,就是对成本管理的各个环节和成本形成的全过程进行全面管理,而且要动员全体成员参加成本管理。采用电子计算机和成本管理软件等现代科学管理技术,建立健全成本数据管理系统。

4. 实行成本管理责任制　成本管理责任制,是以提高经济效益为目标,明确规定美容企业内部各职能部门和各基层单位应负的成本管理责任的制度。实行成本管理责任制,应贯彻责、权、利相结合,国家、集体、个人利益相统一,职工劳动所得同劳动成果相联系的原则,并且应明确规定企业内部各层次、各单位的成本管理责任。

(三)降低成本费用的基本途径

成本费用管理的目的就是要降低成本费用。美容企业,降低成本费用的基本途径可从以下几个方面入手:

1. 节约原材料和能源动力消耗 原材料费用和能源动力费用在美容企业成本中占有一定的比重,在保证服务质量的前提下,降低原材料和能源动力消耗是降低成本费用的重要途径。

降低原材料和能源动力费用的措施有:加强采购管理,降低原材料的采购成本和储存成本;加强使用管理,制定消耗定额,进行原材料消耗的控制;完善管理制度,提高材料利用率;采用低能耗设备,降低能源动力费用等。

2. 提高劳动生产率 美容企业的劳动生产率是指职工在单位时间内完成的工作量。提高劳动生产率,一方面表现为减少完成计划工作量所需要的劳动时间,从而减少工资费用支出,另一方面表现为单位时间内完成工作量的增加,能使固定费用支出相对减少。

为此,必须加强对企业职工业务技术的培训和绩效考核,采用多种激励方法和手段,调动职工的生产积极性,提高劳动生产率。

3. 提高设备利用率 提高设备的利用率不仅可以增加美容企业单位时间内的营业收入,而且还能降低单位时间营业收入应负担的折旧费和修理费,从而降低成本。

4. 加强各种费用管理 企业管理费用、财务费用、销售费用中有许多开支属于固定性费用,如管理人员工资、办公费、差旅费等。这些费用的发生额与服务数量的增减无直接关系。因此,美容企业要提高经营管理水平,精简机构,提高管理人员的工作效率,减少各种费用支出。比较有效的方法是通过编制和执行费用预算进行成本控制。

四、美容企业财务分析

财务分析即每日、每月进行经营结算,并定期进行成本、盈亏核算,以了解美容企业的经营情况。

(一)损益平衡分析

1. 计算准确的损益平衡点,美容企业每个月的营业额要达到或超过损益平衡点,以助美容企业制订有效的拓展销售计划及控制成本。

2. 计算损益平衡点要从成本和当地商圈的消费营业额两方面来考虑,如:根据成本算出美容企业每月营业额要 20 万元才能持平,但如果美容企业当地商圈根本没有20 万元的消费能力,则要想办法降低成本,如换租金较便宜的店面,使损益平衡点的营业额接近实际消费力,否则只有坐等亏损。

(二)投资回收期静态分析

投资回收期 = 开店资金 / 每月营业净利

如果开店资金为 30 万元,每月营业净利 5.6 万元,则投资回收期为 300 000/56 000=5.583,即约 6 个月才能收回成本。投资回收期越短,说明投资的经济效益越好,投资回收的速度快,未来承担的风险小。

(三) 方效与劳动效率分析

$$方效 = 每月经营额 / 店面方数$$
$$劳动效率 = 每月经营额 / 员工人数$$

如果每个月营业额为 5.6 万元,店面面积 30 平方米,员工人数为 8 人,则其方效为 56 000/30=1 866,即平均每平方米达到 1 866 元的营业额,劳动效率为 56 000/8=7 000,即平均每名员工达到 7 000 元的营业额。

算出美容企业的方效大小和劳动效率,并和经营成功的同一类型美容企业做比较,作为扩大和缩小店面的参考,避免花高租金却不能发挥最大空间效益的情况发生,参考员工的工作效率,看是否有需要提高员工工作效率和增减员工。

(四) 营运能力分析

营运能力是指企业经营效率的高低,用资金周转的速度及其有效性来反映。营运能力的分析评价指标主要有流动资产周转次数、存货周转率、应收账款周转次数等。

1. 流动资产周转次数 = 营业收入 / 流动资产　周转次数越多,说明周转速度越快,利用效率越高。如某美容企业 2017 年营业收入为 180 万元,平均流动资产为 30 万元。其流动资产周转次数为 180/30=6 次。

2. 存货周转率 = 营业成本 / 平均存货

$$平均存货 = (期初存货 + 期末存货)/2$$

(五) 盈利能力分析

盈利能力是指企业获取利润的能力,它是衡量美容企业经营效果的重要指标。盈利能力分析指标有总资产报酬率、资本收益率和营业利润率。

1. 总资产报酬率 = (税前利润 + 利息支出)/ 平均资产总额 × 100%　总资产报酬率越高越好,它表明企业获利能力强,运用全部资产所获得的经济效益好。在运用这个指标时,一般可与自身进行纵向比较,也可与同行业先进水平进行横向比较。

2. 资本收益率 = 利润额 / 实收资本　它是衡量投资者投入资本的获利能力与企业管理水平的综合指标。如某美容企业 2017 年实收资本总额为 50 万元,净利润为 14 万元,2016 年实收资本额为 50 万元,净利润为 12.5 万元。资本收益率计算结果 2017 年为 28%,2016 年 25%,提高 3%,说明资本使用效率是提高的。

3. 营业利润率 = 营业利润额 / 营业收入净额　营业利润率是反映营业收入的收益水平指标,营业利润率越高,企业获利能力越强,营业收入的收益水平越高。

(六) 偿债能力分析

美容企业偿债能力是指企业对各种到期债务偿付的能力。如果到期不能偿付债务,则表示企业偿债能力不足,财务状况不佳。分析偿债能力的主要指标有流动比率、速动比率和资产负债率。

1. 流动比率 = 流动资产 / 流动负债　流动资产是指资产负债表中的期末流动资产总额,包括资产负债表中的货币资金、短期投资、应收票据、应收账款、预付账款、其他应收款、存货、待摊费用等;流动负债是指资产负债表中的期末流动负债总额,包括资产负债表中的短期借款、应付账款、预收账款、其他应付款、应付工资、应付福利费、未交税费等。

美容企业流动比率达到 1.5 以上，即被认为具有较好的短期偿债能力。合理的流动比率因行业而异，如生产性企业合理的流动比率一般是 2，主要考虑存货水平一般占流动资产 50% 左右。评价时，要与同行业比较、与本企业历史水平比较。

2. 速动比率 = 速动资产 / 流动负债　它是衡量企业近期偿债能力的比率。速动资产是企业在较短时间内能变为现金的流动资产，但不包括存货。速动资产变现能力强则具有较强的偿债能力。速动比率为 1，一般被认为企业有较好的偿债能力。利用这个指标时也要因行业而异，没有统一标准。

3. 资产负债率 = 负债总额 / 资产总额　它是衡量美容企业在清算时保护债权人利益的程度。资产负债率一般以 50% 左右为适宜。

（七）发展能力分析

美容企业的发展能力是指企业成长壮大的能力。分析指标主要是利润增长率。

$$利润增长率 = (本期利润 - 基期利润) / 基期利润$$

利润增长率越大，反映企业的成长越好。

此外，反映企业发展能力的指标还有资本增值保值率、销售增长率、总资产增长率、固定资产增长率等。

（八）业绩平衡分析

业绩平衡分析是指美容院经营者要平衡好现金业绩、消耗业绩和劳动业绩的关系。这是近年来美容企业财务管理的最新理念。

美容院的业绩分为：现金业绩、消耗业绩和劳动业绩三项。对于一家发展成熟的美容院来说，它的现金业绩主要来源于会员卡业绩，而会员卡是顾客预存在美容院的预付款，它属于美容院对顾客的欠债，而非营业收入。只有消耗了的业绩才算得上是企业的收入，才能作为会计利润做账。

消耗业绩是通过人员的销售疗程卡，产品和服务获取的收入，包括：顾客用现金或扣会员卡购买的疗程、产品以及单次护理。因此，增加企业收入就要提升消耗业绩，提升消耗业绩靠项目卡促销和人员服务的带动，有了好的项目和服务，才能提升顾客的到店率，从而带动营业收入的增长。劳动业绩指顾客实际消耗掉的服务，只有通过提升会员到店率才能获得营业收入。

以上三项业绩相互关联，并且存在着一个黄金比例，财务专家对此一直在追踪研究美容院三种业绩的最佳比例。

案例分析

能这样控制成本吗？

案例：赵女士从北方搬到南方居住，想重新选择一家美容院。家附近有一家规模较大的美容生活馆正在进行体验价推销，赵女士就前去一试。傍晚，做完护理后换衣服时，她意外地发现在进行卫生间、淋浴间清洁工作的，居然是刚才的美容师。赵女士方才的舒适感一下子烟消云散了，她下意识地摸摸自己的脸，心里疙疙瘩瘩起来：她就是用这双搞卫生间的手在我脸上比比划划的！她立刻重新选择了另一家美容院。

分析：成本控制在许多中小美容院都普遍重视，但成本节约应取舍有原则。美容师懂得操控美容器材，兼顾美容器材的清洁、整理工作情有可原；但兼及淋浴、卫生间的清洁工作，就变成了非专业的清洁工。这样的成本控制，极大地削弱了消费者享受尊贵服务的感觉，美容院也为此付出了代价。

课堂互动

美容企业筹集资金是要讲究资金成本的。对于权益资本和债务资本两种资金筹集方式，你喜欢哪一种呢？结合本节的知识，谈谈你对筹资的认识。

（杨荣斌）

复习思考题

1. 美容企业财务管理原则有哪些？
2. 美容企业财务管理制度有哪些？
3. 美容企业利润与分配管理内容有哪些？
4. 美容企业财务分析的主要方法有哪些？
5. 美容企业筹资的目的是什么？

扫一扫
测一测

第七章

美容企业文化与企业形象管理

![学习要点]

学习要点

> 企业文化、企业形象的概念;企业文化的分层;企业文化与企业形象在企业管理中的重要性;企业文化、企业形象建设的方法及影响因素。

第一节　美容企业文化

　　企业文化,又称组织文化,是一种群体文化,是企业在长期生产、经营、建设、发展过程中形成的管理思想、管理方式、管理理论、群体意识以及与之相适应的思维方式和行为规范的总和。企业文化是企业或企业成员所共同拥有的信仰和价值观。企业文化是社会文化体系组成中的一个重要部分,它是民族文化和现代意识在企业内部的综合反映和表现。美容企业文化是美容企业的灵魂和信念支柱,对美容企业员工起着整合、导向、凝聚、规范及激励等作用。有人将企业文化与经营理念视为美容企业的"精、气、神"。

　　一个企业的成员如果拥有了共同的价值观,就意味着员工的思想及行动有了统一的可能性,企业文化底蕴越深厚,企业发展的潜力就越大。在企业社会化的进程中,企业文化越来越显现其价值的重要性,企业的价值观、道德观也无形中推动着社会的发展与进步。

知识链接

企业文化发展史

　　企业文化理论的产生是美日两国比较管理学的研究成果。第二次世界大战结束后,美国企业得益于先进的管理理论和科学的管理技能,获得了飞速的发展。20世纪60年代,美国企业的管理制度曾被欧洲人视为炼金术般的神奇。20世纪70年代初期,在世界石油危机冲击下,美国企业丧失了原有的竞争力。与此同时,日本企业却以惊人的速度赶超,汽车、电子、消费品等如潮水般涌入包括美国在内的国际市场。

　　这一严峻挑战引起美国各界震惊和反思,经多方比较研究,管理学者们发现,美日两国企业根本差异在:美国企业注意管理硬件,强调理性科学管理;日本企业不但注意"硬"管理,更重视"软"管理,即注重企业中的文化因素,包括企业共有价值观念的建立,员工向心力和团队精神的培养,企业中的人际关系等。比较结果使管理学界认识到,文化是企业管理中不可忽视的重要因素,对企业成功与否影响重大。从此后,兴起一股世界范围的企业文化热潮。

一、企业文化层次

　　企业文化作为一个完整的体系,由四部分构成,即企业整体价值观念、企业精神、企业伦理道德、企业风貌与形象。企业管理学把企业文化由表及里分为物质层、行为层、制度层和精神层四个层次。在这四个层面的相互关系中,精神文化决定了制度文化和物质文化,制度文化是精神文化与行为文化、物质文化的中介,物质文化、行为文化和制度文化又是精神文化的体现,四者密不可分,相互作用,相互影响,共同构成企业文化的完整体系,企业文化的结构如图7-1所示。

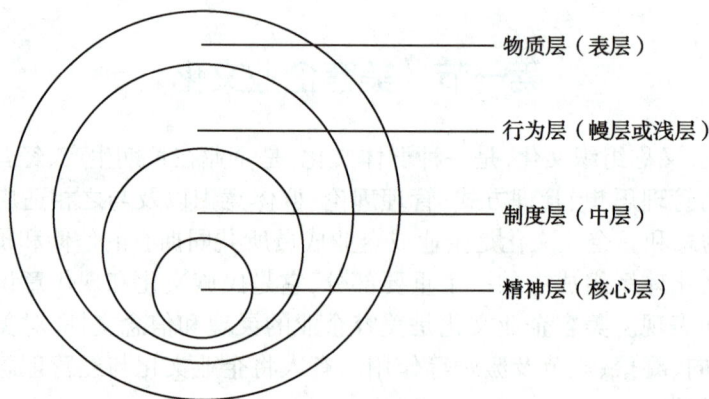

图7-1　企业文化的结构

物质层（表层）
行为层（幔层或浅层）
制度层（中层）
精神层（核心层）

　　1. 物质文化　企业文化的最外层,又称为企业文化的"硬文化",包括厂容厂貌、生产技术设备、环境设施、产品的样式和包装、服饰、标志等,是企业精神文化的物质体现和外在表现。企业的物质文化是企业文化构成的基础。

　　2. 行为文化　企业文化的幔层,是指企业员工在生产经营、教育宣传、人际关系活动及人员管理过程中形成的文化现象。它是企业经营作风、精神面貌、人际关系的动态体现,也是企业精神、企业价值观的动态反映。企业行为文化集中反映了企业的经营作风、员工文化素质、员工的精神面貌等文化特征。从结构上划分,企业行为中又包括企业家行为、先进人物行为和企业员工行为。

　　3. 制度文化　企业文化结构的中间层,是由企业精神所倡导的企业在生产经营过程中关于企业组织、运营、管理等一系列行为的规范准则文化。企业制度文化是精神文化的产物,是企业物质文化与精神文化的中介,企业通过制度规范员工的行为举止,是企业行为文化得以贯彻的关键。它包括企业的组织制度、规章条例、奖惩措施和管理方式等,是一种有约束力的强制性文化。

4. 精神文化 企业文化的核心和主体,是指企业在生产经营过程中,受一定社会文化背景、意识形态影响而形成的一种精神成果和文化观念。它包括企业精神、企业经营理念、企业道德、企业价值观、企业伦理准则、企业形象、企业作风等内容,是企业意识形态的总和,也是企业生命赖以存在的灵魂。

美容企业文化对美容企业的人才激励和长期经营业绩有着重大的作用。美容企业竞争的最高境界是企业文化的竞争,优秀的企业文化是美容企业成功的保证和标志,是企业独特竞争力所在和持久生命力的体现。创建优秀美容企业的唯一途径就是创造优秀的企业文化,以战略为导向、理念为核心的企业文化的创造,与人才的激励、品牌创新的一体化突破策略,是我国成长型企业持续、健康、快速成长的根本解决之道。

二、企业文化在美容企业管理中的重要性

企业文化是美容企业的灵魂和精神支柱,是一种战略性的软体资源。企业文化与体育精神、民族情结相类似,是一个虚拟的载体,同时,美容企业的价值观念、道德观念也在无形之中推动着行业的发展与社会的进步。

(一) 美容企业对企业文化的认知

目前,我国的美容企业多注重产品的开发和利润增长,相对于"企业文化"这一抽象的概念,基本上只有两种认知。

1. 美容企业需要解决的问题很多,企业规模还小,"企业文化"不是目前急需解决的问题,待企业发展壮大再说。

2. 美容企业家庭式管理、家长式作风严重,个性化较强,在某一区域或某一领域独领风骚,企业管理者普遍认为企业文化就是"以我为真理、以我为中心"。虽然现在国内很多美容企业的老板都在进行企业文化的建设与推广,但大多数不能达到预期目的。大多美容企业的最高领导层是企业领导者、拥有者和精神领袖三位一体,许多决策取决于最高领导阶层,在企业文化建设与推广的过程中也是一样。

有人把美容企业比作成一个水桶,员工就像是组成水桶的木板,水平参差不齐,在进行企业文化的建设与推广时,当然会受到不同程度的阻力。

(二) 美容企业文化的作用

优秀的美容企业文化能够激发员工工作的积极性和能动性,对员工的生存和未来发展目标具有一定的导向作用;能够对不符合企业发展的价值取向、道德准则及行为方式自我调节和自动免疫,通过制度文化的激励和约束的杠杆作用,使团队和个人义无反顾地朝着融会团队目标和个人目标的方向而奋斗。企业文化是决定有形价值并超越价值的保障,人才只有在这面旗帜下,才有可能为所在的企业跋山涉水,冲锋陷阵,不会在企业艰难困苦的时候当逃兵。具体来讲,美容企业文化具有以下几方面作用:

1. 企业文化是一种吸引力 新时期市场竞争的根本在于人才的竞争,谁掌握了人才,谁就掌握了竞争的优势。美容企业想要获得成功,就要吸引并引导员工建立共同的目标和价值观念,培养员工对美容企业的忠诚度,使美容企业具有更强的凝聚力

和向心力。

2. 企业文化是一种学习氛围　学习不仅是人类的天性,也是生命趣味盎然的源泉。优秀的企业文化时刻向员工传递一个理念:企业是一所大学校,即学习性组织,员工在为企业做出奉献的同时,自身素质也会提高。美容企业的员工较之其他行业相对混杂,整体素质差异较大,员工的价值观、人生追求各异,很难迅速建立员工对美容企业的忠诚并使之与美容企业融为一体,而美容企业文化就是要培养企业内部的一种重视学习、善于学习的文化氛围,使员工不断接受新知识、新思想,使美容企业跟上时代,也使员工在不断的学习过程中与美容企业共同成长。

3. 企业文化是一种方针　企业文化让员工一切行为循规蹈矩,整齐划一,凡事谨慎,互相参照。建设企业文化,实施文化战略就是要培育员工的一种思想、一种精神,建立美容企业适应性文化氛围,让员工在潜移默化中接受企业,维护企业。这种文化氛围明确表达了美容企业反对什么和禁止什么,支持什么和鼓励什么,宣扬什么和传播什么,它发挥集体的智慧,发散员工的思维,而不是限制员工的思维。它对员工行为的规范不是为了规范而规范,而是通过超文化积累形成集体无意识,其实质就是注重企业的集体无意识理念,通过企业文化潜移默化的作用,使员工获得集体无意识的遗传基因,达到企业管理的自觉自动效果。

三、影响美容企业文化建设的因素

企业文化的构建是一项复杂的系统工程,美容企业文化建设本身就是培育企业的核心竞争力,是以文化凝聚企业、协调内部人际关系、约束员工行为、引导美容企业发展,最终以文明取胜的过程。美容企业在建设和推广企业文化发展时要真正理解它的重要作用,建立完善的制度,认真贯彻与执行,使企业内部充满文化气息。如此,企业文化导向下的人力资源管理会更加有效率,良好的环境和优质的产品与服务对企业员工起着潜移默化的作用,在人力资源调配、考核等方面,通过培养员工的企业精神,形成一个和谐向上充满活力与朝气的、与员工价值自我实现相一致的利益、文化、精神共同体。

(一) 美容企业文化的建设方法

1. 企业文化制度化　不少美容企业文化建设仅停留在理念宣传的阶段,不能深入塑造,一方面在于领导者缺乏系统建设企业文化的决心和勇气;另外一方面是对企业文化的塑造有误解,认为企业文化是以理念塑造为主的,一旦变成制度,就会削弱企业文化的凝聚作用。优秀的企业文化要落到纸面,要让员工有规可依,有章可循。

2. 理念故事化,故事理念化

(1) 理念故事化:优秀的企业文化并不是只让企业的中高层管理者认同,而是让所有的员工,甚至是临时的员工都认同。美容企业导入新的企业文化时,应该先根据自己提炼的理念体系,找出企业内部现在或者过去相应的先进人物、事迹进行宣传和表扬,并从企业文化的角度进行重新阐释。

(2) 故事理念化:在美容企业文化的长期建设中,先进人物的评选和宣传要以理念为核心,注重从理念方面对先进人物和事迹进行提炼,对符合企业文化的人物和事迹进行宣传报道。

3. 提炼与宣讲

(1) 行业特点分析:美容企业文化要与美容行业特性和企业经营特点相一致,因此,在企业文化建设时要认真调查分析美容行业特点。

(2) 广泛征求意见:美容企业文化并非只是高层的一己之见,而应该是大多数员工都认同的文化。企业高层管理者应该创造各种机会让全体员工参与进来,共同探讨企业文化。

(3) 提炼核心理念:在很多美容企业中,如果问老板:"您能用一句话或者一个词来概括企业文化吗?"很多美容企业老板都要思考良久,如果不能在第一秒就给出答案,说明这个企业的文化并不明晰,连老板都不能马上说出,更何况基层的员工呢?因此,美容企业必须首先树立自己的核心价值观念,且要成为全体员工都认知和认同的理念,同时在做品牌推广时,也要让顾客认同这种价值观念。

(4) 扩展为理念体系:美容企业应该有一个核心的价值理念,但基于这样的理念,还必须拓展为美容企业各个层面的管理思想和方法,使企业文化理念体系完整起来。

(5) 沟通渠道建设:企业理念要得到员工的认同,必须在美容企业的各个沟通渠道进行宣传和阐释,要让员工深刻理解美容企业的文化是什么,怎么做才符合美容企业的文化。

4. 必要的沟通　一项新制度的顺利实施必须要得到管理层及员工们的鼎力支持,否则就很容易流于形式。因此,应及时让员工了解建立新制度的必要性以及对美容企业运营所产生的重大影响,尽可能获得员工的支持。在建制的过程中,可积极寻求"外援",寻找有经验的咨询专家介入,并借用其专业经验来加快制度的建立及推广进程。

5. 树立外部标杆　要找到一个可以作为榜样的企业,观察其制度和流程的设置,以及组织的运作方式,有利于美容企业迅速建立自身的管理体系。但在建制的过程中,切忌闭门造车,很多美容企业管理者认为建立规章制度是人力资源部,或者是职能管理部门的事,并不鼓励其他业务方面的人员积极参与建制的过程,制度建立后,或者与实际情况脱节而很难有效地实施,或者是"上有政策,下有对策",并没有使新制度发挥积极作用。因此,在美容企业建制和改制的过程中,应鼓励其他部门积极配合人力资源部,共同参与制度的订立。

需要引起注意的是,企业领导对于企业文化理念不能朝令夕改,自相矛盾,必须把控好正确的方向,获得个人和企业的双赢。否则,文化变革付出的巨大努力都会被传统之风一吹而散。

6. 因势利导,因时定向　通常情况下,新架构的建立需要一段磨合期后,才能看出是否符合美容企业当前的发展需要。因此,管理层在决定调整组织结构时应谨慎。

如某一位美容企业老板十分鼓励员工的创新精神,本来创新精神是一种很好的文化内涵,然此老板却将它体现在管理中,短时间内频繁地调整组织架构,2~3个月调整一次。"牵一发而动全身",此老板的做法,不仅没有在内部倡导起创新的文化,反而使很多员工感到无所适从,惶惶不可终日,因为大家不知道这样做好处在哪,结果会怎样。

7. 眼界放宽,贵在坚持　企业文化不是"空中楼阁",它会通过企业所实行的各项制度、员工及管理阶层的行为表现而变得具体化。任何变革都不可能一蹴而就,必然是呈螺旋式上升的趋势,因此,有可能出现前进两步,而又后退三步的状况。作为企业的领导者,应当清楚这一点,并通过不断修正文化的内涵,使员工了解变革的方向和必要性,以保证变革的有效实施。

(二)影响美容企业文化建设的因素

当然,美容企业文化的建设也不是一帆风顺的,会受到各个方面因素的制约与影响,概括起来,应当包括以下几个方面:

1. 环境因素　每个美容企业都受到社会大环境与产业环境的影响,大环境包括了政治、经济、社会、法律,甚至整个国际因素,而产业环境则指企业在所从事的产业中,经常会受到市场、技术、产品、竞争对手,甚至顾客的影响,而形成不同的美容企业文化。

2. 管理阶层的价值观与信念　由于我国美容企业性质的特点,美容企业文化的建设很容易受企业管理人员的价值观与信念的影响,美容企业的经理、店长们希望把企业办成怎样的一家企业,往往与自身价值观有关。

3. 多数员工的认同　美容企业文化要发挥力量,必须要得到多数员工的认同,否则,只能是口号或标语,对企业的形象塑造和经营发展并不能产生实际影响力。在企业管理中,管理人员不能把个人意愿强加给员工,必须要了解考虑多数员工的认知和看法,这是形成美容企业文化的关键。

4. 企业资源　企业的价值观与目标,通常会受到企业资源的影响,企业资源包括了企业里的一切有形、无形的力量,如资金、技术、管理、设施、社会关系等,企业资源通常决定了企业竞争的优势与劣势所在,为了企业的生存,企业应充分发挥优点,扬长避短。

在创建美容企业文化时,许多企业常把品牌文化同企业文化相混淆,甚至有些人认为品牌文化就是企业文化。品牌文化是品牌最核心的 DNA,它蕴涵着品牌的价值理念、品位情趣、情感抒发等精神元素,是品牌价值内涵及情感内涵的自然流露,是品牌效应触动消费者心灵的有效载体。而企业文化是企业在经营活动中形成的企业精神、价值观念、经营理念、经营方针、行为准则、道德规范、管理制度以及企业形象等的总和。它是企业个性化的体现,是企业参与竞争、寻求发展的原动力。不难看出,品牌文化和企业文化既密切联系又有所不同。让品牌承载丰富的企业文化内涵其实是一种不明智的做法。

第二节　美容企业形象

企业形象是消费者、社会公众及相关部门单位对企业及其行为所产生的感知印象、认识及评价的综合体现。美容企业形象是社会对美容企业市场行为的总体印象,是美容企业与其他企业、消费者发生各种联系的企业行为,是人们经过长期观察、认识、了解后形成的综合印象,主要由企业的整体特征决定。

一、企业形象的内涵

企业就像人,也具有自身独特的外貌、仪表和风度,有其独特的形象。每个企业内在的精神素质和经营哲学,总要通过一定的具体形象表现出来。公众对企业的认识、了解和评价,是从对企业具体形象的感受开始的。在日益激烈的市场竞争中,一个企业要想对公众产生持久、强烈的吸引力,必须时刻注意自己的形象。

从企业自身角度来看,企业形象是企业根据自身文化和经营管理的需要,在社会和市场中刻意树立的、用以表现自我精神和物质的、影响公众的姿态和形象。包括四层含义:①公众是企业形象的感受者和评价者,这种评价是有一定标准的;②企业形象不是形象主体的自然流露,而是企业刻意塑造和追求的结果的反映;③公众对企业形象的认识是整体的、综合的,而不是局部的、个别的,是经过理性选择和思考的最终印象;④公众对企业形象的认识要从印象上升为信念,并据此作出判断、评价。

(一) 企业形象的组成要素

1. 产品形象　包括企业的产品质量、款式、包装、商标及延伸产品等。

2. 组织形象　是企业形象的内脏。包括企业的体制、制度,制定的方针、政策等,以及这些政策实施的程序能否得到严格的遵守,企业的工作效率、信用、保障等各个方面。

3. 人员形象　包括企业领导者、管理者及员工的个人形象,这种形象又包括个人形象气质、精神面貌、价值观念及行为表现等。

4. 文化形象　即企业的价值观、精神状态、理想追求、群体风格、礼仪等,可以将它喻为企业形象的灵魂,这些无形的东西往往体现在有形实物之中。

5. 环境形象　如企业周围环境、门面、建筑物、标志物、布局装修、环保绿化等,可以像服饰一样修饰企业形象,是构成企业独具个性的形象的一部分。

6. 社区形象　如企业的社区关系、公众舆论等方面,是影响企业形象的重要因素。

(二) 企业形象的功能

形象是一种无形的资源,在市场竞争日趋激烈的形势下,建立完美的企业形象,深入社会,引起同行业的重视,引起消费者强烈的消费愿望是美容企业发展的主要内容。企业形象对企业日常运作和企业经营发展有着极其重要的作用。企业形象的功能可以概括为三个方面:

1. 创造消费信心　企业形象的优劣,首先反映在消费者的消费心理上。市场上只要出现名家、名牌商品,顾客便立即争相购买,即使是新产品,也会很快得到消费者的认可。这是因为消费者对企业的好感使他们相信企业产品的品质和周到的服务,因此能够放心购买。而对于曾经名声不佳的企业一时间生产的高质量新产品,人们也会取极为审慎的选购态度。在选购犹豫的心态下,往往最终还会做出"买名牌用着放心"的选择。

2. 创造合作信心　企业形象的优劣还会反映在与企业合作者的合作心态上。市场经济条件下的企业,既要独立经营,又离不开各方面的支持与合作。首先,良好的企业形象为吸引社会资金创造条件。社会投资者的投资目的是使资金增值,而最有希望实现这种目标和期望的,当然是那些经营有方、效益好、信誉高的企业了。因此,企业形象成为投资者选择合作伙伴的重要条件。只有良好的企业形象才能增强双方合作的信心。

其次,每个企业的生产经营活动,在供货与销售环节上也需要与外界建立稳定可靠的合作关系,对于那些形象不佳、信誉不高,被认为不太靠得住的企业,别人往往不愿意,也不敢与之建立长期、稳定的供货或销货关系。

3. 创造吸引人才的环境　随着人才市场的发展,企业职工有了择业自主权,企业靠什么吸引人才、留住人才呢? 当然,吸引人才的条件是多方面的,不可否认,企业形象是其中极为重要的条件之一。

现代人寻找就业环境,不仅是为了获得高工资,他们还希望通过就业获得成就感和创造欲的满足。出于这种人生价值追求,人们当然愿意去声望高、名声好且经济效益高的企业工作。良好的企业形象同企业的强凝聚力一样,也是留住人才的重要条件。

二、美容企业形象设计

讨论美容企业形象设计,有人会存有这样的误解,认为企业形象是企业在公众心目中的印象,是一种客观现象,"该是什么形象就是什么形象,不需要也不应该进行设计"。其实,这种想法是错误的。道理很简单,如果企业不进行形象设计,它就很难在社会公众心目中顺利地建立良好的形象。

(一) 企业形象设计原则

企业形象设计是现代企业管理的必备内容,是企业领导人必须花时间和精力去研究、去实施的经营行为。总结实践经验,美容企业形象设计的基本原则包括如下几个方面:

1. 整体规划　企业形象设计是一项复杂的"软管理"系统工程,要顺利实现经营目标,必须运用管理学中的运筹谋略,成功地进行全系统、全方位布局,坚持整体规划的原则,重点应在建立企业形象设计的整体观念、确立企业形象的统一标准、制定科学统一的传播策略上下工夫。

2. 公众第一　总结中外不少成功美容企业形象设计的经验,尽管不同国家、不同企业在指导思想和方式方法上多有不同,但在坚持公众第一的原则方面,则有殊途同归、异曲同工之妙。因此,在企业形象设计中,必须注重从公众利益出发,坚持公众第一的原则,要做到以公众利益为出发点,主动接受公众监督。想公众之所想,急公众之所急,积极主动地塑造良好的形象。

3. 信誉至上　信誉之于企业,就犹如人之脸面,一个人连最起码的脸面都没有,何谈形象? 更何谈形象之美好? 因此,在市场经济大潮中谋求生存和发展,企业必须重合同、守信誉,把信誉看成是企业的生命,在生产经营中千方百计地维护自己的信誉,并不断强化。

4. 求实创新　美容企业形象设计在企业管理系统中属于"软"管理的范畴,所谓"软",一般可理解为有着明显的弹性,保留着较大的创造性空间,需要根据企业实际情况采取相应对策的管理。因此,企业形象设计必须注意从企业实际出发,敢于创新。坚持求实创新的原则,要善于利用象征性标志。为了形成独特的风格并顺利使之"挤"入人类有限的记忆仓库,企业可以充分利用各种象征性标志,如商标、厂名、厂徽等,这些象征性标志的创造,有利于企业在公众心目中形成独特美好的形象。

5. 始终不懈　企业形象设计应当常抓不懈,使企业始终保持美好的形象。而不是像某些创了名牌产品又自己毁掉名牌的企业那样,只满足于短时间的成功,以自己的不良行为为自己勾勒虎头蛇尾的形象。

(二)企业形象设计方法

企业形象的设计,涉及企业的经营理念、文化素质、经营方针、产品开发、商品流通等有关企业经营的所有因素。如何进行美容企业形象设计?有人讲,无非是精心策划若干项公共关系活动,在社会上提高知名度。其实,问题并非如此简单,虽然成功的公共关系活动有利于使社会公众对企业产生好感,但如果仅仅如此,企业形象设计就会误入"平面设计"的歧途,难以给社会公众以深刻的印象,塑造的企业形象也苍白、单薄。

因此,应当将企业形象设计当作一项系统工程,去分析、研究、规划、论证,以求建立企业良好形象的网络系统。它表现为一个由若干步骤构成的程序,如图7-2所示:

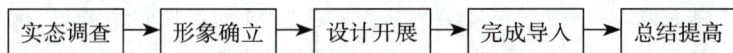

实态调查　→　形象确立　→　设计开展　→　完成导入　→　总结提高

图7-2　企业形象设计流程

1. 企业实态调查　美容企业在进行形象设计的早期,应先对企业进行实态调查,把握企业的现况、外界对企业的认知现况,从中确认企业实际在公众心目中的形象认知状况。

2. 形象概念确立阶段　如同给一个人制作服装,企业的形象设计需要精心"编织",才能达到理想的境界。以第一阶段调查结果为基础,分析企业内部及外界认知、市场环境等问题,拟定企业的定位与应有形象的基本概念,重点解决其"形"与"实"的协调与和谐问题,并且能够准确地体现企业的宗旨,能够在社会公众心目中成功地塑造美好形象,以此作为美容企业形象设计的原则依据。

3. 设计开展阶段　企业形象设计的成功与否,很大程度上取决于设计者的创作层次水平,依赖其创造性思维空间的开阔和创作构思的巧妙,但这种才华不是凭空产生的,而是来自于对客观事物的认识和总结,来自于实践。当实践受到局限时,就要通过学习和借鉴来开阔视野、增长才干。美容企业形象设计也是如此,要善于学习和借鉴古今中外企业的成功经验。另一方面,在市场经济条件下,企业每时每刻都面临挑战和考验,要想在市场竞争中获得成功,保持良好形象,就必须努力修炼"内功",这也是企业形象设计的一个重要方法。根据企业建立美好形象的要求,运用修炼"内功"法进行形象设计,要恪守信誉、不断提高服务质量、完善企业内部管理系统。

4. 完成与导入阶段　这一阶段主要是注意企业文化形象的传播。一个管理规范的企业如果不注意传播,则难以建立起良好形象。通过企业形象的推广,让更多人了解本企业。全面传播的方法如采用多种方式传播企业形象;真诚宣传,敢于揭短;统一标志,加深印象;非大众传播媒介的传播等。本阶段的重点在于排定导入实施项目的优先顺序、策划企业的广告活动方面。

5. 总结提高　良好企业形象的建立不是一蹴而就的,需要付出较长时间的努力,同时,一个值得尊敬、信赖的形象,也许在某一天,通过某一件事情,倏然之间被彻底糟蹋掉。因此,要维持企业的美好形象,必须注意不断总结经验,弥补不足,坚持经常粘补裂缝,自我加压,维护企业形象,这也是企业形象设计不可忽视的一点。

知识链接

美容企业形象展现技巧

1. 明确经营理念　美容院缺乏具体而又明确的经营理念,就无法开展有力的促销活动,也就无从建立全员的共识与价值观、难以提升全员的服务品质。

2. 重视顾客反应　顾客前来消费,自有其特定的消费目的,但是当顾客的需求无法得到满足时,就会产生抱怨。因此,不论顾客的需求及反应如何,店内的服务人员都必须审慎处之,并努力使之有更好的感受。

3. 整体广告策略　不论通过何种媒介,广告最好能做到统一诉求,包括统一的重点及布置呈现,这样才能引起消费者的持续关注,进而积累到深刻的印象。

4. 展开与推广　美容企业的形象展现流程包括资讯收集、市场调查、确立经营观念、员工企业形象共识训练、追踪评估和后续推动计划等。

(三) 影响美容企业形象建设的因素

1. 首次印象　公众通常对第一印象较为深刻,一个企业留给公众的第一印象往往会影响企业在公众心目中的形象。

2. 企业文化　企业文化通常包括企业精神、价值观念以及以此为核心组成的行为规范、道德标准、生活信念、企业风俗习惯等。优秀的美容企业更是通过宣传其企业文化的核心——企业精神和价值观来建立自身的形象。如上海某美容公司的"以人为本,追求卓越"的企业精神,让人们对该企业形象留下深刻的印象。

3. 企业特色　企业特色是公众区别不同企业的标志。公众对企业的认知具有选择性,影响公众选择性的因素之一,是认知对象即企业的特征。企业特征越显著,人们就越能感知它。作为美容企业,在进行形象设计时应尽量做到独树一帜,力求与众不同,引人注目,给人留下深刻印象。企业特色包括商品特色、服务特色、产品外观特色、人员特色、管理特色等。

4. 企业形象出现的频率及影响程度　这是影响企业形象的又一个重要因素。企业形象的多次滚动出现,重复刺激,会给公众留下深刻而完整的印象,提高企业的知名度。

(四) 美容企业形象建设的意义

为了充分发挥美容企业形象的作用,塑造企业整体形象,美容企业首先应对企业形象有全面、完整、系统的认识。

1. 企业形象建设是市场经济对企业的要求 随着市场经济体制的完善和现代企业制度的建立,已完全进入市场角色的美容企业既要不断增强活力和迅速反应能力以适应市场环境变化,同时又要领先非技术、非价格因素,造就企业的鲜明特色。这将迫使企业在经营管理中必须突出"人"的因素,此外还必须突出企业文化内涵,营造浓郁的文化气息,使消费者在获得物质享受的同时也获得精神享受。未来的企业,将不再单纯推销产品与服务,而是向社会公众推出包括产品与服务在内的企业整体形象。

2. 企业形象是经济全球化对美容企业提出的新要求 经济全球化趋势下,市场对美容企业也提出了新的要求,在顺应这种经济全球化趋势的过程中,国内的美容企业要通过企业整体形象塑造,运用企业形象与国内外大型美容企业抗衡。有人把企业形象所产生的力量称为形象力,是衡量一家企业是否先进,是否具有开拓国际市场能力的主要指标。

3. 企业形象是企业内在的各种文化信息所形成的凝聚力、创造力、吸引力和竞争力的综合体现。塑造良好的企业形象,可以给企业带来以下三方面效果:

(1) 信任效果:一个深得社会公众认同和好感的企业,总是能顺利地推销它的产品和开展它的新工作,即使与其他企业做相同的事,销售相同的产品,也容易得到较高的评价。如果在转换经营机制的过程中,美容企业能够不断地完善自我形象,增强企业形象力,可以提高销售力;相反,如果一家企业形象不好,尽管其产品打折、优惠销售,也容易遭到社会公众的怀疑。

(2) 缓和效果:一家形象良好的企业,当在无意之中犯过错时,往往能比形象一般的企业得到社会公众更多的谅解,从而减轻社会舆论对企业的压力。

(3) 竞争效果:消费者对于形象良好的企业及其产品总会优先考虑使用,因此,这类企业常常能击败竞争对手,获得优胜。一般而言,有知名度、企业形象良好的美容企业总比没有知名度、没有良好形象的企业能销售更多的产品与技术。

案例分析

某美容美发公司的企业文化思考

案例:据报道,国内某美容美发有限公司在短短几年,奇迹般地从一家小型美容院发展成为集企业管理、美容美发、美容产品研发及形象设计专修学校为一体的大型连锁机构,并以每年十几家的直营店连锁发展而迅速扩张。

调查发现,该美容公司始终把服务和专业技术作为企业核心竞争能力,将服务理念放在第一位,靠服务文化提升核心竞争力,打造"优质、主动、真诚"的品牌服务文化,形成独特的服务文化体系,成功实现美容服务由传统向现代的延伸和跨越,赢得了顾客的忠诚,促进了跳跃式发展,创下了令人称羡的发展速度。

分析:当前社会处在"感受消费时代",真正能提高企业核心竞争能力的是文化。每个企业每个人都处在服务经济中,要树立服务观念,要从服务和服务文化的角度思考问题、制定战略。

课堂互动

　　某美容美发有限公司惊人的发展速度,得益于企业文化的创新和对企业文化建设的高度重视,结合此案例谈谈企业文化建设应该从哪些方面入手? 企业文化的创新,已成为提高企业竞争力的新型经营管理模式,当前,美容行业文化创新的趋势是什么?

（吴　梅）

扫一扫
测一测

复习思考题

1. 企业文化的结构包括哪些内容?
2. 企业文化在美容企业管理中的重要性有哪些?
3. 影响美容企业文化建设的因素有哪些?
4. 美容企业形象设计的意义是什么?
5. 企业形象设计原则有哪些?

主要参考书目

1. 田建军. 现代财务管理基础[M]. 北京:对外经济贸易大学出版社,2008.

2. 王海棠. 美容业管理与营销[M]. 北京:中国中医药出版社,2005.

3. 李广义. 人力资源管理理论与方法研究[M]. 天津:天津大学出版社,2007.

4. 董福荣,刘勇. 现代企业人力资源管理创新[M]. 广州:中山大学出版社,2007.

5. 李春生. 人力资源管理学教程[M]. 北京:对外经济贸易大学出版社,2007.

6. 张春彦. 美容管理师教程[M]. 北京:化学工业出版社,2006.

7. 邓创. 美容院经营管理实务[M]. 沈阳:辽宁科学技术出版社,2002.

8. 钱安国. 职业道德修养与教程[M]. 北京:北京工业大学出版社,2004.

9. 刘卉. 美容企业管理与营销[M]. 北京:化学工业出版社,2009.

10. 张晓梅. 美容服务要点及案例评析[M]. 沈阳:辽宁科学技术出版社,2006.

11. 邓创. 美容院顾客服务方法与技巧[M]. 沈阳:辽宁科学技术出版社,2006.

12. 周春生. 企业风险与危机管理[M]. 北京:北京大学出版社,2008.

13. 张永红. 客户关系管理[M]. 北京:北京理工大学出版社,2009.

14. 姚凤云,苑成存,朱光[M]. 商务谈判与管理沟通. 北京:清华大学出版社,2011.

15. 刘晖. 实用礼仪训练教程[M]. 北京:电子工业出版社,2008.

16. 金正昆. 社交礼仪教程[M]. 北京:中国人民大学出版社,2009.

17. 伍爱. 现代企业管理学[M]. 3版. 广州:暨南大学出版社,2009.

18. 吴兆奎. 美容院经营宝典[M]. 北京:企业管理出版社,2005.

19. 付亚和,许玉林. 绩效管理[M]. 上海:复旦大学出版社,2007.

20. 彭剑锋. 人力资源管理概论[M]. 上海:复旦大学出版社,2007.

21. 张德. 人力资源开发与管理[M]. 4版. 北京:清华大学出版社,2012.

22. 王关义. 现代企业管理[M]. 北京:清华大学出版社,2004.

23. 王冠宁,冯方友. 电子商务实务[M]. 北京:中国水利水电出版社,2012.

24. 张春彦. 美容礼仪教程[M]. 北京:人民军医出版社,2010.

25. 程国龙. 美容企业管理与营销[M]. 郑州:郑州大学出版社,2014.

复习思考题参考答案与模拟试卷

《美容业经营与管理》(第 3 版)教学大纲

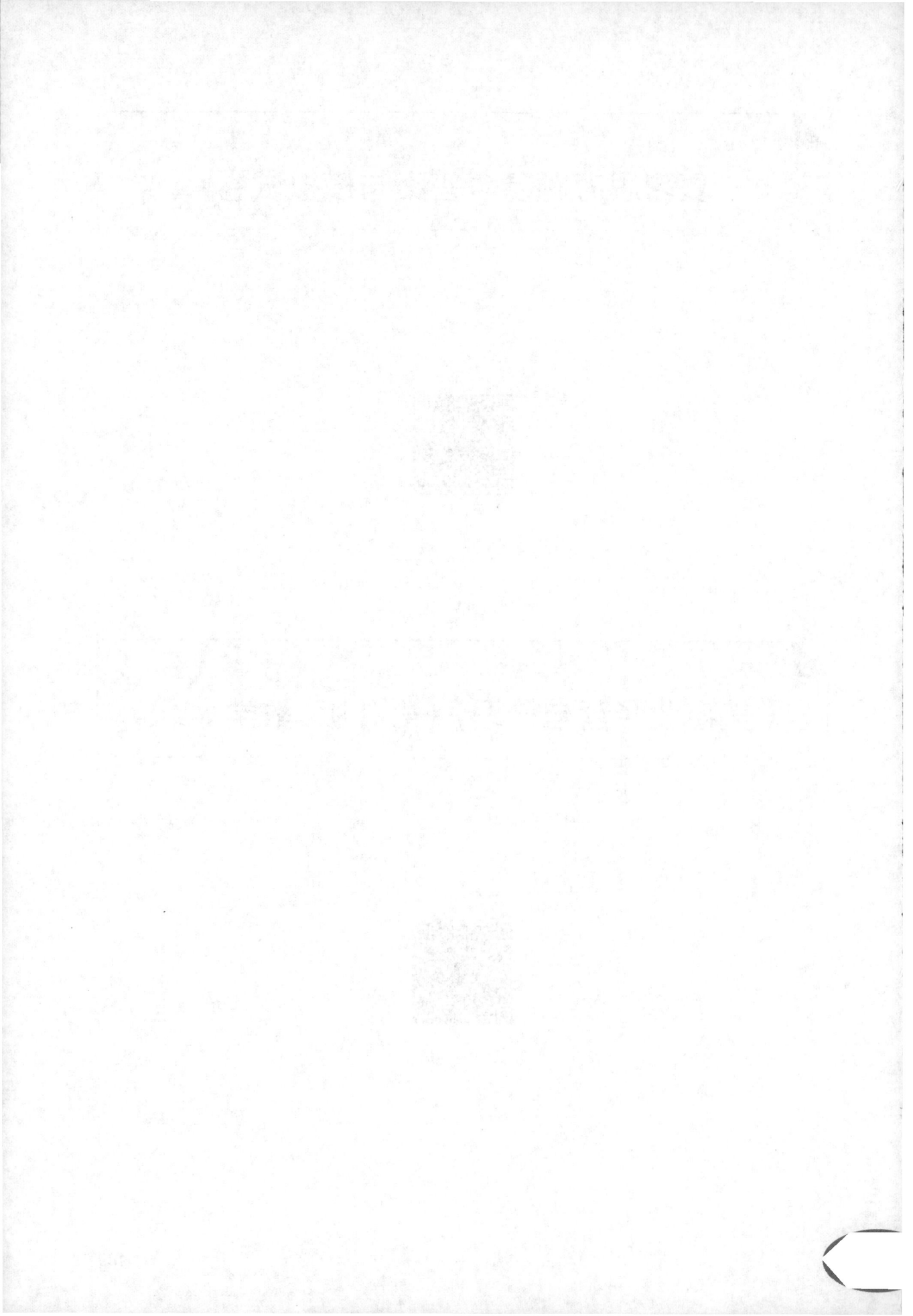